분노를 다스리는 인지행동 워크북

성공을 위한 단계별 프로그램

WILLIAM J. KNAUS, EdD 지음

심호규·유은정·장성화·장창민·최대헌 공역

이 책은 다루는 주제와 관련하여 정확하고 신뢰할 수 있는 정보를 제공하고 있습니다. 이 책은 발행인이 심리적, 재정적, 법률적 또는 기타 전문적인 서비스를 제공하는 데 종사하지 않는다는 점을 이해하고 판매됩니다. 전문가의 도움이나 상담이 필요하면 유능한 전문가의 서비스를 받으시기 바랍니다.

감사의 말

이 프로젝트에 많은 공헌을 한 어윈 알트로즈(Irwin Altrows) 박사에게 특별히 감사의 말을 전하고 싶습니다. 오타를 표시하고 내용에 의견을 준 나의 아내 낸시 너스 박사에 대해서도 특별히 감사하게 생각합니다. 어윈과 낸시는 이 프로젝트에서 매우 소중한 역할을 하였으며 그들의 노력 덕분에 이 책이 더 좋아졌습니다.

특히 분노로 어려움을 겪는 사람들을 돕기 위해 조언을 제공한 모든 사람의 노력에 감사드립니다. 그들은 불필요한 분노의 부담에서 벗어나 더 나은 미래를 향한 길을 안내하기 위해 최고의 조언을 제공했습니다. 에드 가르시아(Ed Garcia), 노먼 코트렐(Norman Cotterell) 박사, 지미 월터(Jimmy Walter), 다이아나 리치먼(Diana Richman) 박사, 팜 그레이시(Pam Garcy) 박사, 샘 클라라이히(Sam Klarreich) 박사, 빌 골든(Bill Golden) 박사, 스테판 호프만(Stefan Hofmann) 박사, 엘리엇 코헨(Elliot Cohen) 박사, 제프 루돌프(Jeff Rudolph) 박사, 요엘 블록(Joel Block) 박사, 윌리엄 너스 2세(William Knaus II) 박사, 로버타 갈루초 리처드슨(Roberta Galluccio Richardson) 박사, 러스 그리거(Russ Grieger) 박사, 쇼운 블라우(Shawn Blau) 박사, 그리고 하우이 카시노프(Howie Kassinove) 박사께 특별히 고마움을 전합니다.

머리말

지금까지 분노에 관한 책은 수천 종이 발간되었습니다. 이러한 책들은 분노에 대해 조금씩 다른 견해를 가지고 있습니다. 예를 들면 "분노를 표현하라 또는 표현하지 마라. 분노를 이해하라 또는 잊어버려라. 그것에 대해 명상을 하거나 베개를 매우 쳐라. 받아들이거나 그것에 대해 설명해 버려라. 화내는 습관을 없애거나 그 분노를 걷어차라. 무언가를 던지거나 심호흡하라. 자신의 감정을 외치거나 조용히 있으라" 등의 내용을 담고 있습니다.

그렇다면 이 책이 다른 책들보다 더 나은 점은 무엇인가? 저자는 다른 저자들이 제공하지 않는 무엇을 제공하는가? 이 책에는 무엇인가 새로운 것이 있는가?

이 책은 다른 책과 비교하여 다음과 같은 특징을 담고 있습니다.

첫째, 저자인 빌 너스는 진정한 전문가입니다. 그는 사람들의 삶을 방해하고 불편하게 하며 혼란스럽게 하는 문제를 해결하는 데 수십 년의 경험을 가진 제대로 자격을 갖춘 심리학자입니다. 저자는 상황을 더 좋게 만드는 것이 무엇인지 잘 알고 있습니다.

둘째, 저자가 알려 주는 접근법은 실용적이고 현실적이며, 경험적으로 입증되었으며, 우리가 실행할 수 있는 것들입니다. 이 접근법은 수개월 동안 운동을 하거나 수년간의 치료를 필요로 하지 않습니다. (하지만 독자 스스로 약간의 노력을 할 필요가 있습니다.)

셋째, 저자는 마법적인 치료법을 믿으라고 요구하지 않습니다. 그는 분노가 해결하기 어려운 문제라는 것을 인정합니다. 우리가 눈을 감고 있어도 분노가 사라지게 할 수 없다는 것을 알고 있습니다. 그는 우리의 삶에서 분노와 관련하여 무슨 일이 일어나고 있는지 스스로 알아낼 수 있도록 격려합니다. 그리고 분노의 문제를 다루는 데 있어 자신만의 기술, 즉 자신에게 적합한 기술을 개발하는 데 적용할 수 있는 다양한 검증된 솔루션을 제공합니다.

넷째, 이 책을 제대로 읽는다면, 인지행동 치료의 기초에 대한 철저한 근거, 분노의 9가지 핵심 요소에 대한 인식, 분노에 대한 자신의 생각에 대한 자기 진단 및 재평가 지침, 평가지 및 기술 개발 연습을 통해 학습한 내용의 확장 및 적용, 학습 과정을 계속 유지하는 데 도움이 되는 구조인 '진행 일지'를 이 책에서 얻을 수 있습니다.

그리고 더 많은 것이 있습니다. 이 책은 분노에 대해 알려진 것(그리고 그렇지 않다고 당신이 생각하는 것)과 '자연적인(긍정적인, 건설적인)' 분노와 '기생적인(독이 있는, 문제적인)' 분노의 중요한 차이점을 다룹니다. 인지행동 공식화에서 특히 중요하고 가치 있는 것은 인지 재구성의 개념입니다. 이것은 분노 유발 상황에 대한 반응을 재구성하여 가장 건설적으로 반응하는 과정입니다.

인지행동치료는 저명한 심리학자 앨버트 엘리스 박사가 고안한 합리적 정서행동치료 시스템에서 파생되었습니다. 엘리스 박사는 1세기 그리스 철학자 에픽테투스의 말을 자주 인용합니다. "사람들의 마음을 혼란시키는 것은 사건 자체가 아니라 사건에 대한 그들의 판단이다." 사건에 대한 여러분의 판단이 다른 사람들과의 일상적인 상호 작용에서 얼마나 큰 차이를 만드는지 다음 장에서 알게 될 것입니다. 간단히 말해서, 여러분은 사물을 보는 방식 때문에 화가 납니다.

나는 베개 두드리기와 보보 인형 시대부터 자기 인식 연습을 지나 행동 기술 훈련, 명상, 마음 챙김, 수용전념, 그리고 그 이상에 이르기까지 40년 이상 건설적인 자기 표현(분노 포함)에 집중해 온 연구자, 교사, 치료사, 작가였습니다. 나는 확실히 분노가 언제나 인간 경험의 한 요소가 될 것이라고 생각합니다.

나는 분노에 대해 우리가 알고 있는 것을 몇 가지 핵심 원칙으로 설명할 수 있음을 발견했습니다.

- 분노는 자연스럽고 정상적인 인간의 감정이지 행동 스타일이 아니다.
- 적당한 수준의 분노가 일어나는 것은 건강하여 해결해야 할 문제가 있다는 신호이다.
- 만성적인 분노는 건강에 크게 해로울 수 있다.
- 우리는 분노가 시작되기 전에도 대부분의 분노를 진정시키는 방법을 배울 수 있고, 또 그렇게 해야 한다.
- 우리는 사물을 보는 방식, 즉 우리의 생각, 가치, 신념 때문에 화를 낸다.
- 분노를 표현해야 할 때는 복수가 아닌 해결을 위해 노력하는 것이 가장 좋다.
- 분노를 다루는 시스템이나 접근법이 항상 모든 사람에게 효과가 있는 것은 아니다.

워크북의 가장 큰 장점은 일종의 구조화된 일기나 일지가 될 수 있다는 점입니다. 자신의 진행 상황을 추적할 수 있는 공간을 제공하며, 그렇지 않으면 피할 수 있는 질문에 대해 생각하게 합니다. 일기처럼 여러분이 원하지 않으면 어느 누구도 그것을 볼 수 없습니다. 그러므로 답변, 생각, 두려움, 문제를 자유롭게 기록할 수 있습니다.

여기서 배운 개념을 깊이 생각해 보십시오. 그 연습을 완료하세요. 그 질문들에 대한 답을 작성하십시오. 빈칸을 채우고, 여백에 적어 넣으세요. 무엇보다도 자신에게 정직해야 합니다. 《분노를 다스리는 인지행동 워크북》은 기생적인 분노 표현에서 자연적인 분노 표현으로의 당신의 여정에 동기를 부여하고 구조화하며, 그것을 기록할 수 있는 강력한 도구이자 확실한 안내서입니다. 여러분 자신을 위해 이 책을 활용하기 바랍니다.

– 로버트 알버티(Robert Alberti), 《Your Perfect Right》 공동 저자

추천사

"지금까지 이렇게 멋진 워크북이 어디에 숨어 있었던가? 저자인 빌 너스(Bill Knaus)는 다시 한번 독자들에게 유용한 가이드를 제공했다. 이번에는 분노 관리에 관한 것이다. 이 책은 공포, 좌절, 분노가 고조되었을 때 우리가 읽어야 할 정말 중요한 책이다."

– 배리 루베트킨(Barry Lubetkin) 박사, 미국행동심리학위원회(The American Board of Behavioral Psychology) 전 회장, 《나 자신을 좋아하기 위해서 왜 나를 사랑해야 하는가?》(Why Do I Need You to Love Me in Order to Like Myself?)의 공동 저자

"독자로부터 별 5개 평점을 받고 있는 이 책은 분노 관리에 효과적인 것으로 입증된 인지 및 행동 단계들에 대해 멋지게 이야기한다. 빌 크나우스는 알버트 엘리스(Albert Ellis)의 가장 중요한 공헌인 정서적 고통으로부터 좌절에 대한 낮은 인내력을 환기하는 역할과 좌절에 대한 인내력을 증가시킴으로써 분노와 고통을 줄이는 방법을 정확하게 강조한다. 그는 겉으로 보기에는 단순하지만 '모든 사람에게 다가갈 수 없다'는 신념에 도달한다는 것이 어렵다는, 매우 내면적 이해에 도달할 수 있는 방법을 설명한다.

– 자넷 울프(Janet L. Wolfe) 박사, 《머리가 아플 때 해야 하는 것》(What to Do When He Has a Headache)의 저자, 30년 이상 엘버트엘리스연구소(Albert Ellis Institute) 상임이사

"빌 너스의 《분노를 다스리는 인지행동 워크북》을 읽은 후, 이 책이 분노를 다루기 위한 단순한 자기 치료 텍스트가 아니라는 것을 깨달았다. 저자는 이 주제에 대한 최고의 학문과 분노 문제로 고민하거나 분노 문제가 있는 고객과 상담하는 모든 사람이 접근할 수 있는 있는 응용 프로그램을 성공적으로 결합했다. 이 책은 통찰력, 검증된 학설, 실용적인 이론을 보여 준다."

– 지나이크 주니어(S. Zinaich, Jr.) 박사, 퍼듀 대학교 노스웨스트(Purdue University Northwest) 교수, 전미 철학 상담협회 상임이사

"이 책을 읽었을 때 빌 너스가 거실의 편안한 의자에 앉아 나에게 말하는 것 같은 느낌이 들었다. 쉽게 이해할 수 있는 언어로 에픽테투스에서 엘리스에 이르기까지 위대한 사상가들의 생각을 설명하고, 분노의 뿌리와 오래된 패턴을 바꾸는 데 효과적인 방법에 대한 놀랍도록 실용적인 아이디어를 제공한다. 나는 유용한 책을 좋아하는데, 이 책이 바로 그러한 유용한 책이다."

    – 데릭 파아(Derek Paar) 박사, 심리학자, 스프링필드대학 명예 교수

"《분노를 다스리는 인지행동 워크북》은 보석 같은 책이다! 딘순한 책을 뛰어넘어, 우리의 배낭에 자신의 분노 관리 코치를 가지고 있는 것과 같다. 저자의 훌륭한 워크북은 현재의 과학 지식에 확고한 기반을 둔 다양한 분노 제어 방법, 전략, 기술을 제공하고 있다. 나의 환자들과 동료들 모두에게 이 책을 적극적으로 추천한다."

    – 클리포드 라자루스(Clifford N. Lazarus) 박사, 라자루스연구소(The Lazarus Institute)의 공동 창립자 겸 책임자, 《The 60-Second Shrink》의 공동 저자, 사이콜로지 투데이(Psychology Today)을 위한 전문 블로거

"세상에는 많은 분노가 있다. 하지만 분노 자체가 문제가 되지는 않는다. 분노가 파괴적인 행동을 불러일으키면 문제가 발생한다. 분노가 반드시 파괴적인 행동을 불러일으킬 필요는 없다. 동일한 파괴적인 분노가 건설적인 행동으로 전환될 수 있다. 어떻게 가능한가? 그것이 저자가 아름답게 정리하고 과학에 기반한 분노 워크북이 말하는 내용이다. 그 통찰력과 기술을 적용하면 우리는 의심의 여지없이 이 세상과 삶을 안전하고 건전하게 만들 수 있을 것이다."

    – 르네 딕스트라(Rene FW Diekstra) 박사, 네덜란드 헤이그 응용과학대학, 청소년 및 발달 명예교수, 국제자살연구아카데미의 창립자 겸 초대 회장, 《청소년 자살(Adolescent Suicide)》의 공동 저자

"분노는 디지털 시대의 개인적 및 공적 생활의 최전선에서 점점 더 많이 나타나는 감정이다. 분노는 분노를 경험하는 개인과 다른 사람 모두에게 해를 끼친다. 다행히 이 책은 이러한 재앙을 끝내기 위한 참신하고 검증된 접근 방식으로 가득 차 있다. 인지행동치료(CBT)의 원칙을 기반으로 한 실제 사례가 가득 차 있으며, 분노의 감정이 삶에 미치는 영향으로 어려움을 겪는 사람들을 더 잘 도울 수 있는 툴을 독자들에게 제공하고 있다."

    – 로널드 머피(Ronald Murphy) 박사, 뉴욕에서 심리학자로서 개업하고 있다. LIJ 메티컬 센터의 휴먼 섹슈얼리티 프로그램 수석 심리학자, 콜롬비아대학의 교육대에서 임상심리학 박사 과정의 임상 감독자

"독자가 읽기 쉬운 스타일로 글을 쓰는 저자는 분노를 관리하고 최소화하는 방법을 알려 주고, 분노를 줄이는데 효과적인 것으로 입증된 창의적인 툴과 전략을 제공한다. 이처럼 실용적이고 도움이 되는 연습은 본문에 설명된 개념과 아이디어를 강화한다. 자신의 분노가 어떻게 스스로 만들어지는지 그리고 분노의 과잉에서 벗어나는 방법에 대해 더욱 잘 이해하게 된다. 이러한 도움이 되는 유익한 책을 강력히 추천한다."
    – 엘런 엘킨(Allen Elkin) 박사, 《바보들을 위한 스트레스 관리(Stress Management for Dummies)》의 저자

"갈등과 정서적 고통에서 지속적인 노력에도 불구하고 분노는 계속해서 제대로 처리되지 않는다. 분노 조절 문제가 있는 다른 사람을 도우려는 대부분의 사람은 증거에 기반한 방법 없이 그렇게 한다. 이 책은 이러한 부족한 부분을 해결해 준다. 실제로 누구나 이 책을 통해 분노의 기원을 이해하고, 분노를 유발할 수 있는 원인을 발견하며, 분노 및 분노 관련 문제에 효과적으로 대처하기 위해 실용적인 툴을 적용하는 방법을 알 수 있다. 전문가들과 분노 문제에 대한 현명한 자조 해결책을 원하는 사람들을 돕기 위해 이 책을 강력히 추천한다."
    – 마이클 아브람스(Michael Abrams) 박사, ABPP, 뉴욕대학 정교수, 《새로운 CBT》의 저자

"빌 너스는 수십 년간의 임상 경험과 교육, 25권의 자기계발 저서를 통해 설득력 있고 매력적인 책을 만들어 냈다! 전 세계 교도소에서 약 800회의 '스마트 리커버리 및 인사이드 아웃(SMART Recovery and Inside Out)' 모임을 진행한 결과, 나는 절제되지 않은 분노가 마약 중독만큼이나 많은 범죄를 유발한다는 결론을 내렸다. 이 워크북은 파괴적인 분노를 통제하기 위한 접근 가능하고 매력적인 접근 방식이다."
    – 조셉 게르슈타인(Joseph Gerstein), 의학박사, FACP, 하버드의과대학 임상 조교수, 스마트 리커버리 뮤추얼 에이드 그룹(SMART Recovery Mutual-Aid Group) 프로그램 창립 회장

"분노는 현대의 개인적, 사회적, 관계적, 정치적, 심리적 암이다. 빌 너스의 워크북은 이 종양을 제거하기 위한 최고의 인지행동 메스이다. 그의 접근 방식에서 주목할 만한 점은 분노 관리 전문가가 되기 위해 임상의학자, 환자, 또는 독자가 사용할 수 있는 상황, 범주 및 개입, 해결 방법을 모두 개별화한다는 것이다. 정말 뛰어난 책이다.
    – 조지 모렐리(George Morelli) 박사, 샌디에이고 노스카운티 인지치료센터

"빌 너스는 CBT의 최전선에서 기술을 개발하고 알버트 엘리스를 비롯한 창립자들과 함께 수십 년 동안 일했다. 이 워크북은 까다롭고 혼란스러운 정서의 파괴적인 분노를 극복하기 위한 명확한 가이드이다. 빌 너스는 실용적이고 증거에 기반한 프로그램을 개발해왔다. 그의 새 워크북은 분노의 파괴적인 부분을 마스터하기 위한 현명하고 고무적인 가이드이다."

　　– 난도 펠루시(Nando Pelusi) 박사, 응용진화심리학회(Applied Evolutionary Psychology Society, AEPS)의 공동 창립자, 사이콜로지 투데이(Psychology Today)의 기고 편집자

"이 책을 읽어 보라. 저자는 파괴적인 형태의 분노와 공격성을 극복하고 분노를 생산적으로 사용하기 위해 통찰력 있고 상식적이며 현명한 접근 방식을 제공한다. 저자의 실용적인 실마리와 실험을 통해 과거의 과도한 분노 및 이 감정과 종종 융합되는 좌절과 스트레스의 복잡한 감정과 인지를 탐색해 보라. 연습 문제를 사용하여 계속 나아가라. 여러분은 파괴적인 분노를 자신의 삶의 백미러에 집어넣음으로써 정말 짜증날 때에도 여전히 잘 살아갈 수 있다."

　　– 마이클 쇼너시(Michael F. Shaughnessy) 박사, 이스턴 뉴 멕시코 대학교(Eastern New Mexico University) 심리학 교수

"저자는 주요 문제인 분노에 대해 자기 통달 방식을 취했다. 이 책은 그가 '기생적 분노'라고 부르는 문제를 간단하게 분석한다. 이것은 독자의 노력을 안내하는 검증된 방법을 통해 유해한 형태의 분노를 헤쳐나갈 수 있도록 설계된 일련의 연습 문제를 제공한다. 이 책은 스스로 감정을 조절하려는 사람에게 유익할 뿐만 아니라 CBT 치료의 분노 문제와 싸우는 사람들에게도 귀중한 자료가 될 수 있다."

　　– 제임스 톰슨(James W. Thompson) 박사, MBA, 공군 및 육군에서 단체 효과성 담당관, 임상심리학자, 계량 심리학자 및 합리적 정서행동치료(REBT)를 위한 치료사로 근무하고 은퇴한 해군 예비역 장교

"저자는 확실히 세계에서 가장 큰 문제를 훌륭하게 해결했다. 분노는 엄청난 인간 고통의 근본 원인이며 적대감, 증오, 편견, 이혼, 폭행, 살인, 대량 살상의 주요 원인이다. 저자는 분노를 관리하기 쉬운 수준으로 감소시키는 방법을 알려 준다. 자신의 삶에서 파괴적인 분노를 제거하기로 선택했다면 이 책은 그것을 하기 위한 지침서이다. 적대적인 공격성을 인간의 긍정적인 잠재력을 높이는 것으로 대체한다고 상상해 보라. 정말 다른 세상이 될 것이다."

　　– 빈센트 파아(Vincent E. Parr) 박사, 플로리다주 탬파에서 개인 진료 중인 심리학자, 《당신은 단지 4가지 문제밖에는 없다》의 저자

"이 책이야말로 많은 사람이 찾던 바로 그 워크북이다! 모든 인간은 때때로 화를 내지만 분노를 적절히 관리하기 위해 스스로 준비한 사람은 얼마나 되는가? 저자는 우리 모두에게 포괄적인 선물, 즉 관계와 내면의 평화를 파괴하는 일종의 분노를 줄이거나 제거함으로써 보다 완전하고 현명하게 살 수 있도록 돕는 인지행동 툴 모음을 제공했다. 이 책을 읽어 보라."

　　– 데보라 스테인버그(Deborah Steinberg), MSW, 엘버트엘리스연구소의 감독자, 《다이어트를 고수하는 방법》의 공동 저자이자 플로리다주 팜 비치의 유대교 회당에서 유대교와 마음 챙김의 그룹 진행자

"공평함을 믿은 건 나 혼자뿐이었나? 불공평 때문에 내가 화를 냈던가? 이 책에서 공평성과 관점에 관한 두 개 장을 읽었다. 나는 깨달음을 얻었다. 불공평한 일이 발생하지만, 나는 그것을 통제할 수 없다. 나는 완벽함을 기대하지 않고 문제를 해결하기 위해 최선을 다할 수 있다. 그 관점은 내 분노 온도를 상당히 낮추었다. 나는 정말이지 책의 나머지 부분을 읽고 싶다."

　　– LBD, 자기 조력(Self-Help) 과정 학생

"저자의 책은 보석으로 넘쳐난다. 그중 하나는 그들의 권리를 침해하지 않고 다른 사람이 당신의 요청에 응답하도록 강한 주장으로 다른 사람에게 동기를 부여하는 방법을 배우는 것이다. 그러나 당신은 먼저 분노의 온도를 낮추는 법을 배울 것이다. 광범위한 분노 문헌, 분노 문제가 있는 다른 사람들을 도운 그의 엄청난 경험, 앨버트 엘리스의 선구적인 REBT로부터 가져온 핵심 원칙들을 하나로 모아 저자는 분노의 원인, 형태, 색조를 압축하고 당신이 평생 비합리적인 분노로 고통받지 않는 방법을 보여 준다. 이 책을 읽어 보라."

　　– 마이클 에델스타인(Michael R. Edelstein) 박사, 임상심리학자, 《3분 치료》의 저자 및 REBT의 박사후 연구원

"분노를 멈추고 싶은가? 만약 그렇다면 이 도전적인 모험을 계속하면서 당신은 저자로부터 친절한 안내를 받을 수 있다. 당신은 분노에서 벗어나고, 자신을 잘 표현할 수 있는 기술을 숙달하며, 불필요한 갈등과 스트레스로부터 자유로운 삶을 살 수 있는 현명한 방법을 배우게 될 것이다. 그다음 당신이 할 일은 무엇인가? 다른 사람들이 분노의 부담을 덜어줄 수 있도록 당신이 아는 것을 전달하라. 함께 노력할 때 모두가 승리한다."

　　– 잭 섀넌(Jack Shannon), EdD, 뉴저지주 마타완의 개인 진료 심리학자, 시튼홀대학교(Seton Hall University) 명예 교수

"분노는 관계에 파괴적인 영향을 미칠 수 있으며 정신적, 육체적 건강에도 해로운 영향을 미칠 수 있다. 12개 장으로 구성된 이 책은 분노를 다룰 수 있는 흥미진진한 단계별 자가 코칭 프로그램을 제공한다. 이 책은 분노와 파괴적인 행동을 수정할 수 있는 간단한 ABCD 프레임워크를 제공한다. 이 워크북에는 많은 유용한 분노 제거 기법과 연습이 포함되어 있다. 이러한 방법은 여러분의 삶을 바꿀 수 있다!"

– 스티븐 팔머(Stephen Palmer) 박사, 영국 웨일즈, 웨일스트리니티세인트다비드대학교(University of Wales Trinity Saint David) 교수, 영국 런던의 스트레스관리센터 창립 책임자

개요

당신이 분노로 인해 원치 않는 문제가 자주 발생한다면 이 책을 읽어야 한다. 화를 내야 할 이유가 너무 많다면, 그것들을 줄이는 방법을 알게 될 것이다. 아마도 당신은 화를 내는데 지쳐서 차분한 삶을 원할 수 있다. 또한, 이 책은 다른 사람의 분노로부터 자신을 보호하는 방법도 알려 준다.

분노는 언제 문제가 되는가? 분노는 당신이 문제라고 생각할 때 문제가 된다. 그러나 이것이 전부는 아니다. 서로 다른 장소와 시간에서 두 개 이상의 심각한 파괴적인 공격 행동이 어떤 패턴을 암시한다. 그렇다면 당신은 언제 분노를 해결해야 할까요?

- 당신이 너무 자주, 너무 많은 방식으로, 그리고 해로운 극단의 분노를 느낄 때
- 당신의 삶의 질에 부정적인 영향을 미칠 때
- 당신의 분노가 가까운 사람들에게 영향을 미칠 때

단 한 번의 폭발적인 분노 사건이 자신의 삶을 뒤집을 수 있다. 우리는 그러한 위험을 미리 막아야 한다.

이 책에서 시간, 자원, 에너지를 소모시키는 분노의 형태를 '기생적 분노(parasitic anger)'라고 칭한다. 분노가 자신에게 문제가 되고 기생충처럼 해롭다고 생각한다면, 당신은 분노를 줄이기 위한 조치를 취할 준비가 되었는가? 만약 당신의 대답이 '그렇다'라면, 확실히 당신은 이것을 수행할 수 있는 여러 가지 방법을 가지고 있다는 것이다.

이 책은 인지행동치료(CBT)라는 치료법에 기반한 입증된 기술을 사용하여 기생적인 형태의 분노를 예방하거나 완화하는 방법을 알려 준다. 우리는 CBT의 간략한 역사를 살펴보고 이것이 왜 효과적인지를 확인한 다음, 파괴적인 형태의 분노와 싸움으로써 긍정적인 기술을 구축하기 위해 CBT를 사용할 경우 자기조력(self-help) 전문가가 되는 방법을 설명할 것이다. 이 책을 통해 당신은 이 길을 가는 데 도움이 되는 많은 기법과 연습을 발견할 것이다. 이 중 몇 가지는 이 책의 웹 사이트(http://www.newharbinger.com/44321)에서 다운로드할 수 있다. (자세한 내용은 이 책의 뒷면을 참조) 당신은 자신의 상황에 적용되는 CBT 방법을 선택하고 실행함으로써 잘못된 믿음에서 벗어나 새롭고 건강한 신념을 개발하고, 더 긍정적인 감정을 경험하며, 일상에서 덜 분노하고 훨씬 더 생산적으로 사는 법을 배울 수 있다.

인지행동치료(CBT)의 역사

인지행동치료라는 용어는 1970년경 분노, 불안, 우울증과 같은 부정적인 조건을 극복하기 위해 개발된 시스템을 포괄하는 용어로서 등장했다. 그 후 수백만 명이 모든 심리적 고통을 해결하기 위해 CBT 방법을 사용해 왔다. 이것은 비교적 새로운 용어이지만, 다양한 CBT 방법이 2,400년 이상 사용되어 왔다. CBT는 그리스 철학자 소크라테스와 고대 스토아학파 철학자들에게 감사의 빚을 지고 있는데, 이들이 초기 인지치료사라고 생각한다.

기원전 400년경에 소크라테스는 사람들이 스스로를 이해하고 교육할 수 있도록 목적이 있는 개방형 질문 방법을 개발했다. 오늘날에는 소크라테스식 질문은 해로운 거짓 신념을 해체하기 위한 연구에 의해 지지되는 CBT 방법이라 할 수 있다(Clark와 Eagen 2015; Heiniger, Clark와 Egan 2017). 여기 당신이 명확함을 얻기 위해 질문을 사용할 수 있는 방법의 예가 있다. 즉 당신은 사람들이 당신을 잡기 위해 밖에 나와 있다고 분노한다. 당신은 스스로에게 질문한다. 지구상에 살고 있는 70억 명의 사람들 중에 그들이 나에 대해 똑같은 방식으로 생각을 한다는 증거는 어디에 있는가? 그 대답은? 그것에 대한 증거는 없다.

고대 스토아 철학자들은 사고가 감정과 정신 건강에 미치는 영향을 탐구했다. 스토아학파의 창시자인 제논(Zeno, 기원전 300년경)을 시작으로 스토아 철학자들은 억압적인 잘못된 사고를 바로잡기 위해 오늘날 인지행동 치료사가 사용하는 추론 방법을 고안했다(Robertson 2010). 스토아 철학 방식으로 살았던 고대인들은 사건의 중요성에 대한 자신의 사고를 확장하고 혼돈스럽게 된 사람들에 비해 더 큰 내면의 평화를 찾은 것으로 보인다. 따라서 스토아 철학자들은 더 다양한 감정들을 자유롭게 경험할 수 있었다.

스토아 철학은 감정을 '판단에 따르는 것'으로 보았다(Graver 2007, 29). 그들은 사건이 구체적인 형태의 사고로 표현될 필요가 없다는 것을 발견했다. 그들은 잘못된 신념과 잘못된 판단이 어떻게 감정적인 과잉을 조장하는지를 탐구했다. 그들은 다른 사람들에게 거짓 신념을 알아내고 그것을 제거하는 방법을 연구하고 가르쳤다. 그들은 역경, 고난, 통제할 수 없는 문제를 수용하는 방법을 고안했다. 그들은 분노와 같은 자연스러운 감정과 잘못된 신념과 판단으로부터 자유로운 자연스러운 감정에서 행동하는 것에 호기심을 보였다. 그들은 책임감 있고 단순하며 겸손한 삶을 추구했다(Graver 2007에서 정리). 스토아 철학의 견해는 심리적 건강을 개선하기 위해 노력한 많은 학자, 정신과 의사, 심리학자의 연구에 영향을 미쳤다.

또한, CBT에서 불교의 가르침을 찾을 수 있다. 여기에 그 몇몇이 있다. 당신은 자신의 마음이 어떻게 작용하는지에 대한 지식으로 자신에 대해 더 잘 이해할 수 있다. 당신은 있는 그대로 받아들인다. 당신은 불쾌한 사고를 긍정적인 사고로 대체한다. 현명한 이기심에서처럼 당신은 명예롭게 행동한다. 당신은 명상을 통해 통찰력으로부터 지혜와 연민을 기른다. 깨달음의 적은 거짓말, 정직하지 않은 거래, 욕설, 타인에게 해를 끼치는 것이다. 어떠한 것도 계속 지속되지 않는다. 모든 것이 변한다.

소승불교 경전(기원전 300년~기원전 100년 사이에 쓰였다)은 (1) 도발에 대한 무반응, (2) 친절, (3) 폭력과 복수를 피하는 올바른 의지의 세 단계로 자신과 사회를 돕기 위해 분노를 줄이는 것에 대한 붓다의 가르침을 인용한다. 이 세 가지는 현대 과학적 지지를 받고 있다(Ariyabuddhiphongs 2014).

또한, 당신은 사고와 감정과 행동 사이를 독립적으로 연결한 많은 20세기 초, 중반의 치료사 및 이론가의 연구에서 CBT 원칙과 관행을 찾을 수 있다. 그들의 연구는 부정적인 사고가 부정적인 감정과 해로운 행동을 유발하고, 우리는 재교육을 통해 부정적인 사고를 바꿀 수 있다는 이해로 이어졌다(Dubois 1909b; Williams 1914, 1923). 그들은 아이들이 두려움과 공포증을 극복하도록 돕고(존스, Jones 1924) 사람들이 불필요한 억압에서 벗어나도록 돕는 행동 조절 방법을 개발했다(솔터, Salter 1949).

이 분야의 개척자들은 부정적인 분노를 불러일으키는 평가의 파괴적인 힘을 인식하고 실용적인 해결책을 제시했다(Ellis 1977; Beck 1999). 20세기의 많은 개척자는 사고를 바꾸면 감정을 바꿀 수 있을 뿐만 아니라 행동을 바꾸면 사고와 감정도 바꿀 수 있다는 것을 알게 되었다.

CBT는 항상 새로운 증거 기반 기법과 시스템을 수용하면서 성장하는 살아 있는 스펀지와 같다. 아놀드 라자루스(Arnold Lazarus)의 중다양식치료(MMT), 심리학자 스티븐 헤이즈(Steven Hayes)의 수용전념치료(ACT), 진델 시걸(Zindel Segal)과 존 티즈데일(John Teasdale)의 마음 챙김(mindfulness)에 기반한 인지행동치료(MBCBT)는 CBT와는 별도로 작동하지만 CBT 시스템의 기반을 넓히고 있다.

CBT를 위한 연구 지원

CBT는 다른 어떤 심리 치료 접근법보다 더 유리한 결과 연구와 더 많은 메타 분석(데이터에서 패턴과 추세를 찾는 데 사용되는 연구들에 대한 연구)을 가지고 있어 최고의 표준 치료 시스템이 되었다. 나는 501 CBT 메타 분석을 비공식적으로 검토했으며, 이는 CBT 접근 방식이 분노, 불안, 우울증, 외상후스트레스장애, 그리고 수면 장애 및 완벽주의와 같은 기타 어려움을 줄이는 데 가장 강력한 뒷받침을 한다는 것을 종합적으로 보여 준다. 보스턴대학 심리학 교수 스테판 호프만[Stefan Hofmann (fmann & Asmundson 2017)]은 106개의 CBT 메타 분석을 과학적으로 연구하고 불안, 분노, 일반적인 스트레스를 줄이기 위한 CBT 개입에 대한 설득력 있는 지원을 발견했다.

독서를 통한 성장

당신의 삶을 개선하기 위해 CBT 읽기를 이용할 수 있는가? 연구에 따르면 당신은 실제로 할 수 있다. 독서 요법은 심리적 상태를 다루기 위한 치료로써 책(예: selt-help book)을 사용하는 것이다. 나는 CBT 독서 요법에 관한 158개의 학술 논문을 검토했으며, 그것들 대부분은 스스로 또는 전문적인 지도를 받는 사람들에게 긍정적인 결과를 보여 주었다. 이 '독서를 통한 치유' 접근법의 개선은 지속되는 것처럼 보이며 한 분야에서의 변화는 문제 관련 분야에 좋은 영향을 미칠 수 있다(Wootton 외. 2018; Spinhoven 외. 2018).

자기 조력(Self-Help)에 관한 책은 어떻게 선택하는가? 채프먼대학교의 리처드 레딩(Richard Redding) 교수는 전문적으로 훈련된 박사 수준의 정신 건강 전문가가 저술한 단일 주제의 책을 추천했다. 레딩은 자기 조력에 관한 최고 수준의 책이 인지행동 방법을 강조한다는 것을 발견했다(레딩 외 2008). 당신이 지금 손에 들고 있는 책,《분노를 다스리는 인지행동 워크북》은 이러한 기준을 충족시킨다.

이 CBT 워크북을 사용하여 기생적인 형태의 분노를 물리칠 때 얻을 수 있는 여섯 가지 잠재적 이점은 다음과 같다.

1. 당신은 상담히 짧은 시간 안에 사전 테스트된 자기 조력 아이디어를 배울 수 있다.
2. 당신은 전문적으로 개발된 많은 자기 개선 실험에 접근할 수 있다.
3. 당신은 자신과 관련된 것에 기초하여 무엇을 할 것인지 자유롭게 선택할 수 있다.
4. 당신은 자신의 속도로 작업할 수 있다.
5. 당신은 이 책에서 중요한 부분을 강조하여 표시하고 원하는 만큼 여러 번 살펴볼 수 있다.
6. 당신은 자신의 상황에 맞게 실험을 수정하고 결과를 사용하여 조정할 수 있다.

행동에 의한 성장

CBT의 두 가지 중요한 구성 요소는 (1) 새로운 이해와 관점을 촉진하는 데 도움이 되는 정보를 얻고, (2) 행동 과제를 완료하는 것이다.

첫째, 분노를 줄이는 전략을 배우려면 다음 사항들을 아는 것이 중요하다.

- 생각과 믿음이 감정에 영향을 미치는 방식
- 문제의 분노가 불안, 부정적인 기분, 배고픔, 두려움과 같은 다른 문제와 함께 일어나는 방식
- 분노를 대상으로 삼고 줄이는 방식
- 이러한 분노를 경험할 때 기생적 분노 사고를 인식하고 그 영향을 제거하는 방식

둘째, 행동 연습 세션(행동 과제)은 적극적인 자기 개선 접근법의 핵심이 되는 부분이며 CBT에서 가장 중요한 부분이다(Kazantzis 외. 2018). CBT의 선구자인 앨버트 엘리스(1962)는 실제 환경에서 아이디어를 테스트하기 위해 '과제 부여'를 행하는 것을 강하게 강조했다. 여기에서 당신은 새로운 사고, 느낌, 행위 방식을 실험한다. 즉 당신은 자신이 한 일의 결과를 측정하고 받은 피드백에 따라 조정 작업을 한다. 당신은 어떻게 자신을 개선할 수 있겠는가?

당신은 이 상호 작용하는 워크북에 인지적(사고), 감정적(느낌), 행동적(행위) 실험이 포함되어 있음을 발견할 것이다. 자신에게 맞는 것을 선택하라. 이것은 여러분이 스스로 선택한 행동 과제이다.

분노로 긍정적인 개인적 변화를 만들기 위해 CBT 방법을 배우고 연습하는 데 얼마나 많은 시간이 걸리는가? 확실하고 빠른 규칙은 없다. 사람들마다 변화의 단계가 다르다. 문제는 삶의 환경만큼이나 다양하다. 분노의 다양성, 뉘앙스, 조건이 너무 많아서 그것들을 이 책에서 모두 고려하는 것은 비현실적이다. 당신은 때때로 특별한 분노 문제 영역에서 방법을 수정해야 할 것이다. 예를 들어 글을 쓸 공간이 더 많았다면 나는 '분노와 다툼을 하는 부부'에 대한 장을 쓰고 싶었을 것이다. 그러나 주당 3학점 대학 학사 과정과 비교하여 그 절반의 시간을 보내면서 당신은 4개월 안에 주목할 만한 긍정적인 진전을 이룰 수 있다. 실험해 보라. 그 시간을 줄이거나 늘리면서 조정하라.

자기 숙달로 가는 길

자기 숙달(Self-mastery)은 자신과 주변의 통제 가능한 사건에 대한 현실적인 명령 감각을 갖는 것으로 요약된다. 일상적인 문제와 숭요한 삶의 노선을 모두 충족함으로써 당신은 역경을 헤쳐나가고 긍정적인 기회를 추구하는 능력에 대해 많은 것을 배울 수 있다. 개인적인 변화는 사건이 아니라 하나의 자기 숙달 과정이다. 놀랍게도 불필요한 형태의 분노를 다루는 법을 배우는 것은 자기 숙달로 나아가는 좋은 방법이다. 자기 숙달은 실패 없음, 비난 없음, 준비라는 자기 학습을 위한 세 가지 기둥 위에 만들어진다. 이러한 기둥들은 기생적 분노와 싸우기 위해 인지적, 정서적, 행동적 변화 접근법을 개발하고 사용하는 단계를 지원한다.

실패 없는 방법

효과적인 치료사는 고객의 현실적인 인식을 고취시키고 생산적인 행동을 촉진하는 역할을 한다. 당신은 기생적인 형태의 분노를 극복하기 위해 이와 동일한 인식-행동 방향을 따를 수 있다. 그러나 이를 위해서는 지식을 개발하고 솔루션을 실험할 필요가 있다. 다음으로 넘어 가자.

실패는 삶의 일부이다. 당신은 원하는 직업을 얻지 못하거나 꿈에 그리던 사람과 데이트를 하지 못하거나 입학 시험에 합격하지 못할 수 있다. 그러한 실패의 결과는 그다지 치명적이지 않다. 딩신은 회복하고 다시 시도하거나 다른 방법을 시도할 수 있다. 이것은 하나의 학습 과정이다. 실패 없는 접근법은 실패를 학습의 기회로 보는 것을 포함한다. 자기 숙달 노력에 실패 없는 접근법을 적용하는 경우, 당신은 무엇이 효과가 있는지, 무엇이 효과가 없는지, 어떻게 개선할 수 있는지를 발견하기 위해 그렇게 하는 것이다. 당신은 과학자의 입장에서 실험을 한다. 당신은 포괄적으로 자신에 대해 판단하지 않는다. 오히려 당신은 그 과정과 결과를 판단한다. 당신은 기생적인 형태의 분노를 줄이거나 없애는 데 가장 효과적인 방법을 알아낸다.

토마스 에디슨은 자신의 발명품에 대해 이러한 견해를 표현했다. 한 번은 누군가가 전구용 필라멘트를 찾는데 그렇게 많은 실패를 어떻게 견딜 수 있는지 물었을 때, 에디슨은 뜻밖의 대답을 했다. 그는 작동하지 않는 또 하나의 필라멘트를 발견했다고 말했다.

비난 없는 방법

만약 합법적으로 주차된 차의 옆 부분을 긁는 경우 당신은 비난받을 만하고 수리 비용에 대한 책임을 져야 한다. 비난이 이 수준에서 멈춘다면, 인류는 분노의 결과에 훨씬 덜 영향을 받을 것이다. 그러나 사람들은 아주 빈번하게 정당한 비난을 할 때 지나치게 비난하고 저주한다. 이 책을 통해 당신은 과도한 비난 없이 긍정적인 이익과 권리를 생산적으로 발전시키는 방법을 알게 될 것이다.

준비 방법

최고의 예술가, 기계공, 교사 또는 관리자는 평생토록 많은 기술을 연마한다. 이러한 기술을 개발하는 데는 수많은 시간이 소요되며, 그 대부분의 시간 동안 신체적으로 연마하는 행동 기술과 결합된 정신적 연습을 한다. 마찬가지로 분노에 대처하기 위한 정신적 준비에는 객관적인 사고방식과 문제 해결 행동이 결합된 형태의 시간, 연습, 연마 기술이 필요하다. 나는 이 과정을 설명하기 위해 "정신적 궁수도(mental karate)"라는 문구를 만들었다. 그 핵심은 자신의 성격과 상황에 맞는 접근법을 실험하는 것이다. 오래된 격언처럼 "예방이 치료 약보다 낫다."

지난 수천 년 동안 많은 현명한 사람들은 과도하고 극단적인 분노와 공격성의 개인적, 사회적, 건강상의 위험을 알았다. 우리에게 문제가 되는 분노를 극복할 수 있는 해결책을 가진 훌륭한 생각을 가진 현대 사상가가 많이 있다는 것은 다행이다. 몇몇의 그러한 사람들이 이 책에서 최고의 조언을 제공했다. 이 책 전체에서 그것들을 발견할 수 있으며, 특히 다양한 분노 주제를 다루는 조언들의 모음을 12장에서 보게 될 것이다.

자신에게 효과 있는 방법은 무엇인가?

하나의 방식이 모든 경우에 다 적용될 수는 없으며, 한 상황에서 효과가 있는 것이 다른 상황에서는 그렇지 않을 수 있다. 모든 사람이 같은 크기의 셔츠를 입거나 같은 색상과 디자인을 선호하는 것은 아니다. 그런데도 셔츠에는 CBT 분노 감소 접근법과 마찬가지로 공통점이 있다. 쌀쌀한 날 하이킹을 위해 입는 긴소매 티셔츠가 있는 반면 공식적인 파티를 위한 정장 셔츠가 있는 것과 같이 어떤 상황에 적합한 것이 있는 법이다.

이 책을 통해 당신은 기생적 분노를 극복하는 수십 가지 방법을 찾게 될 것이다. 몇몇은 당신에게 상당한 영향을 미칠 수 있고, 다른 것들은 약간의 효과가 있을 수 있다. 그러나 작은 변화도 무시할 수 있는 것은 아니다. 많은 작은 변화들이 합쳐진다. 그것들은 더 큰 변화와 함께 향상을 위한 축적 효과를 보여 준다. 또한, 변화 속도는 사람마다 다르다는 것을 명심하라. 많은 것이 그 준비 상태와 얼마나 강한 동기를 가지고 있는지에 달려 있다. 이 길을 따라가는 동안 길을 벗어나기도 하고, 갑작스럽게 발전하기도 하며, 제자리걸음이 나타나기도 한다. 몇몇 사람들은 점진적인 속도로 발전하는 것을 경험한다. 다른 사람들은 처음에는 급격히 발전하고 나중에는 다른 속도로 진행하는 것을 경험한다.

일단 중요한 일(이 경우 분노의 해로운 영향을 줄임)을 달성하기로 마음을 먹으면 당신은 모든 곳에서 그 관심을 지원하는 아이디어를 찾을 수 있다(Payot 1909). 결국 당신은 분노 문제를 예방하고 해결할 수 있는 당신에게 적합한 대처를 위한 기준 틀, 또는 검증된 일련의 방법을 개발하게 될 것이다. 자신에게 맞는 방법을 숙달함에 따라 당신은 뜻하지 않은 이득을 얻을 수도 있다(Tang 외. 2005). 이러한 도약이 발생하는 경우 그 도약은 종종 부정적인 생각의 감소와 더불어 일어난다(Wiedemann 외. 2020). 나는 이 책 속에 부정적인 생각을 줄이기 위한 아이디어를 모았다.

당신은 자신이라는 배의 선장이며, 인생이라는 물 위를 항해하며 자신이 가야 할 길을 나아간다. 당신은 더 건강하고 행복하며 긍정적인 방향으로 나아가기 위해 스스로 많은 일을 할 수 있다. 그러나 심각한 분노 위기가 있는 경우 당신 혼자서 그 모든 것을 감당할 필요는 없다. 능숙한 항해 마스터로서 CBT 상담사는 위험한 바다에 대해 말해 주고 장애물을 통과하는 방법을 보여 줄 수 있다. 만약 분노에 대해 전문 상담사와 이미 협력하고 있다면, 그 진행을 지원하고 가속화하기 위해 이 책을 활용할 수 있다.

목차

제1장
분노의 양상

분노는 종종 공격성의 파괴적인 전주곡으로서 과도한 비난을 받는다. 하지만 심리학의 선구자인 프레드릭 트레이시(Frederick Tracy)의 견해는 달랐다. 그는 분노를 "교육을 통해 지도해야 하며 없애 버려서는 안 되는 힘"(1896, 47)이라고 보았다. 분노는 남용할 때 문제가 발생한다.

분노에 대한 두 가지 예를 살펴보자. 첫 번째는 아이가 운다는 이유로 때리는 부모를 보고 당신은 아이를 보호해야겠다는 생각으로 그 부모에 대해 분노를 느낀다. 두 번째는 당신은 열쇠를 제자리에 두지 않고서 다른 사람을 비난하며 화를 낸다. 이 두 가지 예를 동전의 양면으로 생각해 보자. 동전의 한쪽 면에서 우리는 자연스러운 분노를 발견할 수 있다. 이 분노는 위협에 대항해서 동원되는 힘이다. 이는 불공평과 불평등에 대한 반발 감정이다. 이것은 어떤 우월성의 한 표현이다. 우리는 다른 사람의 부정적인 행위를 통제하기 위해 자연스럽게 분노한다. 자연스러운 분노는 말을 이용해서 표현하지 않는다. 자연스러운 분노는 오늘날 우리가 알고 있는 언어 시대 이전인 거의 20만 년 전부터 존재해 왔다. 동전의 반대편에는 기생적 분노가 있다. 이러한 형태의 분노는 기생충처럼 작용하며 당신의 정신적, 정서적 자원을 고갈시킨다. 이 분노는 생존, 번영, 우정의 구축 또는 그 밖의 긍정적인 것과는 거의 관련이 없는 우발적 사건에 대한 자동적인 반응이다.

기생적 분노로부터 어떻게 벗어날 수 있는가? 이 장에서 우리는 아래의 사항들을 다룰 것이다.

- 불필요한 분노를 줄이기 위해 개선 또는 발전하고 싶은 기술에 대한 설문조사
- 분노 요인 9가지
- 분노를 일으키는 4개의 주요 목적
- 폭발하는 분노를 다루기 위한 해결책과 변화를 위한 세 개의 주요 단계를 포함하여 손쓸 수 없는 상황이 되기 전에 해로운 형태의 분노를 가라앉히기 위한 시험을 거친 방법

20세기 초, 어느 심리학자는 분노에 대해 다음과 같은 방식으로 생각했다.

분노의 문제는 분노의 존재 그 자체에 있는 것이 아니라 그것을 조절하고 지도하여 적절하게 기능하도록 제한하는 데 어려움이 있다는 것이며, 적절한 규율이 없으면 당연히 분노는 우리의 정신적인 삶에 무질서와 고통을 가져온다(Cooley 1902, 252–253).

분노는 다른 주요 감정들 중에서도 가장 복잡하며 논란의 여지가 많다. 분노는 주로 그것과 더불어 연상되는 공격성, 협박, 폭력, 적대감, 악의, 불쾌감 때문에 사람들이 종종 가장 두려워하는 감정이기도 하다.

우리 주변에 얼마나 많은 분노가 있는가? 2017년 미국 심리학회의 스트레스 설문조사에서 응답자의 35%는 스트레스로 인한 짜증과 분노를 보고 했으며, 7.8%의 사람들은 소리를 지르거나 때리거나 던지는 공격적인 행동을 보고했다(오쿠타 외 Okuda et al. 2015).

분노가 문제가 되는 경우, 당신은 그 문제를 해결하기 위해 어떤 일부터 시작하는가? 다음의 분노 설문조사는 기생적 분노를 극복하기 위해 적용하는 기술 영역을 이해하는 데 도움을 준다. (이 책에 있는 웹 사이트 http://www.newharbinger.com/44321에서도 이 설문조사를 다운로드할 수 있다.)

분노에 대한 조사

이 조사가 생각할 수 있는 모든 분노의 양상을 다루지는 않지만, 이 책에서 당신이 찾을 수 있는 것에 적용되며 집중해야 할 중요한 영역을 이해하는 데 도움이 될 것이다.

설명: 당신이 발전시키고 싶은 기술처럼 들리는 문장이 나오면 "예" 열에 체크하라. 세 번째 열에서 관련 기술을 언급하는 책의 장을 발견할 것이다.

항목	예	학습
1. 분노를 삭히기 위해 시간을 낼 수 있다면 그렇게 할 것이다.		1장
2. 분노를 통제할 수 없는 상태를 막고 싶다.		1장
3. 분노하는 더 깊은 원인을 알고 싶다.		1장
4. 고함을 치고 비명을 지르는 것이 분노와 긴장을 풀어주는 데 도움이 되는지 알고 싶다.		2장
5. 타인을 비난하는 것을 멈출 방법이 있다면 그렇게 할 것이다.		2장

항 목	예	학습
6. 더 관대해지고 싶다.		2장
7. 분노하는 마음을 바꾸는 것에 대해 더 알고 싶다.		3장
8. 동일한 문제에 대해 분노하는 것을 되풀이하고 싶지 않다.		3장
9. ABC처럼 간단한 해결책이 있다면 그것을 사용할 것이다.		3장
10. 균형감을 잃는 경우 다시 되찾고 싶다.		4장
11. 추론 능력을 더 효과적으로 사용하고 싶다.		4장
12. 분노로 생각이 흐려지기보다는 명료하게 생각하고 싶다.		4장
13. 부당함을 당할 때 효과적으로 대응하고 싶다.		5장
14. 때때로 타인을 의심하는 성향을 바꾸고 싶다.		5장
15. 말할 때 올바르고 공정하게 말하고 싶다.		5장
16. 자주 스트레스를 받는데 더 차분해지고 싶다.		6장
17. 편안한 잠을 못 자는 것을 고치고 싶다.		6장
18. 많은 분노로 건강을 해칠까 봐 걱정되며 그 위험을 줄이고 싶다.		6장
19. 쉽게 좌절하는 것을 극복하고 싶다.		7장
20. 사소한 것들에 대해 많은 신경 써서 불안에 빠지는데 균형감을 유지하고 싶다.		7장
21. 스스로를 좀 더 반성할 필요가 있으며 몇 가지 새로운 기법을 배우고 싶다.		7장
22. 분노와 관련된 문제가 많고 해결책은 충분하지 않지만, 새로운 문제 해결 아이디어에는 열려 있다.		8장
23. 해결 가능한 문제로서 분노를 다룰 수 있다면 그렇게 할 것이다.		8장
24. 분노하기 전에 분노의 플러그를 뽑을 수 있으면 좋겠다.		8장
25. 분노하지 않고 스스로를 옹호해야 할 때가 있다.		9장
26. 강력하지만 공격적이지는 않게 이익을 주장하고 싶다.		9장
27. 힘든 상황에서는 그 순간을 넘어서 생각할 필요가 있다는 것을 알고 있다.		9장
28. 성급하게 결론을 내리는 경향이 있으며 덜 그렇게 하고 싶다.		10상
29. 더 나은 경청자가 되어야 한다는 것을 알고 있다.		10장
30. 명확하게 의사소통한다면 문제를 많이 해결할 수 있을것 같다.		10장
31. 가끔 너무 신속하게 반응하는데 그 반응 속도를 늦추고 싶다.		11장

항 목	예	학습
32. 무엇을 해야 할지 알고 있지만 계속해서 오래된 분노 습관으로 되돌아간다.		11장
33. 변화를 위한 지도가 있다면 그것을 따를 것이다.		11장
34. 분노의 대가를 낮출 수 있는 방법을 알고 싶다.		12장
35. 행동하기 전 다양한 관점에서 보면서 더 많은 일을 할 필요가 있다는 것을 알고 있다.		12장
36. 분노 상황에서 선택을 고려하면서 더 빨리 행동하고 싶다.		12장

분노를 줄이는 방법에 대해 알아보기 전에 그렇게 해야 할 이유를 파악하는 것이 중요하다. 잠시 시간을 내어 이것에 대해 생각해 보라.

기생적 분노 문제를 해결함으로써 얻을 수 있는 이익은 무엇인가? 예를 들어 당신은 어떤 고통스러운 결과를 피하고 싶은가? (고통을 피하는 것은 긍정적인 것이다.) 당신은 무엇을 얻고 싶은가? (건강한 결과를 얻는 것은 긍정적이다.) 아래 박스에 기생적 분노 패턴을 깨기 위한 1~3가지 주요 동기를 연필로 적어 보자.

1.

2.

3.

위의 박스에 있는 것과 같이 글로 쓴 내용을 보는 것은 때때로 행동에 대한 동기를 강화할 수 있다.

❖ 9가지 분노 요인

분노를 하기 전의 자연스러운 면과 기생적 면을 좀 더 자세히 살펴보자.

자연스러운 분노는 감정을 외재화하는 것이다.

당신은 위협에 맞서기 위해 자연스러운 분노로 흥분하기 시작한다. 당신의 교감신경계는 공격을 가하기 위해 당신의 몸에 호르몬을 충전한다. 당신은 위험에 직면했을 때 효율적이기 때문에 분노를 유발하는 외부적인 요인에 초점을 맞춘다.

가장 해로운 분노는 기생적 분노이다.

"내가 통제해야 한다.", "나는 다른 모든 사람보다 더 똑똑해야 한다.", "세상이 내가 바라는 대로 되어야 한다."와 같은 기생적 분노를 불러일으키는 신념은 그 분노를 불러일으키는 상황에 의미를 부여하고, 그 분노가 폭발할 에너지를 제공하며, 누군가가 이러한 자아의 신념을 위협할 때 분노의 감정과 공격적인 행동을 증폭시킨다.

기생적 비난은 분노를 일으키는 일반적인 원동력이다.

분노는 일반적으로 무언가 또는 누군가에 대항하는 외재화된 감정이다. 대부분의 사람은 우리의 내면이 우리의 경험을 조직한다는 사실을 깨닫지 못한 채 자신이 보고 있는 것을 현실로 받아들인다. 예를 들어 비난은 일반적으로 그것이 공공연한 비난으로 확대될 경우 분노를 불러일으킬 수 있는 외재화하는 신념이다. 당신은 너무 느리게 운전하는 다른 운전자를 비난하고, 그로 인해 그 운전자를 도로에서 몰아내는 것을 정당화한다.

분노는 내면으로 향할 수 있다.

사회적 결과에 대한 두려움, 분노 때문에 발생하는 보복에 대한 두려움, 통제력 상실에 대한 두려움, 분노를 표현하는 것이 무례하다는 신념 등의 이유로 그 감정을 묻어 버림으로써 당신은 분노를 억제한다. 당신은 또한 과도하게 비판적이고 모든 불완전성에 대해 자신을 비난하는 경우 자신에게 그 분노를 향하게 한다.

분노는 인식되지 않는 숨겨진 감정이다.

분노는 우울한 기분, 불안, 기타 불쾌한 상태와 함께 발생하며 그 심각성을 더한다(Cassiello-Robbins & Barlow 2016). 분노는 끔찍한 우울증에 앞서 발생하고 그것을 연상시키거나 증폭시킬 수 있다. 정말 좋은 것은 분노를 줄임으로써 이 세 조건이 합쳐질 경우의 우울증과 불안을 줄일 수 있다는 것이다(Kim 2018).

분노는 기억력에 영향을 미치고 폭넓게 사고하지 못하게 할 수 있다.

분노는 기억을 방해하여 당신이 세부 사항을 기억하지 못하도록 막는다. 이로 인해 자신이 무엇을 고쳐야 하는지 제대로 알 수 없다. 강한 분노로 인해 당신은 복잡한 상황에서 제대로 판단할 수 없다. 따라서 더 높은 강도의 분노는 기생적 분노 패턴을 반복하게 만들고 더 좋지 않은 결과를 만들어 내는 더할 수 없이 나쁜 것이다.

분노와 적대감은 다르지만 서로 관련이 있다.

당신은 적대적이지 않으면서 화를 낼 수 있다. 예를 들어 신체적으로 공격을 받으면 화를 내며 반격한다. 이 방어적인 행동은 정상적인 것이며 기능적이고 일시적인 것이다. 적대감은 해치려는 생각과 결합된 좀체 사라지지 않는 격심한 복수에 불타는 느낌이다. 적대감에는 적대적인 행동과 타인의 비참함을 당연하게 여기는 감정이 포함된다. 다른 사람의 적대감에 대한 자연스러운 분노는 일반적으로 타당한 것이다.

분노와 공격성은 서로 연관되어 있지만 다른 것이다. 분노는 감정이다.

공격성은 위협에 대한 자연스럽고 방어적인 행동, 의도적으로 타인에게 해를 끼치는 행위, 또는 이득을 얻기 위해 겁을 주는 행위 등과 같이 다양한 형태로 나타나는 분노나 적대감을 행동으로 보여 주는 것이다.

공격성과 자기주장은 모두 문제에 대응하는 방법이다.

공격성, 특히 적대감에 눈이 멀고 분노에 의해 더 고조된 공격은 경고 신호이다. 공격성은 상처를 입히려는 충동이며 멈춰서 숙고하는 일이 거의 없다. 반면에 자기주장은 상황에 대해 더 반성적인 판단을 하고 다른 사람에게 불필요하게 해를 끼치지 않으며, 원하는 변화를 가져올 수 있을 만큼만 실행한다.

분노를 줄이기 위해 이 과정을 진행하면서 이 9가지 요소와 그것이 당신 자신의 분노에 어떻게 적용되는지 이해하는 것이 중요하다. 또한, 다른 관점에서 분노를 보는 것도 중요하다.

❖ 분노에 대한 4가지 견해

분노를 생각할 때, 당신은 사람들의 외모, 자세, 그 분노의 감정과 관련된 말과 그 어조에 대해 생각할 수 있다. 그렇지만 너무 고정관념에 빠져 있다는 생각이 들지는 않는가? 또한, 당신은 사람들이 분노를 사회적으로 다양하게 표현한다는 것을 발견할 수 있다. 사실 어떤 사람들은 화가 났을 때 미소를 짓는다. 그리고 같은 사람이 같은 상황에서 분노를 다르게 표현할 수 있다. 물론 전후 사정이 중요하다.

분노는 복잡하다. 분노는 신호, 증상, 방어, 문제적인 습관일 수 있다. 이 네 가지 관점에 대해 탐색해 보자.

분노는 신호이다.

분노는 다른 사람들에게 물러나라는 신호를 보낸다. 분노하는 사람의 표정, 자세, 목소리는 이러한 의도를 강조한다. 약 20만 년 전에 분노의 신호는 다른 목적으로 사용되었다. 당신이 속한 무리가 포식자나 다른 무리의 위협을 받고 있는 경우 싸우는 것이 달아나는 것보다 낫다고 인식한다면, 당신은 분노 신호를 보내고 다른 무리를 모아서 방어하도록 경고할 것이다.

분노는 증상이다.

분노의 약 50%는 우울증과 함께 발생하며 사회적 불안, 일반적인 불안, 수치심이 있는 사람들에게서 흔하게 일어난다. 또한, 분노는 배고픔, 수면 부족, 독감 발병 등의 증상일 수 있다. 올바르게 그 신호를 파악하여 올바르게 문제를 해결하는 것은 어려운 일이다.

분노는 방어이다.

분노는 위협에 맞서기 위해 생물학적으로 충전된 상태이다. 또한, 분노는 누군가가 불평등을 시정하게 하거나 약한 사람이 해를 입지 않도록 방어하게 할 수 있다.

분노는 문제적인 습관이다.

어떤 형태의 분노(즉 기생적 분노)는 당신이 용납할 수 없는 괴롭힘, 당신의 자아에 대한 도전, 기대를 충족시키지 못함 등으로 간주되는 상황에서 유발되는 부정적인 사고 패턴을 반영한다. 이러한 마음의 상태는 의식의 표면에서 일어나는 일이지만 감지할 수 없다. 따라서 그것들을 의식하고 그 자동적인 과정을 바꿀 때까지 계속될 것이다.

분노를 연구하는 연구자들은 분노의 방향을 나타내기 위해 분노 억제(anger - in) 및 분노 표출(anger - out)과 같은 라벨을 사용하며, 특성 및 상태는 과도한 분노 대 상황적인 분노에 대한 선천적인 경향을 나타낸다. 이러한 분노 라벨은 당신이 어떤 분노 영역을 조사하려고 계획하는 경우 유용하다.

여기에 하나의 큰 문제가 있다. 만약 과도한 분노로 인한 스트레스, 긴장 그리고 좋지 못한 결과를 줄이려고 한다면 당신은 무엇을 하는가? 그것에 대해 생각해 보면서 시작하자.

만약 당신이 사회적 불안을 가지고 있고 다른 사람들이 당신을 판단하는 것을 두려워한다면, 다른 사람들이 당신에 대해 잘못 판단하고 있다고 생각하기 때문에 스스로 화를 낼 수 있다. 또한, 분노적인 방어는 다른 방식으로도 나타난다. 편안하고 통제력을 가지고 있다고 느끼기 위해 당신은 다른 사람들이 당신의 말을 따르도록 요구한다. 그것에는 공포와 통제력을 상실할지도 모른다는 허구적인 두려움에 대한 오류가 있다.

Top Tip: 시야 확보

만약 두려움에 대처하고 다른 사람을 통제하는 방법이 분노일 경우 그것을 바꿀 책임은 누구에게 있는가? 조지아주 애틀랜타의 예술가이자 심리치료사인 91세의 에드 가르시아(Ed Garcia)는 이 분노-두려움 퍼즐을 풀었다.

지속적인 분노 패턴이 강하게 나타나는가? 어떤 상황에서 당신은 두려움을 이기려고 다른 사람들을 통제함으로써 자신을 방어한다. 이 문제를 해결할 힘은 어디에 있는가? 자신을 바꾸지 않으면 이 패턴으로부터 거의 자유로울 수 없다.

자신이 두려워하는 것을 실행함으로써 당신의 강인함을 보여 준다. 예를 들어 누군가가 당신의 의견에 동의하지 않을 때 분노를 느낀다면 무엇을 해야 하는가? 어떤 다른 일을 하라. 동의하는 어떤 점을 찾아서 "나는 그것에 동의한다."라고 말하라. 그런 간단한 조치를 취하면 당신은 유연한 관점을 가질 수 있다. 문제를 인정하고 당신 자신의 책임을 받아들이며 그다음 무언가를 함으로써 당신은 긍정적인 변화의 길로 나아가게 된다. 이제는 그것이 진정한 강인함이다.

❖ 비상 대응

변화의 시작 단계에서는 당신은 분노의 비상 사태를 경험할 가능성이 높다. 다양한 형태의 기생적 분노를 포함하는 몇몇 초기 대처 방법을 살펴보자. 우리는 걷기 솔루션부터 시작할 것이다.

걷기 솔루션(Walking Solution)

우리는 걷기 솔루션이 어떻게 작동하는지 알아보기 위해 댄(Dan)에 대해 배우고 그가 어떤 접근법을 사용했는지 알아볼 것이다.

퇴근길에 댄은 분노가 치밀어 오르는 것을 느꼈다. 그는 얼굴이 발갛게 상기되고 근육이 긴장되었으며 심장 박동이 빨라졌다. 무슨 일이 있었는가? 그의 하루는 완벽하게 진행되지 않았다. 그는 해결해야 할 문제가 많았고, 다른 사람들은 그가 문제들을 해결하는 것을 당연하게 여겼다. 매일이 그러한 상황이었다.

댄은 감사할 줄 모르는 고객과 자신의 기술을 당연하게 여기는 상사로부터 마땅히 받아야 할 존경과 감사를 받지 못하고 있다고 생각했다. 집에 가까워지자 댄의 생각은 아내와 아이들에게로 옮겨졌다. 가족은 자신을 당연하게 여긴다고 생각했다. "나는 단지 돈을 벌어 오는 사람일 뿐이야." 그는 반복적으로 이러한 생각을 하면서 생활했다.

여러 해 동안 이러한 상태가 지속되었다. 어느 날 댄은 심하게 분노한 상태로 집에 들어갔다. 그는 바닥에 있는 장난감을 보았다. 그는 아이들에게 소리쳤다. "빌어먹을 장난감을 주워, 안 그러면 쓰레기통에 버릴 거야." 그는 아내를 향해서 "왜 내 저녁 식사를 준비해 놓지 않았어!"라고 소리쳤다. 만약 바닥에서 장난감을 보지 못했더라면 다른 무언가에 대해 소리쳤을 것이다. TV 소리가 너무 컸다. 아이들은 공부를 그다지 잘하지 못했다. 그의 아내는 옷을 신경써서 입지 않는다. 댄은 열변을 토하며 분노하는 30분이 지나고 진정한 후에 죄책감을 느꼈다. 그리고 자신에게 맹세했다. 나는 다시는 그러지 않을 것이다. 이것은 의미 있어 보이지만 잘못된 약속이었다.

댄의 아내가 한계점에 이르렀다. 어느 날 유난히 강한 결단력 있는 목소리로 그에게 말했다. "당신의 문제가 무엇이든 그 문제들은 우리와는 상관없어요. 당신은 그 문제를 해결해야 해요. 그렇지 않으면 우리는 당신과 더 이상 같이 있을 수 없어요."

그의 아내는 이전에 그의 분노에 대해 서로 이야기한 적이 있었다. 이번에 댄은 아내가 일에 대해 말하고 있나는 것을 알았다. 댄의 변화에 대한 동기는 가족을 자신의 학대로부터 보호하고 자신이 가장 사랑하는 사람들과의 관계를 유지하는 것이었다. 그것은 강력한 동기였다.

걷기 솔루션은 시간을 벌고 심사숙고할 수 있는 간단한 시작 방법이다. 5분 정도 걸으면서 분노에 대한 느낌을 다른 신체적인 부문들로부터 분리한다. 그런 다음 자신이 생각하고 있는 것을 기록하고 화난 감정과 결합하는 생각을 알아차린다.

다음에 댄은 직장에서 힘든 하루를 보냈을 때 이 걷기 솔루션을 이용했다. 그는 집에 들어가기 전에 15분 정도 걸었다. 이렇게 걷는 동안 그는 세 가지 주요 질문에 답하고 설명 및 결과와 함께 3단계로 해야 할 목록을 생각해 냈다.

기생적 분노는 어떤 느낌일까?

걷기 시작 처음 5분 동안 댄은 근육의 긴장감, 뛰는 심장의 박동 등과 같은 자신의 육체적인 느낌을 인식했다. 분노가 일어난 상태에서 다양한 신체적 요소들로부터 분노를 분리함으로써 그는 그 신체적 요인들 중 어떤 것도 제거해야 할 만큼 부담되는 것이 없음을 발견했다.

기생적 분노에 대해 어떻게 생각하는가?

심리학자 나이트 던랩(Knight Dunlap, 1949)은 사람들이 자신의 감정을 설명하도록 요청받으면 일반적으로 자신들이 생각하는 것을 설명함으로써 반응한다는 것을 관찰했다. 댄은 던랩의 조언을 받아들였다. 그후 5분 동안 메모장을 꺼내 자신의 분노한 생각을 기록하고 자신의 생각과 분노한 감정을 연결시켰다. 그는 주로 자신이 존경을 받지 못하고 있다고 생각했다.

당신 생각의 결함은 무엇인가?

댄은 누군가가 자신을 정중하게 대하지 않는다면 그것이 무엇을 의미하는지에 대해 생각했다. 그는 답을 생각해 냈다. 모든 사람으로부터 존중을 받을 수는 없다. 다음으로 그는 자신이 직장에서 힘든 하루를 보냈는지, 자신의 가족이 그것에 대해 어떤 책임이 있는지를 자신에게 물었다. 그런 다음 그는 통찰력을 얻었다. 그가 생각하는 자신의 일은 그의 가족과는 관련이 없었다. 그는 직장에서의 문제를 집으로 가져왔던 것이었다.

댄은 15분간 걸어서 다른 장소로 이동하면서 일을 곰곰이 생각해 보았다. 1주일이 지나자 자신의 생각이 차분하게 변하는 것을 느끼기 시작했다. 그는 조금 더 차분한 마음으로 집에 들어갔다.

걷기 솔루션을 실행한 지 3주가 지난 후 댄은 더 이상 화를 내면서 집으로 들어가지 않았다. 그는 웃으면서 즐거운 인사와 함께 집에 들어갔고, 가족이 그를 만나 기뻐하는 것을 볼 수 있었다. 이 15분 걷기 솔루션은 제한적이지만 중요한 목적에 기여하는 실용적인 도구였다. 댄은 여전히 자신의 일과 관련된 분노 문제가 있었지만, 지금은 자신의 시급한 분노 문제를 해결했다.

분노 고조에 대한 세 가지 기본 솔루션: 실용적, 경험적, 핵심적 솔루션

분노는 알아차릴 수 없을 정도로 미미한 분노에서 맹목적인 분노로 변해갈 수 있다. 이 변화는 어떻게 설명할 수 있는가? 때로는 당신은 폭넓게 생각할 것이다. 때로는 기생적으로 생각할 것이고 당신의 초점은 좁아질 것이다. 당신의 신체는 생각하는 방식에 영향을 미친다. 예를 들어 수면의 질이 좋지 않은 경우 판단에 영향을 미칠 수 있다. 또는 당신은 분노에 대한 기질적인 성향을 가지고 있을 수 있다. 분노의 형태와 정도에 대한 원인과 이유와는 상관없이 당신은 기생적 분노를 실용적, 경험적, 핵심적 수준에서 직접적으로 줄일 수 있다. 다음은 그 방법을 설명한다.

실용적 솔루션

당신은 분노가 끓어오르는 것을 느낀다. 당신은 골치 아픈 상황으로 나아갈 수 있다고 생각한다. 당신의 선택은 무엇인가? 실용적 수준에서 당신은 현명한 친구가 조언하는 상식적인 기법, 과학이 뒷받침하는 간단한 기법, 또는 성공하는 사람들의 유용하게 일하는 것을 관찰하는 접근법을 사용한다. 어떤 친구는 한 블록 정도를 산책하기, 동네 커피 전문점에서 커피 한 잔 마시기, 100까지 세기, 또는 휴대폰으로 친구에게 전화를 걸어 이야기하기를 제안할 수 있다.

아래는 당신이 시도해 볼 수 있는 세 가지의 연구된 실제 실험이다. 첫 번째 실험은 분노와 이완이 경쟁하도록 한다. 두 번째는 자신의 속도에 맞추어 할 수 있는 더 장기적인 실험이다. 세 번째는 생각을 세는 기법이다.

올바른 각도로 앉기

당신은 아마 이 말을 들어 보았을 것이다. "뒤로 기대어 긴장을 풀어라." 이것에 무언가 특별한 것이 있는가? 똑바로 앉는 것보다는 비스듬히 앉으면 이완을 유도할 수 있다(Krahe, Lutz 및 Sylla 2018). 당신은 이 실험을 언제든지, 심지어 지금 당장 해 볼 수 있다.

스트레스와 분노를 느낄 때는 5분 동안 30도 각도로 뒤로 앉는다. 5분이 지났을 때 몸이 더 편안해진 것을 느낄 수 있는가? 이 앉은 자세를 5번씩 테스트하고 아래 차트를 사용하여 결과를 기록하라. 다섯 번의 테스트에서 얻은 결과를 가장 잘 설명하는 열을 확인하라.

더욱 긴장이 풀린다	더 스트레스를 받거나 화가 난다
1.	1.
2.	2.

더욱 긴장이 풀린다	더 스트레스를 받거나 화가 난다
3.	3.
4.	4.
5.	5.

당신은 무엇을 배웠으며, 이 정보를 자기 개선을 위해 어떻게 사용할 수 있는가? 다음은 당신이 배웠을 수도 있는 내용의 예들이다.

내가 배운 것

나는 등의 긴장이 줄어든 것을 느꼈다.
분노를 줄이는 대안이 있을 경우 내 삶이 더 순조롭게 진행된다는 것을 알았다.

이제 5번의 실험에서 당신이 배운 내용을 기술할 차례이다. 아래 공간에 답변을 작성하라.

내가 배운 것

비스듬히 앉는 것이 기분을 차분하게 한다고 느끼면 여기에 당신이 그것과 동시에 할 수 있는 일이 있다. 다음에 5번의 분노가 급증하면 5분 동안 비스듬히 앉는다. 그 시간 동안 당신은 확 트인 들판에서 흘러가는 개울물을 바라보는 상상을 하면서 당신의 마음속에 마음의 평온함을 위한 장면을 만들어라. 당신의 몸과 마음의 긴장이 풀리면 이것이 어떤 결정을 내리기에 좋은 시간이 될 것이다.

자신의 감정에 이름 붙이기

자신의 두뇌를 이해하면 실제적인 해결책을 찾는 데 도움이 된다. 예를 들어 뇌에 있는 아몬드 모양의 작은 부분인 편도체는 주변 환경으로부터 오는 감각 정보와 당신의 감정적 반응 사이에 있는 전이점이다. 생각, 언어, 감정이 나타나기 이전 시기에 편도체는 생존을 위한 방어와 주로 관련되었다. 당신의 편도체가 당신이 할 수 있는 최선의 선택이 싸우는 것이라고 계산했다면, 당신은 싸우려고 할 것이다. 그러나 이것은 분노의 감정과는 다르다. 분노는 자동적인 싸움 반응과 관련이 있지만 그것과 동일한 것은 아니다.

전두엽 피질은 사고하고 추론하며 문제를 해결하는 인지 과정의 중심에 있다. 이 뇌의 영역은 감정과 방어의 통제 센터인 편도체와 연결되어 있다. 두 영역 모두 분노를 포함하여 많은 감정을 일으키고 가라앉히지만 방식이 다르다.

자신에게 이득이 되도록 이 정보를 어떻게 사용할 것인가? 화가 났을 때를 인식하는 것은 인지적인 과정이다. 자신이 경험하고 있는 감정의 이름을 이용하여, 즉 하나의 단어를 가지고 지나치게 경계하고 반응하는 편도체를 진정시키기 위하여 자신의 인지 능력을 이용할 수 있다. 이 접근법은 그 감정이 분노일 경우 진정시키는 효과를 줄 수 있다. 이것이 어떻게 작동하는지 보자.

자신의 감정이나 정서에 이름을 붙일 경우 그 분류는 이성적인 뇌에서 시작하여 편도체로 흘러 들어가서 분노의 강도를 감소시킨다(Lieberman 외, 2007; Young 외, 2019). 상담사와 심리 치료사는 종종 사람들이 자신의 감정을 인식하고 이름을 붙이도록 권장한다. 이것을 정서 명명하기(affect labeling)라고 한다. 당신은 이와 동일한 일을 하도록 스스로를 격려할 수 있다.

다음 한 주 동안 당신은 한 번 이상 분노를 경험할 가능성이 있다. 이 경험을 정서 명명하기 실험을 할 기회로 볼 수 있다. 분노에 이름을 붙이는 것이 당신의 편도체에 진정 효과를 미치는가?

다음 예는 어떻게 이 실험을 수행하는지를 보여 준다. 당신은 감정을 활성화시키는 상황에 대한 항목, 정서 분류에 대한 항목, 그리고 당신이 자신의 감정 이름을 붙인 후 정서의 강도를 기록한 예를 볼 것이다. 이 실험에서 화가 났을 경우 '분노'라는 단어를 사용하거나 '화가 난', '짜증이 난' 또는 '좌절감을 느끼는' 것과 같이 자신의 감정을 가장 잘 설명하는 다른 분노와 관련된 단어를 사용하라.

상황	정서 분류	정서 강도
차량 끼어들기	분노	덜 강함
부적절한 보고서	좌절	덜 강함
배신: 동료가 나를 신뢰하지 않고 내 아이디어를 가져가 버렸다.	분노	동일함

이제 당신이 정서 명명하기를 시도해 볼 차례이다. 자신의 속도에 맞추어 이 작업을 수행하라. 분노 상황이 발생하면 그 상황과 당신이 느끼는 감정을 반영하는 단어 및 그 정서의 강도를 적는다. 당신의 감정의 색조가 바뀌는지, 그리고 만약 그렇다면 어떤 방향으로 바뀌는지를 보라.

상황	정서 분류	정서 강도

당신의 감정에 이름을 붙이면 감정이 진정되는 효과가 있는가? 만약 그렇다면 당신은 분노에 대해 자신을 도울 수 있는 간단하고 사용하기 편리한 새 도구를 가지게 된다. 만약 엇갈린 결과를 얻는다면 당신은 그 기법이 도움이 되는 경우, 도움이 되지 않는 경우, 유용할 수도 있는 경우를 배우게 된다. 이것이야말로 실패 없는 접근 방식의 아름다움이라 할 수 있다. 당신이 얻게 되는 피드백은 유익한 것이다.

사고 계수 기법

분노가 끓어오르는 것을 느끼는 경우 당신은 10까지 세고 거리를 걸으면서 부정적인 생각과 싸우는 긍정적인 생각들을 떠올리거나 공격적인 생각들을 셀 수 있다. 위의 기법들 모두는 당신이 공격적인 생각과 충동에 따라 행동할 위험을 낮추기 위하여 시간을 벌어 준다. 세는 기법을 살펴보자.

비공격적인 생각과 공격적인 생각의 개수를 셈으로써 자신이 생각하고 있는 것과 대략적으로 얼마나 자주 그러한지를 스스로 인식하게 만든다. 그러나 이것에는 그 이상의 것이 있다. 인간 행위를 측정하는 경우, 그 행위를 관찰하고 있기 때문에 그 행위는 일반적으로 그 과정을 변화시킨다. 그 변화는 긍정적일 수 있다. 이 경우 미리 정해진 시간에 비공격적인 생각과 공격적인 생각을 세는 것은 비공격적인 생각을 늘리고 공격적인 생각을 줄이는 데 도움이 된다(Kostewicz, Kubina & Cooper, 2000). 공격적인 생각을 인식하고 측정할 때 그 공격적인 생각의 강도를 줄일 수 있다.

각각의 생각에 대한 짧은 사선 표시가 있는 수동식 셈이나 기록 카운터와 같이 자신에게 맞는 어떤 계산 시스템이라도 사용할 수 있다. 기록 카운터에는 당신이 세려는 생각이나 행동에 대하여 정보를 수집하는 버튼이나 기타 수단이 있다. 당신은 각각의 목표로 하는 생각을 클릭한다.

다음은 몇 가지 비공격적인 생각들이다. 불필요한 갈등을 피하는 자신을 상상하기, 공격적으로 반응하기 전에 다른 사람이 생각하도록 도와주는 자신을 상상하기, 자신이 느끼는 방식에 대해 책임을 지는 자신을 상상하기, 작은 문제에 대해 유난을 떠는 것이 그 만한 가치가 없음을 당신이 아는 경우 문제를 피하는 자신을 상상하기. 다음은 몇 가지 공격적인 생각들이다. '난 네가 고통받도록 만들 거야, 넌 죽어야 해, 널 파괴해 버릴 거야, 그리고 너를 아프게 할 거야.' 심지어 당신이 이런 생각들을 행동으로 옮기지 않는 경우라 할지라도 적대적이고 공격적인 생각은 사람을 불안하게 만든다.

지침: 연속 4일 동안 공격적인 생각을 2번 기록하고 정해진 시간에 비공격적인 생각을 2번 기록한다. 기록하는데 각각 1분씩 사용한다. 그 순간에 공격적인 생각을 하고 있지 않다면 그냥 숫자 0을 기록한다(자신의 경험에 기초해서 그 시간 간격을 늘리거나 줄일 수 있다). 우리는 오전 9시, 오후 1시, 오후 4시, 오후 8시와 같은 몇몇 시간을 제안한다.

그 시간 간격 동안 공격적이거나 비공격적인 동일한 생각을 2번 이상한 경우 그 생각을 1번 목록에 기록하고 각각의 그 개별 사건을 세라. 반복되는 생각은 다른 생각보다 더 중요할 수 있다.

비공격적이고 공격적인 생각의 결과를 기록하기 위해 아래 차트를 이용하라. (당신은 http://www.newharbinger. com/44321에서 특별한 생각을 기록하는 차트뿐만 아니라 이러한 생각을 세는 차트의 빈 양식을 다운로드할 수 있다.)

비공격적인 생각 사례	비공격적인 생각의 수
1일째:	
9:00:	
1:00:	
4:00:	
8:00:	

공격적인 생각 사례	공격적인 생각의 수
2일째:	
9:00:	
1:00:	
4:00:	
8:00:	

비공격적인 생각 사례	비공격적인 생각의 수
3일째:	
9:00:	
1:00:	
4:00:	
8:00:	

공격적인 생각 사례	공격적인 생각의 수
4일째:	
9:00:	
1:00:	
4:00:	
8:00:	

비공격적인 생각을 기록할 때 공격적인 생각이 일어난 경우 그리고 그 반대의 경우에는 다음 특별한 생각 메모 상자에 공격적인 생각을 집계하여 기록하라. 그렇지만 공격적인 생각이 반드시 시간표를 따라 일어나는 것은 아니다. 중요한 것은 지금 생각하고 있는 것을 당신이 인식하고 있으며, 얼마나 자주 비공격적이고 공격적인 생각들을 되풀이하는지에 대해 대략적으로 파악하는 것이다.

특별한 생각 노트	
비공격적인 생각	공격적인 생각

당신은 자신의 기록 실험에서 무엇을 배웠는가? 이 정보를 자기의 개선을 위해 어떻게 사용할 수 있는가? 다음은 샘플 결과이다.

실험 학습 기록

나는 무엇을 배웠는가?

화가 났을 때 내 생각은 공격적이다.
나는 비공격적인 생각을 하면 할 수록 비공격적인 생각이 더 많이 떠오른다. 나는 비공격적인 생각의 수를 세는 경우 화를 덜 낸다.

나는 이 정보를 어떻게 사용할 수 있는가?

비공격적인 생각은 분노에서 시작될 수 있고 긍정적인 행동을 뒷받침할 수 있음을 인식한다.
손해를 초래하는 것으로부터 좋은 결과를 가져오는 행동 방침을 결정하는 것에 내 생각의 집중할 수 있다. 공격적인 생각을 가지고 있는 경우라도 내가 그러한 생각들을 행동으로 나오지 않도록 억제할 수 있다는 것에 대해 기뻐할 수 있다.

이제 당신이 실험 기록에서 배운 내용을 설명할 차례이다. 이 정보를 아래 공간에 기록하라.

실험 학습 기록

나는 무엇을 배웠는가?

나는 이 정보를 어떻게 사용할 수 있는가?

임시적인 해결책은 불꽃이 더 큰 화재를 일으키기 전에 짧은 심지를 끄는 데 도움이 될 수 있다. 당신은 의식적으로 문제를 인식하고 반응에 대한 해결책을 선택했다. 그것은 엄청난 발전이다.

경험적 솔루션

경험적인 수준에서 당신은 과학자처럼 생각하고 실험한다. 과학자는 어떤 요인을 변경하고 결과에 어떤 차이가 있는지를 확인할 수 있다. 그것은 실험 방법의 한 부분이다.

밤 10시 이후에 이웃이 시끄러운 음악을 틀고 있고 그 소리 때문에 TV를 제대로 시청할 수 없다고 가정해 보자. 당신은 분노를 느낀다. 문제는 왜 분노를 느끼는가 하는 것이다. 분명한 답변은 그 음악이 원인이거나 그 이웃이 원인이라는 것이다. 그러한 관점에 요점이 있다. 그 소음이 없더라도 당신은 화를 내면서 반응했겠는가? 그렇지만 과학적인 사색가의 렌즈를 통해 당신이 그 상황을 볼 때 그것에는 더 많은 것이 있다.

과학적으로 생각하기로 결심한 경우 당신은 다음 세 가지 질문으로 시작한다. (1) 그 상황에 대해 나는 나 자신에게 무엇을 말하고 있는가? (2) 나는 내 감정에 대해 나 자신에게 무엇을 말하고 있는가? (3) 나는 어떤 행동을 취하고 싶은가?

다음 차트에서 이웃의 시끄러운 음악의 사례를 이용하여 이러한 경험적 접근 방식이 어떻게 진행되는지 확인할 수 있다. 첫 번째 열은 기생적 분노 접근법의 샘플이고, 두 번째 열은 대처 방법이며, 세 번째 열은 가능한 결과이다.

기생적 분노 접근법	대안적 대처 방법	대안적 대처 방법의 가능한 결과
나는 자신에게 무엇을 말하고 있는가? 이 소음이 있어서는 안 된다.	그래야만 한다고 생각하는 것이 아니라 있는 그대로를 받아들여라. 이 경우 수용은 묵인을 의미하지 않는다. 오히려 그것은 사실에 대한 인정이다. 이 사건이 당신의 삶에서 얼마나 중요한 위치를 차지하는지를 스스로에게 물어보라. 이 경우 그 음악은 당신의 인생에서 그다지 큰 문제는 아니다. 그것은 모기에게 한 번 물린 것 정도이다. 그럼에도 불구하고 이것은 여전히 괴로운 일이지만 불덩어리 속에서 세상이 끝나는 것과는 다르다.	그 시끄러운 음악이 괴롭지만, 당신도 시끄러운 음악으로 그 이웃에게 보복해 주고 싶은 강한 충동을 더 이상 가지고 있지는 않다.
나는 내 감정에 대해 나 자신에게 무엇을 말하고 있는가? 난 그것을 참을 수 없어.	싫어하는 것을 왜 참을 수 없는지 스스로에게 물어보라. 그 현실은 싫어하는 것을 지금 참고 있다는 것이다. 그러나 어떤 상황을 참을 수 없는 것으로 정의함으로써 그 상황은 당신이 생각하는 대로 되어 간다.	혐오스러운 환경에서 어떤 변화에도 불구하고 당신의 스트레스 수준은 정상 수준으로 내려간다. 당신은 그것을 더 이상 참을 수 없는 것으로 정의하지 않는다.
나는 어떤 행동을 취하고 싶은가? 이웃집 쪽으로 스피커를 돌려서 더 크게 음악을 틀고 싶다.	이웃에게 다가가 볼륨을 줄이도록 차분하게 요청한다.	그 이웃이 마을 밖에 있으며 그의 십대 아들이 음악을 크게 틀고 있다는 것을 알게 된다. 십대 아들이 그 음악을 끈다.

이제 당신이 실험할 차례이다. 자신의 기생적인 과정을 묘사하라. 대처 방법을 테스트하고 결과를 기록하라.

기생적 분노 접근법	대안적 대처 방법	대안적 대처 방법의 가능한 결과

문제에 관심을 집중함으로써 다른 관점에서 문제를 볼 수 있다.

핵심 솔루션

핵심 수준에서 기생적 분노 패턴 뒤에 무엇이 있는지 탐구한다. 다음은 핵심 솔루션의 샘플과 함께 8가지 샘플의 핵심 이슈이다.

핵심 이슈: 대부분 사람보다 더 강한 분노 경향을 가지는 것
핵심 솔루션: 이러한 경향에 대해 더 신경을 쓰고 불필요한 분노 위기를 피하기 위한 반성을 위해 더 자주 뒤로 물러나라.

핵심 이슈: 화를 내고 위협할 때 강력하며 그렇지 않을 때는 약하다고 믿는 것, 그래서 자신이 강하다는 것을 보여 주기 위해 비상한 노력을 하는 것
핵심 솔루션: 관용을 통한 정신적 강인함을 개발하는 방법을 탐색하라.

핵심 이슈: 기분이 좋지 않거나 우울할 때 분노를 유발하는 작은 자극을 가지는 것
핵심 솔루션: 우울증을 극복하기 위해 그러한 분노 신호를 이용하라.

핵심 이슈: 자신의 문제에 대해 남을 비난하는 가족이나 사회에서 성장해서 당신도 종종 똑같이 그렇게 행동하는 것
핵심 솔루션: 그러한 가족 전통을 없애고 긍정적인 새로운 전통을 만드는 방법을 찾아라.

핵심 이슈: 누구도 믿을 수 없다는 냉소적인 신념을 가지는 것, 그리고 자동적으로 이 신념에 대한 증거를 찾는 것
핵심 솔루션: 누가 그러한 의심을 받을 만한 사람인지, 그리고 현명하게도 누구를 신뢰하지 않아야 하는지를 결정하기 위해 사례별로 필요한 정보를 파악하라.

핵심 이슈: 성공에 대한 당신의 가치에 입각하여 당신이 원하는 모든 것에 대한 특권의식을 가지는 것과 목적을 달성하지 못했을 때 화를 내는 것
핵심 솔루션: 더 행복하고 건강한 관점을 구축하는 데 도움이 되도록 양자택일의 관점에서 벗어나서 생각하는 방법을 배워라.

핵심 이슈: 누구도 감히 당신에게 도전해서는 안 된다고 믿는 것과 당신의 관점이 중요하다는 것에 너무 많이 빠져 있는 것

핵심 솔루션: 비록 잘못 판단하고 있다 하더라도 다른 사람들도 그들 자신의 견해에 대한 권리가 있음을 받아들임으로써 당신의 삶에 유연성을 부여하도록 하라.

핵심 이슈: 긴장에 대한 내성이 부족한 것(쉽게 화를 내는 것)

핵심 솔루션: 긴장에 대한 내성을 기르는 방법을 개발하라.

당신의 관심을 끌 만한 세 가지 우선적인 핵심 이슈와 잠정적인 핵심 솔루션을 작성하라.

핵심 이슈	핵심 솔루션
1.	
2.	
3.	

지우개를 곁에 두라. 당신은 이 우선순위 목록을 새로운 정보를 가지고 변경할 수 있다.

나의 실습 기록

우리는 함께 이 책에서 많은 부분을 다룰 것이다. 뛰어난 기억력이 없다면 많은 것을 잊어버릴 것이다. 일지를 기록하는 것은 중요한 아이디어를 추적하고 나중에 그것에 직접 접근할 수 있는 시험된 방법이다. 당신이 유용한 것으로 발견한 것과 어떻게 그 정보를 이용했는지를 기록하기 위해 각 장의 끝에 진행 일지가 있다.

진행 일지는 주요 아이디어, 행동 계획, 실행, 결과 및 수정의 5개 부분으로 구성되어 있다.

주요 아이디어: 이 장에서 가장 도움이 되는 3개의 아이디어는 무엇인가?

1.

2.

3.

행동 계획: 과도한 분노를 극복하기 위해 해야 할 3단계는 무엇인가?

1.

2.

3.

실행: 그 단계들을 실행하기 위해 무엇을 할 예정인가? (그 과정)

1.

2.

3.

결과: 이 단계들을 통해 무엇을 배우고 싶은가? 또는 무엇을 강화했는가?

1.

2.

3.

수정: 만약 그 과정을 변경하려고 한다면 다음에 무엇을 다르게 하고 싶은가?

1.

2.

3.

지난 30년 동안 나는 적극적으로 아이디어를 시험한 사람들이 더 빨리 그리고 더 잘 시작할 가능성이 상당히 높다는 것을 발견했다. 또한, 나는 어떤 두 사람도 동일한 아이디어를 강조하지 않는다는 것을 발견했다. 모두가 달랐다. 하지만 그것이 원래 그런 것이 아닌가? 어떤 사람은 딸기 아이스크림을 좋아하고, 어떤 사람은 초콜릿을 좋아하며, 또 다른 어떤 사람은 쿠키나 파이를 더 좋아한다.

제2장
분노와 싸우는 6가지 방법

실험자의 모자를 쓰고 기생적 분노와 싸우는 6가지 방법을 살펴보자. 이 장에서 우리는 아래 사항을 다루게 된다.

■ 유해한 분노 주기를 극복하는 방법
■ 카타르시스적인 고함을 지르고 물건을 던지는 행위를 통해 분노의 긴장을 해소하려는 것이 분노를 느끼는 경향을 강화시키는 이유
■ 과도한 기생적 형태의 비난에서 빠져나오고 비난 함정에서 벗어나는 방법
■ 소위 '기본적 귀인 오류'를 피하는 방법
■ 성급히 결론을 내리는 것을 피하고 정확하게 일을 파악하며 불필요한 분노를 덜 느끼기 위해 상황 (또는 사람)을 다른 각도에서 평가하는 것의 중요성
■ 수용 철학을 채택하는 것이 얼마나 혐오스러운 상황을 더 잘 견디게 만들고, 자신을 통제하게 하며 상대적으로 대응하는 능력을 향상시키는 데 도움이 된다는 사실
■ 현명한 이기심을 추구할 때 불필요한 분노가 줄어드는 이유

분노와 싸우는 6가지 전략을 살펴보기 전에 해로운 분노 주기가 무엇인지 이해하는 것이 중요하다.

❖ 유해한 분노 주기 인식하기

자신에게서 기생적 믿음을 줄이거나 없애는 것은 이러한 생각의 함정을 인식하는 것으로부터 시작한

다. 기생적 형태의 분노는 바라지 않는 사건에 의해 촉발되고 부정적이고 비이성적인 신념에 의해 물드는 주기적인 과정이며, 공격성과 같은 감정적인 흥분과 행동적인 반응을 자극하는 힘을 가진다. (다음 페이지의 인지행동 분노 주기를 참조하라.)

그 목적을 달성하는 이유를 이해함으로써 과정을 변경하고 그 주기를 끊어 버릴 수 있다. 이 장에서 이러한 전략을 배우면 많은 도움이 될 것이다.

❖ 분노와 싸우는 접근법

다음 6가지 접근법 중 자신에게 가장 적합한 접근법에 시간과 에너지를 투자한다.

카타르시스에서 벗어나라

1976년의 고전 영화 〈네트워크(Network)〉를 보면, '화가 난 남자'인 TV 뉴스 담당자 하워드 빌(Howard Beale)은 분통을 터뜨린다. "상황이 안 좋다고 내가 여러분들에게 말할 필요는 없어요… 젊은이들은 차를 몰고 거리를 거칠게 달리고 있어요… 공기도 좋지 않고 음식은 끔찍해요…" 불만을 끝마치면, 빌은 청중들에게 머리를 창문 밖으로 내밀고 소리를 지르라고 말한다. "정말 화가 나! 이젠 더 이상 참지 않을 거야!" 빌의 솔루션은 카타르시스 솔루션이다.

카타르시스는 일반적인 분노 해결 방법이다. 사람들은 베개를 마구 치거나 문을 쾅 닫고 접시를 던지고 비명과 소리를 지르고 욕을 하면서 분노에서 생기는 긴장을 풀기 위해 행동한다. 이것이 불필요한 분노를 해결하는 효과적인 방법인가? 일부 치료 시스템은 비명 지르는 방법을 많이 이용한다. 《행복을 위한 비명》의 저자인 정신과 의사 단 카스리엘(Dan Casriel, 1974)은 사람들이 긴장을 해소하도록 비명을 지르는 시스템을 만들었다. 하지만 이 접근법이 어떤 의미가 있다는 증거는 없다.

캘리포니아 정신과 의사 아서 자노브(Arthur Janov, 1975)의 프라이멀 스크림 요법(primal scream therapy)은 경험적 입증이 부족하지만, 일부 사람들에게는 단기적인 플라시보 효과가 있을 수 있는 사이비 과학 시스템이다. 자노브는 원초적인 고통이 출생 전이나 출생 직후에 시작될 수 있으며, 이러한 경험을 할 때 비명을 지르는 것이 치유력이 있다고 말한다. 그러나 그러한 경험은 이례적인 것들로써 논란의 여지가 있다. 저자의 그 효과에 대한 설명 이외에 프라이멀 스크림 요법은 현실적인 사례와 관련이 없는 것처럼 보인다.

보통 평온한 기질을 가진 대부분의 사람도 때때로 화를 분출한다. 이것은 거의 치명적으로 해롭지는 않다. 그러나 분노 표출은 "난 슬퍼" 또는 "네가 나를 무시하는 듯한 행동을 했을 때 난 화가 났어."라고 말하는 것과 같은 감정 표현과는 다르다. 감정을 표현하는 것은 일반적으로 건강한 것이다. 하지만 발로 차고 비명을 지르면서 긴장을 해소하는 것은 '카타르시스'라고 표현할 수 있는 화를 내는 행위이다. 불행히도 분노 카타르시스는 일반적으로 이익보다 장기적인 해를 끼친다(Bushman, 2002). 분노가 줄어드는 대신, 더 오랜 시간 동안 분노하고 상태가 더 악화될 수 있다. 카타르시스는 분노에 대한 해결 방법이 되기 어렵다. 그러나 애완동물을 차거나 아이를 때리거나 몸으로 다른 사람과 싸우는 것보다는 소리를 지르거나 벽을 치는 것이 낫다.

분노에서 생기는 긴장을 풀기 위해 운동과 같은 다른 방법을 시도하라. 심지어 30분 정도만 운동해도 더 많은 산소가 함유된 혈액이 몇 시간 동안 뇌로 전달된다. 그러면 해결하기를 원하는 문제에 대해 더 명확하게 생각할 수 있다.

다른 도발적인 상황은 분노로 인한 긴장을 풀기 위해 다른 접근법을 필요로 한다. 때로는 강력하게 주상하는 것이 합리적이다. 다른 때는 행동하기 전에 다른 사람의 말을 듣는 것이 합리적이다. 해로운 환경으로부터 벗어나는 것뿐만 아니라 변화시킬 수 있는 주변 환경을 변경하는 것이 효과적일 수 있다. 그리고 때로는 반응이 분노를 불러일으키는 기생적 신념의 위험성을 제거하는 데 가장 적합한 방향으로 유도될 것이다. 여기서 중요한 것은 타협점을 찾는 것이 아니라 역기능적인 기생적 신념을 뒤집는 방법을 찾는 것이다.

비난의 함정에서 탈출하라

우리는 분노의 시대에 둥지를 튼 비난 문화 속에 살고 있다. 공기처럼 비난과 분노가 우리 주변 어디에나 있다. 사람들이 자신의 행동에 대해 책임을 지게 하는 것은 사회적으로 기능적이라 할지라도 비난의 과잉, 확대, 면책은 일반적으로 문제가 된다(Knaus 2000). 기생적 분노 패턴에서 일반적으로 다음과 같은 세 가지 원인을 찾을 수 있다.

- **과잉 비난**: 여기에는 홈잡기, 사소한 것을 문제시하기, 불평하기가 포함된다. 사람들은 결함을 탐지하는 안경을 쓰고 다른 사람의 결함이나 실수를 찾아내어 비난하고, 그 사람이 자신을 불쾌하게 하는 일에 대해 분노하는 것이 정당하다고 생각한다.
- **비난 확대**: 자신, 타인 또는 다른 생명을 비하하거나 바보로 만드는 말을 하거나 저주할 때 비난이 확대된다. 이러한 비난의 확대에는 대상자를 쓰레기, 바보, 개자식, 잡종 등으로 부르는 것과 같이 다른 사람을 비인간화하고 인간성을 말살하는 것이 포함된다. 다른 사람을 비하할 때, 자신이 우월하며 그들을 해칠 권리가 있다고 믿는다. 비난의 확대는 분노를 유발하는 주요한 힘이다.
- **비난 면책**: 이것은 비난을 방어하는 것이다. 대부분 사람은 좋은 평판과 긍정적인 대중적 이미지를 유지하고 싶어 한다. 비난은 사람들이 당신을 어떻게 생각하는지에 영향을 미치기 때문에(ten Brinke, Vohs, Carney 2016), 자신을 합리화하기, 부인하기, 한편으로 치우치기와 같은 자아 보존 방어 행위를 한다.

다음은 비난 확대의 전형적인 예이다. 네바다 대법원은 극단적이고 위협적인 언어 사용을 포함하는 부적절한 행동 때문에 청소년 법원의 판사 디컨 존스를 해임했다. 간단히 말해서 이 사건에는 다음과 같은 내용과 관련된다. 디컨 존스는 다른 판사인 제인 프로차스카와 논쟁을 벌였다. 그 문제는 프로차스카가 자신의 의무를 태만히 했다고 존스가 비난하면서 시작되었다. 존스는 자신이 상관할 일이 아닌 어떤 것에 대하여 비유적으로 떠벌리며 소란을 피웠다. 법정 기록에 따르면, "존스는 프로차스카의 차 배기관에 다이너마이트를 집어 넣고, 그녀의 머리를 모래에 파묻고, 머리에 꿀을 붓고 개미를 뿌리겠다고 말했다."(Gray 2002, 126). 존스는 프로차스카에게 "나쁜 년!"이라고 부르면서 그의 행동을 정당화했다. 프로차스카의 특징에 대한 존스의 제멋대로의 설명은 그가 생각했던 그 끔찍한 짓을 정당화했다. 그러나 대법관들은 그와는 다른 견해를 가지고 있었고, 존스는 자신의 지위를 잃었다.

기본적 귀인 오류를 피하라

기생적 불안, 우울증 등과 같은 기생적 분노는 인지적 표시(cognitive signature)라고 하는 독특한 사고 패턴을 가지고 있다. 인지적 표시는 분노, 불안, 우울한 상태 등을 동반하는 예측 가능한 사고방식이다. 예를 들어 우울증에 대한 일반적인 인지적 표시는 무력감과 절망이다. 불안의 표시는 위협이 있을 것이라는 예상과 그것에 대처할 수 없는 무력함을 포함한다. 기생적 분노의 표시는 다양하며 다음과 같은 적대적인 생각을 포함한다. "내가 원하는 것을 주지 않으면 너에게 상처를 줄 거야. 내 방식대로 할 거야, 안 그러면 넌 엄청난 대가를 지급해야 할 거야. 그리고 난 네가 싫어. 그래서 널 부숴버릴 거야."

기생적인 인지적 표시는 반복해서 부정적인 결과를 초래한다. 왜 그러한 것을 반복하는가? 예를 하나 생각해 보자. 질(Jill)은 친구들 앞에서 농담을 하면서 잭(Jack)에게 무례하게 행동했다. 당신은 어떻게 생각하는가? 만약 당신이 질을 마녀라고 생각한다면 그것은 당신이 생각하는 질의 속성이다. 당신은 질을 마녀라고 부르는 잭을 비난할 것인가? 잭이 이전에 그녀의 친구들 앞에서 헤어 스타일 때문에 질을 비난했다는 사실을 당신이 알게 된다면 어떨까? 당신은 잭이 위선자였다고 생각하는가? 당신은 질의 반응이 정당한 '보복'이라고 여길 것인가?

'마녀'와 '위선자'는 기본적 귀인 오류를 보여 주는 문자적 일반화이다. 관찰자로서 당신은 성급히 결론에 도달하고, 그들의 성격에 대한 판단에 따라 다른 사람들을 비난할 때 기본적 귀인 오류를 범하게 된다. 그렇게 성급히 결론에 도달하지 않을 수도 있었다. 다음은 몇 가지 흔한 기본적인 귀인 오류이다.

- 아이는 장난감을 공유하지 않는다. 그것이 그 아이를 이기적인 꼬마 도깨비로 만든다.
- 은행원이 돈을 잘못 계산하고, 그 오류에 대해 은행은 그다지 신경 쓰지 않는다. 당신은 은행원들을 진짜 은행 강도라고 생각한다.
- 누군가 식당에서 너무 큰 소리로 말한다. 당신은 그 사람을 배려심 없는 바보로 간주한다.

일단 그 사람을 비하하면 당신은 응징을 정당화할 수 있다. 그러나 상황을 뒤집어서 반대로 생각해 보자. 자신이 너무 큰 소리로 말하거나 누군가에게 무언가를 하지 말라고 말한 다음 스스로 그것을 했거나 계산 오류를 범한 사람이라면 어떨까? 계산 오류를 범한 경우 그것을 상황에 따른 것으로 볼 수 있을 것이다. 아마도 누군가가 당신을 산만하게 했을 수도 있다. 당신은 정보가 부족했다. 너무 스트레스를 받아서 제대로 생각할 수 없었다. 사람들은 당신이 완벽하지 않다는 것을 이해해야 한다. 당신은 비난으로부터 자신을 용서하고 계속 나아간다.

분노 귀인 오류에는 일반적으로 성격 일반화, 비난의 확대, 처벌에 대한 정당성이 포함된다. 상황을 뒤집어서 생각해 봄으로써 당신은 다른 사람의 약점과 결점에 대한 공감력을 개발하고 비난을 확대시키는 습관을 깰 수 있다. 공감이나 다른 사람의 상황을 이해하는 것(다른 사람의 입장이 되어)은 비난을 확대하는 사고와 양립할 수 없다.

다음은 당신이 '관찰자'인 상황과 '행위자'인 상황에서 비난의 확대와 관련된 분노 속성이 어떻게 보일 수 있는지에 대한 예이다.

- **관찰자:** 당신은 공항에 도착하기 위해 서두르고 있으며, 추월 차선에서 제한 속도로 가고 있는 어떤 운전자의 뒤에 있다. 당신은 속도를 늦춘다. 당신은 그 운전자를 돌아서 지나갈 수 없다. 당신은 그 남자가 이기적인 인간이라고 생각한다. 그는 모두의 속도를 느리게 만들고 있다. 당신은 자신의 차 보닛에 20mm 대포를 장착했어야 한다고 생각한다. 그 대포가 저 자식을 처리해 버릴 것이라고 생각한다. 당신이 느낀 방식에 대해 생각해 보면 이 비난을 확대하는 생각은 기생적 분노의 사고 방식이다.
- **행위자:** 당신은 추월 차선에서 제한 속도로 운전하면서 병원에 있는 아픈 친구를 생각하고 있다. 당신은 속도계를 보지 않고 약간 천천히 운전하고 있다. 뒤에 있는 운전자가 경적을 울리며 엿이나 먹으라고 한다. 당신이 의도적으로 통행 속도를 늦추고 있다고 생각하면서 다른 운전자가 당신의 말을 믿어 주지 않는다고 생각할지도 모른다.

다음은 이 두 가지 관점을 비교한 것이다.

비난 확대 관점	개인적인 상황 관점
당신은 그 행동이 의도적이라고 생각한다. (따라서 비난받을 만하고 책망받을 만하다.)	당신은 그 문제를 상황적인(따라서 이해 가능하고 용서할 수 있는) 것으로 본다.
당신은 그 행위가 그 사람의 성격이나 성향을 반영한다고 생각한다. (따라서 비난받을 만하고 책망받을 만하다.)	당신은 그 사건을 유발한 원인을 가지고 그 행위를 설명할 수 있어서 이해하고 용서할 수 있다고 생각한다.

다음에 낯선 사람의 행동에 대해 당신이 화를 낼 경우 비교 연습을 해보라. 다른 사람의 행동에 대해 당신이 할 수 있는 성격 일반화를 비슷한 상황에서 다른 사람이 당신을 어떻게 보았으면 하는지와 비교하라.

비난 확대 관점	개인적인 상황 관점

당신은 이 실험에서 향후 재평가를 위해 사용할 수 있는 무엇을 발견했는가? 기록을 위해 아래에 작성하라.

상황을 재평가하라

당신이 붐비는 도시의 인도 위를 걷고 있는데, 지나갈 때 누군가에게 부딪치는 것을 느낀다. 이것이 의도적인 것이라고 생각하고 분노의 감정이 상승한다. 성급하게 결론을 내리는 이와 같은 상황은 인지 재평가를 연습할 수 있는 기회이다. 인지 재평가는 그 의미를 수정하고 과잉을 없앨 수 있는지를 알아보기 위해 상황을 다시 한번 살펴보는 기법이다. 이 아이디어는 가짜인 어떤 것을 당신이 믿도록 속이는 것이 아니라 그 당시에 현실적으로 상황을 정직하게 보는 것이다.

이 방법은 기생적 분노 상황에서 유용하다. 그 부딪치는 예를 살펴 보자. 당신은 그 사건을 판단했다. 당신은 속으로 기분이 좋지 않다. 다행스럽게도 당신은 재평가를 통해 분노의 감정을 감소시키고(Takebe, Takahashi 및 Sato 2017) 반응적인 편도체를 진정시키며(Buhle 외 2014), 거리 두기 기법으로서 추가적인 이득을 생산할(Pico-Perez 외, 2019) 수 있다는 것을 배웠다. 당신은 인지 재평가를 시도하기로 결정한다. 당신은 스스로에게 질문하는 것으로부터 시작한다. 이 상황을 어떻게 다르게 볼 수 있는가? 여기에 재평가가 있다. 그 사람은 주의를 기울이지 않았다. 이 새로운 관점은 그럴듯해 보인다.

당신은 재평가 가이드(guided reappraisal)를 사용하여 재평가 기술 개발을 시작할 수 있다. 아래 예의 왼쪽 열에서 당신은 질문과 그 질문을 적용할 수 있는 샘플 상황을 찾을 수 있다. 중간 열은 다른 각도에서 그 상황을 보는 방법을 보여 준다. 오른쪽 열은 재평가 전략의 결과를 설명하기 위한 것이다.

재평가 전략	재평가 전략 질문	결 과
나의 가격은 얼마인가? 그 긴장을 견딜 수 없다고 생각하는 상황에서 이것을 시도하라.	누군가가 나에게 스트레스를 덜 받을 때까지 스트레스를 받을 때마다 1분당 10,000달러를 제안한다면 나는 얼마나 벌 수 있을까?	나는 여전히 긴장하는 것을 좋아하지 않지만, 긴장을 훨씬 더 견딜 수 있는 것 같다.
그가 내가 제일 좋아하는 사촌이라면? 점심시간에 지인을 기다리면서 분노를 느끼는 상황에 대해 생각하라. 지인을 당신이 가장 좋아하는 사촌으로 보려고 노력하라.	내가 그를 가장 좋아하지만 아직 도착하지 않은 사촌이라면 다르게 생각할까? 나는 그러한 분석과 적용으로 현재 상황에 무엇을 가져올 수 있는가? 나는 더 용서할 수 있을까?	아마도 지인이 잊어버렸거나 늦거나 휴대전화가 없거나 아니면 사고를 당했을 것이다. 나는 여전히 상황이 마음에 들지 않지만 더 차분해진다.

재평가 전략	재평가 전략 질문	결과
나의 분노 양상은 무엇인가? 당신의 분노를 감당할 수 없는 상황에서 이것을 시도하라.	이 분노를 어느 정도 삭이기 위해 나는 스스로에게 무엇을 말할 수 있는가? 참고: 이 실험은 당신의 생각을 감시하는 것이다. 3장에서는 기생적 분노의 비합리적 요인을 제거하는 방법에 대해 더 많이 배울 것이다.	나는 먼저 중요성 척도에서 그 사건을 측정하면서 시작한다. 여기서 1은 '대수롭지 않은 것'이고 10은 엄청난 것이다. 나는 스스로 묻는다. 이 상황은 중요성 척도에서 어디에 있는가? 그 상황은 3이었다. 나는 이것이 10인 것처럼 행동하지 않을 것이다.
내가 다른 사람의 관점에서 이걸 어떻게 볼 수 있는가? 당신은 잔뜩 흥분하고 있으며, 관점을 회복하고 싶은 상황에서 이것을 시도하라.	어떤 현명한 친구가 나를 대변한다면 그 친구는 어떻게 상황을 다르게 보고 행동할 수 있을까?	그 친구는 객관적인 수준에서 그 문제를 직접적이고 정직하게 해결할 것이다.
다른 카메라 각도에서 볼 때 나의 관점은 어떻게 보이는가? 갈등이 일어났을 때 당신의 분노에 대한 생각이 커지는 상황에서 이것을 시도하라.	다른 각도에서 보면 상황이 다르게 보일 수 있다. 당신이 각기 다른 카메라 각도에서 어떤 부분을 보여 주는 여러 컴퓨터 화면이 있는 방에 있다고 상상해 보라. 당신은 각각의 각도로부터 새로운 정보를 얻는다. 다음은 다섯 가지 각도이다. (1) 다른 사람의 생각은 어떨 것 같은가? (2) 나는 무엇을 하는 데 동의할 수 있는가? (3) 협상 가능한 것은 무엇인가? (4) 나의 입장을 고수할 필요가 있는 곳은 어디인가? (5) 내가 다른 때에 이 문제를 다시 논의하기 위해 지금 자리를 떠나 버린다면 일어날 수 있는 최악의 일은 무엇인가?	상황에 대한 새로운 관점을 얻음으로써 나는 더 나은 의사 결정을 위한 더 많은 선택지를 가질 수 있다.

재평가 전략	재평가 전략 질문	결 과
시간 및 공간적 거리를 두는 것은 무엇을 변하게 하는가? 너무 스트레스를 받을 것 같은 상황이 가까워져 왔다는 것을 깨닫고 객관성을 잃을 위험이 있는 상황에서 이것을 시도하라.	당신이 그 스트레스를 받는 사건에서 1,000마일이나 떨어져 있고 지난주 신문에서 그 사건에 대해 읽는 당신 자신을 상상할 수 있는가? 기사의 모든 문장에 객관적인 관찰과 사실이 포함되어 있다면 독자들은 200년 후 그 사건에 대해 어떻게 말할까? 과도하게 부정적으로 생각하는 것과 거리를 두기 위한 조건을 만드는 경우 당신은 더 명확하게 사고할 수 있을 것 같다.	나는 그 상황에 대한 정확한 진술을 작성할 수 있고 내 마음을 어수선하게 만드는 비속어, 인상 및 신념을 지울 수 있다는 것을 발견했다. 나는 그 상황이 나의 분노와 고통을 거의 정당화하지 못한다고 결론지었다. 그러므로 그 상황은 200년 후에는 사건이라 말하기 어려울 것이다. 나는 나 자신을 잘 통제하고 있다고 느꼈고, 그것은 정말 기분이 좋았다.

인지 재평가 및 거리 두기 방법을 적용하면 기생적 분노를 줄이고 관점을 개선할 수 있다. 그러나 그 맥락이 중요하다. 그것을 하나의 업무처럼 생각하라. 당신이 업무 수행 능력을 향상하는 것을 피한다면 독립적인 개입으로서 인지 재평가만으로는 충분하지 않다. 업무를 더 잘 수행하면 당신의 업무 평가가 더 좋아질 수 있을 것이다(Troy, hallcross 및 Mauss 2013).

당신이 배운 것을 자신의 인지 재평가 실험에 적용해 보자.

나의 인지 재평가 실험

분노를 불러일으키는 초기 평가가 없다면 재평가를 할 필요가 없을 것이다. 다양한 재평가 접근 방식을 테스트함으로써 당신은 다른 사람보다 당신 자신에게 더 적합한 몇몇 방법을 찾을 수 있다.

재평가를 통해 배운 내용은 더 효과적인 첫 번째 평가로 이어질 수 있다.

재평가 전략	재평가 질문 전략	결 과
나의 가격은 얼마인가?		
그가 내가 제일 좋아하는 사촌이라면?		
나의 분노 양상은 무엇인가?		
내가 다른 사람의 관점에서 이걸 어떻게 볼 수 있는가?		

재평가 전략	재평가 질문 전략	결 과
다른 카메라 각도에서 볼 때 나의 관점은 어떻게 보이는가?		
시간 및 공간적 거리를 두는 것은 무엇을 변하게 하는가?		

재평가 기술을 개발함으로써 당신은 기생적 분노 평가를 보다 정확한 초기 평가로 대체하는 방법을 배우게 된다. 재평가는 당신의 장기적인 신체적 및 정신적 건강을 개선하고(Zaehringer 외, 2018), 통제할 수 없다는 느낌에서 오는 긴장감을 줄이며(King & dela Rosa, 2019), 파괴적인 정신 건강 결과를 피하면서 통제할 수 없는 스트레스를 다루고(Troy & Mauss, 2011), 당신이 재평가 기술을 개발할 때 얻은 효과를 유지하는(Denny & Ochsner, 2014) 것과 같은 부가적인 이점이 얻을 수 있다.

아래 조언은 당신에게 인지 재평가 방법을 사용하는 중요한 새로운 방법을 제공한다. 보다시피 이 조언은 분노 주기와 관련이 있으며 우리는 이 장의 시작 부분에서 분노 주기를 논의했다.

Top Tip: 뒤로 물러 서서 분노로부터 거리를 두라.

스테판 호프만(Stefan G. Hofmann)은 보스턴대학 심리학 교수이다. CBT 전문가이자 《불안 기술 워크북, The Anxiety Skills Workbook》의 저자인 그는 분노를 해결하기 위한 자신의 최고의 조언을 제공한다.

분노는 좌절감을 경험하거나 개인적 공간이나 기준을 침범하는 것으로부터 일어날 수 있는 일반적인 인간의 감정이다. 우리는 자신이나 사물을 포함한 다른 존재들에게 분노를 집중할 수 있으며 이것은 일반적으로 경험할 수 있는 것이다. 우리는 생리적 흥분의 다양한 수준에서 분노를 경험할 수 있다.

짧은 격노에서 오래 지속되는 분개까지 다양한 종류의 분노가 있을 수 있다. 분노는 종종 갑작스럽게 시작하며 통제력을 상실하고 있다는 생각과 연관되어 있다. 분노의 유형과 관계없이 항상 (1) 분노를 유발하는 자극, (2) 그 자극을 개인적으로 의미 있게 만드는 인지 평가, (3) 감정적 반응의 일어나는 시간적인 경과가 있다. 일단 분노의 주기를 알고 나면 그 패턴을 깨기 위해 어디에서 개입할 수 있는지를 알게 된다. 여기에 그 방법이 있다.

1. 자극에 대해서 즉각적으로 반응하지 마라. 그 자극이 당신에게 중요한 것인가? 당신이 처음 생각했던 것만큼 그 자극이 개인적으로 의미가 있는가?

2. 그 상황에 대하여 즉각적인 평가를 하지 마라. 그 상황에 대한 당신의 즉각적인 평가가 틀릴 가능성은 없는가? 누군가 당신의 개인적 공간이나 기준을 의도하지 않고 실수로 침범했을 가능성은 없는가? 다른 사람의 그러한 행동을 설명하거나 정당화할 수 있는 다른 요인은 없는가?

3. 당신의 감정적인 반응으로부터 거리를 두라. 당신은 당신의 감정이 아니다. 당신은 당신 감정의 꼭두각시가 아니다. 당신 자신과 자신의 반응을 관찰함으로써 당신의 감정과 거리를 두라. 어느·누구도 당신이 당신 자신의 감정에 반응하도록 강요하지 않는다. 당신은 감정이 일어나는 것을 제어할 수 없을지도 모르지만 자신의 행동, 즉 말이나 행동은 제어할 수 있다. 당신이 행한 행동의 결과를 고려하라.

3가지 차원의 수용을 시도하라

당신은 모든 사람이 당신에게 공정하게 행동하기를 원하고 기대할 수 있다. 당신은 자신이 완전한 판단을 하고서 행동하기를 기대할 수 있다. 그런데 당신이 기대하는 것과 반대되는 것을 얻을 경우 어떻게 할 것인가? 당신은 디컨 존스 팬 클럽에 가입하고 실제로가 아니라면 환상 속에서 반격하기 위해 당신의 마음속에 잔학 행위를 마법처럼 만들어 낼 수 있다. 당신이 그 방향으로 가고자 할 때 다른 방법을 시도할 수는 없는가?

심리학자 알버트 엘리스의 3가지 차원의 수용은 비난 사고의 확대와 기생적 분노의 거친 세계에 대한 하나의 대안이다. 세 가지 수용은 당신 자신, 타인, 삶을 무조건적으로 받아들이는 것이다.

무조건적인 수용은 하나의 철학이며 그래서 하나의 선택이다. 수용은 시간과 연습이 필요하며 쉬운 선택이 아니다. 수용을 위한 핵심 원칙은 다음과 같다. 상황은 있는 그대로 진행될 뿐이며 당신이 항상 좋아하거나 기대하는 대로 반드시 되는 것은 아니다.

무조건적인 수용이 탐구할 가치가 있다고 생각한다면 다음과 같은 몇 가지 사항을 고려할 필요가 있다.

- 수용은 수동적인 묵인과는 다르다. 누군가 당신에게 부당하게 대하면 그러한 일이 일어났다는 사실을 당신은 수용할 수 있다. 당신은 자신이 할 수 있는 것을 단호하게 바꾸고 변하지 않는 것들을 수용한다면 이상적인 선택지가 없는 상황에서도 좋은 결과를 얻을 수 있다.
- 수용과 인식은 종종 지금 이 순간의 상황에서 결합된다. 당신의 인식은 선택할 수 있다. 당신은 자신이 좋아하는 경험을 추구한다. 당신은 경험하는 모든 것을 좋아할 필요는 없다.
- 수용은 그저 하나의 철학일 뿐이다. '내가 무조건 나 자신을 받아들일 수 있다'고 해서 당신이 원하는 어떤 것이라도 할 수 있는 면허를 가지고 있는 것은 아니다. 자기 수용은 무책임하게 행동할 권리는 아니다.
- 수용은 비판적이지 않으면서 판단하는 것을 포함한다. 수용은 사회적으로 개인적으로 책임 있는 방식으로 행동하는 것과 관련된다. 수용은 당신의 분노 경향을 책임질 일은 아니라고 생각하는 것을 포함하지만, 당신에게는 과도한 분노를 극복할 책임은 있다.
- 수용의 언어는 온건하지만 정확하다. 불쾌한 사건은 불쾌한 사건이다. 당신은 ('해야 한다'가 아닌) '선호한다' 및 ('끔찍한'이 아닌) '불편한'과 같은 단어로 생각한다. 온건한 언어 ('선호한다')는 보다 명확한 관점이 생각나도록 한다. 가혹한 언어('해야 한다', '끔찍한')는 당신의 편도체를 자극해 감정을 불러일으킬 수 있다.
- 무조건적인 수용은 하나의 문제 위에 또 다른 문제를 겹쳐 놓는 것과 같은 부가적인 문제를 일으킬 위험을 줄인다. 이러한 부가적인 문제는 일어난 일이나 당신이 느끼는 감정을 통제할 수 없기 때문에 자신을 비난하고 다른 사람을 비난하며 세상을 비난하는 것을 포함한다.
- 수용은 스트레스가 많은 상황에서 더 적은 부정적인 감정을 가지는 것과 관련이 있다(포드 외, 2018).

수용 철학은 확대된 비난 관점과 언제나 서로 충돌한다. 당신은 불쾌한 상황을 있는 그대로 받아들이면서 논리적으로 비난을 확대하고 누군가를 해칠 생각을 가질 수는 없다.

나의 수용 연습

아래의 차트에서 비난 확대, 상황적 관점, 수용 관점을 비교하고 학습한 내용을 확인하라. 첫 번째 행은 예이다. 다음은 그 상황이다. 승무원이 미지근한 커피를 가져왔고 당신은 뜨거운 커피를 원했다. 나머지 공란은 당신 자신의 예로 채운다.

비난 확대 관점	상황적인 설명 관점	수용 관점	비교를 통해 배운 내용
멍청한 승무원이 나에게 차가운 커피를 주었다!	승무원 수에 비해 승객이 너무 많다.	그 승무원이 그렇게 행동한 것은 나로서는 통제할 수 없는 일이다. 커피가 없는 것보다는 차가운 커피라도 있는 것이 낫다.	이 상황에서 나는 상황을 보는 합리적인 방법이 많다는 것을 알았다.

당신은 이 실험에서 향후 재평가를 위해 사용할 수 있는 무엇을 발견했는가? 기록을 위해 아래에 작성하라.

현명한 자기관심을 추구하라

현명한 자기관심은 불필요하게 다른 사람을 해치지 않고 자신을 발전시키고 실현하는 철학이다. 호혜주의를 기대하지 않더라도 당신은 그 과정에서 당신 자신을 해치지 않을 때 다른 사람의 이익을 증진시킬 수 있다.

다른 사람들과 함께 공평하게 일하고 신뢰를 얻으며 함께 노력하여 모두가 이득을 얻을 협력의 기회를 높이는 것은 일반적으로 현명한 이기심에서 나타나는 것이다. 바람직한 것이라 할지라도 호혜주의(즉 서로 평등한 방식으로 행동하는 것)는 필수 요건이 아니다.

다른 사람들이 당신의 기대에 부합하기를 기대하지 않더라도 여전히 그들이 자신들의 부정적인 행동에 대해 책임을 지게 할 때, 당신은 기생적 분노의 순환에서 벗어나게 된다. 그것은 당신의 현명한 자기관심에 달려 있다.

나의 실습 기록

주요 아이디어: 이 장에서 가장 도움이 되는 3가지 아이디어는 무엇인가?

1.

2.

3.

행동 계획: 과도한 분노를 극복하기 위해 해야 할 3단계는 무엇인가?

1.

2.

3.

실행: 그 단계(과정)들을 실행하기 위해 무엇을 할 예정인가?

1.

2.

3.

결과: 이 단계들을 통해 무엇을 배우고 싶은가? 또는 무엇을 강화했는가?

1.

2.

3.

수정: 만약 그 과정을 변경하려고 한다면 다음에 무엇을 다르게 하고 싶은가?

1.

2.

3.

제3장
긍정적인 변화의 경로

다른 사람들과 실질적으로 다르지 않다면 당신은 기생적 분노를 가지고 있다. 이것을 어떻게 알 수 있는가? 당신은 동일한 좋지 않은 결과를 되풀이한다. 예를 들어 사회적인 상황에 대해 되풀이해서 불만을 느끼고, 그 상황이 오로지 그 감정을 유발한 것처럼 행동하면 그것이 바로 당신의 기생적 분노이다.

합리적 치료의 창시자인 폴 듀비오스(Paul Dubois)는 감정적인 생각이 많은 사람에게서 문제를 일으킨다고 주장했다. 그는 다음과 같이 말한다. "다른 사람의 행위가 우리의 감정적인 원인이 되었다면 우리의 반응 방식을 통해 그 감정을 만들어 낸 것은 우리 자신이라는 사실에 주목하자." (듀비오스 1909a, 155).

당신은 기생적 분노에 대해 더 많이 알수록 더 빨리 그것을 발견하고 스스로 그것을 제거할 수 있다. 이 장에서 우리는 기생적 분노 사고에서 일어나는 해로운 감정에서 벗어나 더 행복하고 더 현실적인 삶을 살아갈 수 있는 4가지 방법을 탐구한다. 이러한 방법은 간단히 다음의 것들을 포함한다.

- 감정적인 자유로 가는 길을 시작하기 위해 잘못된 기생적 신념을 버리기
- 기생적 분노 사고의 내적인 횡포로부터 벗어나기 위해 추론 기술의 연마를 위한 알버트 엘리스의 유명한 ABCDE 기법을 배우고 사용하기
- 흑백 논리 및 절대주의적인 기생적 사고를 개연성 있는 사고 규칙으로 대체함으로써 현실에 대한 정신적 유연성과 관용을 향상시키기

맞서야 할 기생적 분노 패턴이 적으면 당신이 생각하고 느끼고 행동하는 것 사이의 조화를 경험할 가능성이 커진다.

❖ 신념의 힘

다른 사람들처럼 당신은 어떤 신념을 만든다. 당신의 핵심 신념은 진실과 거짓, 옳고 그름에 대한 당신의 확신을 나타낸다. 당신의 신념은 자신의 삶, 물건, 그리고 어떤 행위를 하는 이유에 제공하는 의미와 융합되어 있다. 당신의 신념은 상황을 확률적인 기준을 가지고 볼 것인지 흑백 논리를 가지고 볼 것인지 하는 것에 영향을 미친다. 어떤 사람들은 사실에 근거한 신념을 가질 것이고, 어떤 사람들의 신념은 부분적인 진실을 포함할 것이며, 다른 어떤 사람들의 신념은 모호하거나 그릇될 것이다.

물론 당신은 논리, 이성, 직관, 통찰, 체험(경험에 바탕을 둔 방법), 경험을 통한 연상, '상식' 등과 같은 인지과정의 조합을 통해 자신의 행동을 평가하고 판단하며 구성한다. 그런데도 당신의 신념은 종종 당신의 인식과 관점뿐만 아니라 그러한 과정 전체를 물들인다.

신념은 확인되지 않은 사실에 의해 영향을 받지 않는 확고한 확신에서부터 당신이 들은 것을 느슨하게 받아들인 견해에 이르기까지 그 범위는 다양하다. 당신은 자연스럽게 몇몇 신념을 경험에 기초해서 가지게 될 것이다. 예를 들어 당신은 자신의 가장 친한 친구가 일상적으로 약속을 지키고 책임감 있게 행동하기 때문에 매우 성실하다고 생각한다.

당신은 자신의 미래가 긍정적일 것이라고 믿고 예상하는 도전과 아직 모르는 도전, 모두에 대처하는 방법을 찾을 것이다. 이것이 잘못된 믿음이라 할지라도, 당신은 미래에 나쁜 일이 잇달아 다가오고 있다는 비관적인 믿음을 가진 사람보다 더 건강하고 행복한 삶을 영위할 가능성이 있다.

몇몇 신념들은 받아들이기 어렵다. 당신은 다른 사람들이 당신의 규칙에 따라 행동해야 한다고 생각하고(마치 그들 자신들은 규칙을 가지고 있지 않은 것처럼), 그들이 그렇게 하지 않을 때 당신 자신에게 화를 낸다. 만약 당신이 다른 사람의 가치가 당신이 그에 대해 어떻게 생각하는가에 달려 있다고 믿는 것처럼 행동한다면 그것은 오류이다. 여기 당신의 신념의 강도에 대한 시험이 있다. 즉 당신을 포함하여 아무도 그 믿음에 대해 설득력 있게 이의를 제기할 수 없다는 것에 당신은 무엇을 기꺼이 걸 수 있는가?

〈뉴욕포스트〉의 어느 기자가 유명한 철학자인 버트런드 러셀에게 자신의 신념 때문에 기꺼이 죽을 의향이 있는지 물었다. 러셀은 "물론 아니에요. 어쩌면 나의 신념이 틀렸을지도 모르잖아요."라고 대답했다.

신념은 동등하지 않다. 아이로서 이빨 요정을 믿는 것과 성인으로서 당신에게 동의하지 않는 사람들이 분노의 복수를 받을 만하다고 믿는 것은 다른 것이다. 또한, 신념은 명백한 형태로 나타난다.

한 가지 형태는 메타 인지적 신념 또는 그 부정적인 생각을 통제할 수 없다는 것과 같은 당신의 생각에 대한 신념이다. 부정적인 생각을 통제할 수 없다는 메타 인지적 신념은 생각하는 사람이 멈추고 싶어 하는 바로 그 동일한 부정적인 생각을 강화하는 경향이 있다(Caselli 외, 2017). 이것은 자신의 생각을 통제할 수 없다는 신념이 불안을 활성화하는 경향이 있기 때문에 불행한 일이다(Melli 외, 2017).

문제는 그 생각의 흐름을 멈출 수 있는지 여부가 아니다. 우리의 의식은 계속해서 흐르고 있다. 자신의 생각에 대해 생각할 수 있고, 어느 정도 합리적이고 긍정적인 방법으로 그 흐름을 다른 방향으로 돌릴 수 있으며, 유해한 허구와 오류가 틀렸음을 밝힐 수 있다. 인지 재평가가 그 하나의 예이다. 다음 'ABCDE 과정' 섹션에서는 동일한 작업을 수행하기 위해 또 다른 연구 지원 접근법을 사용하는 방법을 배울 것이다.

생명체에 물이 필요하며, 정기적인 치과 치료가 심장마비의 위험을 줄이며, 태양이 동쪽에서 떠오르는 등 일부 신념은 사실에 근거하며 합리적인 것들이다. 이러한 것들은 증명될 수 있음으로 사실에 근거한 신념이나 진리이다. 누가 사실에 근거한 신념이나 진리에 반대해서 내기를 하겠는가?

일부 신념은 비합리적이다. (그것들은 관찰, 사실 또는 현실과 일치하지 않는다.) 예를 들어 행복한 사람이 되려면 모든 긴장으로부터 영원히 벗어나야 한다는 비합리적인 믿음이 있다. 또 다른 예는 자신의 신념, 규칙, 역할, 기대를 어기는 사람들은 그 핵심까지 썩어 있으며 최악의 대우를 받을 만하다는 것이다. 이러한 믿음은 대머리독수리와 토끼가 태생적으로 친구라고 믿는 것과 같다. 그러나 그러한 신념을 논란의 여지가 없는 진실로 경험하는 경우, 그것을 활성화시키는 상황에서 자신의 신념에 따라 느끼고 행동할 것이다.

당신의 핵심 신념은 강력한가? 제2차 세계대전이 끝날 무렵, 태평양 전쟁에서 일본 정부는 젊은 조종사들에게 비행기를 몰아 미국 함대에 부딪치도록 했다. 우리의 원초적 본능은 생존하고 번성하는 것이다. 이 자살 공격은 우리의 원초적 본능과는 반대되는 것이다. 그러나 4,000명에 가까운 조종사가 가미카제 자살 공격으로 사망했다. 여기에서 복잡한 문제는 무엇인가? 조종사들은 수백 년 전 신의 바람이 일본을 구한 것처럼 일본 민족을 구하는 영웅적인 행동으로 신의 바람을 타고 자신들은 하늘나라로 갈 것이라고 배웠다. 그 이야기는 항복하지 않고 명예롭게 죽는 강한 역사적 전통과 잘 어울린다. 지휘관들이 자원하라고 요구했을 때, 그 조종사들은 물러나는 것이 불명예스럽고 수치스러운 행동이 된다는 그러한 집단 환경에서 자원했으며, 그러한 신념은 일본 문화에 뿌리 박혀 있었다. 역사, 전통, 집단에 순응하는 힘이 생존의 본능을 압도했던 것이다.

Top Tip: 분노의 신념 알아내기

상황이 기생적 분노와 같은 감정을 불러일으키는 신념을 유발할 수 있다. 자선가이자 이성적인 지미 월터(Jimmy Walter)는 상황, 신념, 감정의 연결에 대해 다음과 같이 이야기한다.

야구 경기가 1 대 0의 점수로 끝났다. 두 팀의 팬들은 기쁨, 실망, 분노와 같은 감정을 보여 준다. 팬들에게 그렇게 느끼는 이유를 물어보면, 우리는 점수와 같은 그 게임에 대한 어떤 이야기를 들을 것이다.

대부분의 사람은 그 상황이 감정을 유발한다고 믿는다. 그러나 그 게임에서 동일한 점수에 대해 다른 감정을 보여 주는 것은 그 사건이 감정을 유발하는 유일한 요소가 아님을 보여 준다.

왜 상황과 감정을 연결하는 그 신념을 종종 보기 어려운가? 우리는 자신의 생각에 주의를 기울이지 않는다. 처음에 그것을 보지 않는다면 그 감정에 붙어 있는 신념을 어떻게 찾겠는가? 그 신념을 탐색해야 한다. 자신이 좋아하는 팀이 져서 화가 나면, 상대 팀이 속임수를 썼고 상대 감독을 기름에 집어넣어야 한다는 등의 비난을 자신이 말하고 있는 것을 듣게 될 수도 있다. 그것이 바로 분노 사고이다.

물론 신체적 공격을 받았을 때의 자연스러운 분노 또는 사랑하는 사람을 잃은 것에 대한 슬픔과 비탄 같은 예외가 있다. 그러나 이러한 것들은 아주 작은 비율로 일어나는 사건이다. 우리는 그것들을 과장할 수 있으며 그것 또한 하나의 위험이다. 따라서 과장된 것을 찾아보라. 그것들을 어두운 그림자로부터 꺼내면 인간의 고통의 근원을 발견할 것이다.

❖ ABCDE 프로세스

60여 년 동안 수십만 명의 자기 조력(self-help) 실천자들이 알버트 엘리스의 합리적 정서행동치료(REBT) 기법을 사용해 왔다. 긍정적인 변화에 대한 그의 ABCDE 접근법은 대부분의 CBT 시스템에서 가장 중요한 항목이다. 50년이 넘는 연구를 통해 REBT의 효과가 확인되었다(David 외, 2018). REBT는 인지적 형태의 유해한 분노를 줄이고 긍정적인 감정을 촉진하는 중요한 도구이다(Oltean 외, 2018).

두문자어 이해하기

ABCDE 두문자어(역자: 낱말의 머리글자를 모아서 만든 준말)에서 각 문자는 긍정적이고 고도로 구조화된 변경 과정의 다양한 단계를 나타낸다. 그것의 작동 방식은 다음과 같다.

A(촉발 사건, Activating events) 사건을 활성화한다는 것은 그 상황이 감정과 행동을 촉발하는 힘이 있음을 의미한다. 그 상황은 오랜 친구를 만나는 것처럼 즐거운 것이거나 상사가 소리를 지르는 것과 같은 불쾌한 것일 수 있다. 만약 자연적인 분노가 끓어오름을 느낀다면 그것은 위협이 가까워졌고 공격이 가장 안전한 선택일 수 있음을 의미한다.

기생적 분노를 가진 당신은 그 사건을 올바르게 또는 그릇되게 혐오스러운 것으로써 간주하고 자동적으로 부정적이고 선동적인 사고를 이행한다. 당신이 그 상황에 대해 얼마나 많이 준비했는지에 따라 당신의 분노는 경미한 것에서 중증인 것까지의 범위에서 일어날 것이다. 분노는 다양한 정도에서 발생하기 때문에 당신은 자신의 분노 반응을 어느 정도 통제할 수 있는 힘을 이미 가지고 있다. 이것이 낙관주의의 근거이다.

많은 사건이 기생적 분노를 촉발할 수 있다. 그러나 그것에 기생적으로 반응할지 여부는 그 상황에 부여하는 의미에 달려 있다. 당신은 상황적인 요인을 고려할 것이다. 만약 술에 취해서 방향 감각을 잃은 사람이 당신을 큰 소리로 저주하기 시작한다면, 당신은 술에 취한 사람이 맑은 정신을 가지고 행동하는 것을 기대할 수 없다고 생각하면서 대수롭지 않게 취급할 것인가? 화를 내며 그에게 고함을 지를 것인가? 당신이 무엇을 할지는 당신의 신념인 포인트 B와 관련이 있다.

B(신념, Beliefs) 당신은 신념을 통해 많은 감정적 유형의 경험을 걸러낼 것이다. 신념은 당신이 느끼는 방식에 영향을 준다. (도발하고 촉발하며 활성화시키고 증폭시킨다.) 몇몇 신념은 그럴듯하고 합리적이며 논리적이거나 사실에 기반하고 있을 것이다. 이것들은 당신의 합리적인 신념이다. 그러나 편향되고 왜곡되고 비이성적인 신념도 인간 본성의 한 부분이다. 그것들은 일반적으로 자동적이며 따라서 빠르게 활성화된다. 이들 당연한 것으로 생각되는 진실은 증거가 부족하며 이치에 맞지 않다. 그것이 그러한 신념들을 비합리적으로 만드는 것이다.

모든 비합리적인 신념이 해로운 것은 아니다. 왼쪽 어깨 너머로 소금을 뿌리면 어깨에 앉아 있는 악령을 물리치고 그것이 행운을 가져다 준다고 믿는다. 그 신념은 비합리적이다. 그것이 당신의 삶에 큰 영향을 미치지 않는다면 그것은 큰 문제가 아니다. 그러나 비합리적인 신념에서 발생하는 분노는 실제적으로 항상 기생적인 부분을 가지고 있다. 다음은 몇 가지 예이다. 당신은 무남 및 불편을 참을 수 없다고 믿는 것처럼 행동한다. 당신은 자신이 원할 때 그 원하는 것을 가질 필요가 있다. 사람들은 당신이 무엇을 하든 당신에게 찬성해야 한다. 어떤 사람이 이러한 조건을 어기면 그와 동일한 비합리적인 생각이 떠오르고 당신의 분노는 일반적으로 커질 것이다.

더 많은 것이 있다. 인지적인 형태의 분노는 종종 외부화하는 비난(즉 다른 사람, 사물 또는 상황을 비난하는 것)과 관련된다. "짖는 개가 나를 화나게 만들었다.", "내 친구가 술을 마시며 나를 들볶았고 그것이 나를 화나게 만들었다.", "날씨가 흐리고, 그게 나를 화나게 만든다." 분노에 대한 이 반사 이론은 당신을 속이기 쉽다. 예를 들면 흐린 날이라면 당신은 화를 낼 수밖에 없다고 생각하는가? 만약 당신이 가뭄 동안 비가 오기를 고대하는 농부라면 어떨까?

C(결과, Consequences) 결과는 활성화된 사건에 대하여 당신의 신념으로부터 발생하는 감정적이고 행동적인 결과이다. 만약 당신이 합리적 관점에서 삶을 바라본다면, 사기나 불공평과 같은 문제를 다룰 때 그것에 반응하여 어느 정도의 분노를 포함할 수도 있는 정상적인 부정적 감정을 갖게 될 것이다. 그러나 기생적(비이성적) 분노가 진행되면 부정적인 결과가 뒤따를 가능성이 있다. 다음은 비합리적이고 기생적 분노의 신념으로부터 확대될 수 있는 결과의 여섯 가지 예이다.

- 신체적(고함, 싸움)이거나 간접적인(혐담, 뒷담화) 공격에 대한 이야기와 같은 보복 형태의 부메랑
- 더 많은 분노 사고와 감정을 유발하는 분노 주기
- 대인관계에서 질의 저하
- 해결하지 못한 분노 경험에 대한 좀체 사라지지 않는 감정적인 기억
- 분노 스크립트를 과도하게 실행했기 때문에 바람직하지 않은 분노 영향이 반복되는 것
- 그런 식으로 느끼고 싶지 않을 때에도 괴로움을 느끼는 기간

이러한 결과들은 다양하게 그리고 종종 짝지어서 발생한다. 때때로 짧고 통제된 드문 기생적 분노 이야기에서 그다지 심각한 결과가 초래되지는 않을 것이며, 때로는 하나의 사건이 재난적인 것으로 입증될 수 있다.

D(논박, Dispute) 논박은 부정적인 감정과 행동의 결과를 자극하는 비합리적인 신념에 질문하고 도전하는 것을 의미한다. 기생적(비이성적) 신념과 사실적인 신념을 분리함으로써 당신은 이미 이 과정을 시작했다. REBT 치료사와 함께 일하거나 REBT 책을 여러 권 읽는다면 잘못된 신념을 인식하고 논쟁할 수 있는 많은 예를 찾게 될 것이다. 처음 시작으로 당신은 자신이 화를 내고 있으며 기생적으로 생각하고 있다고 의심될 경우 다음 네 가지 질문을 묻고 대답하는 접근법을 사용하여 이득을 얻을 수 있다.

1. 만약 12명의 사람들이 당신이 믿기에 당신을 분노하게 만든 동일한 사건을 목격했다면, 그들은 모두 같은 결론에 도달할 것인가? 이 질문을 함으로써 당신은 다른 평가를 고려하기 위해 잠시 멈췄다.

2. 나의 분노에 대한 생각의 어떤 부분이 합리적이거나 검증 가능하거나 사실적일 것인가? 이 지점에서 당신은 증거를 찾고 있다.

3. 나의 분노에 대한 생각의 어떤 부분이 기생적(비이성적)인가? 이 생각을 인식하고 그것이 변할 수 있다는 것을 아는 것이 안도감을 줄 수 있다.

4. 이 상황에 대해 내가 갖고 있는 신념이 건설적인 목표를 달성하는 데 도움이 될 것인가, 아니면 방해가 될 것인가? 이 질문은 주의를 산만하게 하거나 허구적인 문제보다는 우선순위에 집중하도록 이끌 수 있다.

E(효과, Effects) 새로운 효과는 생각을 검토하고 새로운 행동을 테스트하며 신선한 관점을 생성하려는 노력에서 비롯된다. 이것은 사고로부터 기생적인 것을 제거함에서 생기는 일반적인 부산물이다. 불합리한 기대, 비난의 확대 신념 또는 의심스러운 가정을 덜 가지게 되면, 악의적인 분노 주기에서 덜 시간을 보내게 된다. 다른 사람들이 더 관대하다고 생각할 때 다른 사람과 더 나은 관계를 경험할 수 있다.

ABCDE 예를 보고 이 시스템이 작동하는 방법을 알아보자.

ABCDE 프로세스 실행

동료 중 한 명인 A가 인사도 하지 않고 복도에서 당신을 지나쳤다. 당신은 화가 난다. A가 당신을 모욕하기 위해 무시했다고 믿는다. 당신은 옹졸하고 무례하다고(그렇게 행동하는 것이 아니라 그렇다고) A를 비난한다. 당신은 A가 썩은 인간이고 형편없는 태도에 대해 팻을 처벌하는 것은 당신의 권리라고 자신에게 말함으로써 비난을 확대한다. 당신은 이러한 생각으로부터 초래되는 분노를 즉시 경험하게 된다.

A의 예를 사용하여 ABCDE 방식으로 정보를 구성하는 방법을 살펴보자.

촉발 사건 사실적 관찰은 사건을 촉발하는 것이다. 팻은 당신에게 인사도 하지 않고 복도를 지나갔다.

신념. 당신은 감정을 불러일으키는 사건에 주의를 기울임으로써 자신의 신념을 볼 수 있다. 그렇다면 얼마나 많은 사람이 이렇게 하는 동안 자신이 가정을 하고 있고 신념에 따라 행동한다고 믿는가? 다음은 당신이 화난 상태에 있을 때 당신의 신념을 살펴볼 수 있는 직접적인 질문이다. 그 사건에 대해 내가 믿고 있는 것은 무엇인가? 만약 당신이 자신에게 말하고 있는 것(당신이 믿는 것)을 안다면 그 믿음의 타당성을 점검할 수 있다. 당신은 A에 관하여 자기 자신에게 무엇을 말하고 있는가? A가 당신을 무시하지 않아야 한다는 것인가? 당신은 A가 당신을 무시하기 때문에 더러운 사람이라고 생각하는가, 아니면 단지 일반직으로 더러운 사람인가? 더러운 사람이라는 이유로 A를 처벌하고 싶은 충동이 있는가? 당신이 그렇게 할 사람인가? 이러한 유형의 분석은 기생적 생각, 부정적인 분노 감정, 너무도 자주 그러한 것들과 더불어 일어나는 행동적인 결과를 표면으로 드러낼 수 있다.

결과. 이것이 여기 지금 일어나고 있는 일이다. A가 당신을 지나쳤다. 당신은 거의 즉시 화가 났다. 그것이 감정적 결과, 즉 C이다. 당신은 A에게 전화를 걸 수도 있다. 그것은 잘 전개될 수도 있고 그렇지 않을 수도 있는 잠재적인 행동 결과이다. 여기에서 당신의 접근 방식과 믿음이 참인지 거짓인지에 많은 것이 달려 있다. 조금 더 깊이 조사해 보면 당신은 A보다 자신에 대해 더 많은 것들을 알 수 있다. 당신은 분노 생각→분노 감정→분노 생각의 악순환에 채널을 맞출 수 있다. 이러한 피할 수도 있는 결과가 일어나기를 원하는가, 아니면 다른 방법을 시도하고 싶은가? 다른 방법을 시도해 보자.

논박. A가 당신을 화나게 만들었다고 생각한다면, 이것은 A가 당신의 마음속에 있는 분노 스크립트의 저자라는 것을 의미하는가? A가 텔레파시를 보내고 있으며 당신의 생각을 통제하고 당신을 화나게 하는 능력을 가지고 있는가? 이것은 정말 어리석은 생각이다. 당신은 A를 비난할 수 있지만 그 비난은 어디에서 나온 것인가? 이 과정에서 이 정도까지 도달했다면 당신은 이 상황을 재검토하고 있는 중이다. 당신은 자신의 생각을 평가하고 합리적인 사고와 행동 방식을 고수한다. 당신은 A에 관한 어떤 것도 변경함이 없이 이것을 할 수 있다.

이 책을 통해 기생적 사고에 대해 논박하는 여러 방법을 찾게 될 것이다. 지금은 명확성을 높이고 불필요한 분노를 줄일 수 있는 4가지 기본 질문부터 시작한다. 다음 차트의 첫 번째 열에서 그것들을 볼 수 있다. 두 번째 열은 그럴듯한 합리적인 대답을 제시한다.

4가지 표준 질문	샘플 답변
12명이 이 사건을 관찰했다면 모두 같은 결론에 도달할 것인가?	어떤 제안의 증거가 확실하지 않다면 12명의 사람들이 어떤 것에 동의하도록 하는 것은 어렵다. 나는 내 신념에 대한 확실한 증거가 없다. 그러므로 더 명확성이 요구된다.
내 생각의 어떤 부분이 합리적이고 검증 가능할 것인가?	나는 나를 무시하는 사람을 좋아하지 않는다. 그것은 사실이다. 그러나 나는 A에 대한 나의 가정이 옳은지에 대한 확실한 증거를 갖고 있지 않다. 그것도 사실이다. 참고: 명확성의 이 단계는 복잡하지 않기 때문에 쉽게 달성할 수 있다.
내 사고의 어떤 부분이 기생적이고 확인할 수 없는 것인가?	기생적 사고 영역에 들어가면 복잡한 문제를 발견할 가능성이 높다. 당신은 A가 썩은 사람이라고 선언한다. 동사 '이다'라는 것은 이러한 과잉 일반화에 대한 단서이다. 이 동사 '이다'라는 것은 당신이 A를 한 방향에서만 볼 수 있음을 말한다. 우리는 그것이 사실이 아님을 알고 있다. 그래서 우리의 언어와 현실 사이에는 갈등이 있다. A가 인사하지 않는 것에 대해 그것을 어떤 존재가 아닌 그의 행동으로 바꾸면 어떤 큰 변화가 온다. 이렇게 함으로써 당신은 A가 'X이다(팻의 정체성에 대한 전체적인 평가)'라고 생각하는 것으로부터 팻의 행동을 평가하는 것으로 전환한다. 이것은 오직 하나의 길만 있고 어떤 다른 것일 수 없는 그러한 함정에서 당신을 벗어나도록 이끈다. A가 의도적으로 당신을 무시했다는 것을 알게 된다면, 당신은 자신의 관점에서 A가 더러운 행동을 했다고 공정하게 말할 수 있다. 기생적 분노 사고인 것과 아닌 것에 대한 명확성으로부터 나오는 또 다른 토론 질문이 여기 있다. 설령 당신이 상황을 올바르게 보고 있더라도 당신의 인생에서 수백만 명의 다른 사람들과 비교해서 이 사건은 얼마나 중요한가?

4가지 표준 질문	샘플 답변
분노에 대한 신념이 합리적이고 건설적인 목표를 달성하는 데 도움이 되는가?	만약 내가 기분이 나빠지고 복수하려는 생각이 든다면 이것은 합리적이고 건설적인 목표를 달성하기 위한 수단 같아 보이지 않는다.

효과. 자신의 사고를 이중으로 검토함으로써 A의 행동에 대한 원인과 이유를 모른다는 결론을 내릴 수 있다. A가 의도적으로 행동했는지, 아니면 당신 곁을 지나갈 때 그가 다른 생각에 빠져 있어서 알지 못했는지는 알 수 없다. 당신의 분노는 가라앉는다. 이제 당신 자신에게 좋은 새로운 효과를 만들어 냈다.

ABCDE 분석을 할 때 A가 당신을 무시하지 않았다고 가정하지 않는다. 분석의 목적은 그 상황에 대한 비합리적이고 기생적 신념을 분리하고 반박하는 것이다. A가 당신을 무시하려 했다고 해보자. 당신은 자신이 싫어하는 것을 수용하는 것에 노력을 기울일 수 있다.

당신은 다른 자기 질문 방법을 사용할 수 있다. 예를 들어 여기 시나리오 질문이 있다. A는 그때 깊은 생각에 빠져 있었다면 어떨까? 다음은 팻의 입장에서 생각해 보는 질문이다. 당신이 "안녕하세요?"라고 말하지 않고 지나쳤기 때문에 A는 당신으로 인해 분노할 것인가?

나의 ABCDE 실험

이제 다음의 ABCDE 차트를 이용하여 자신의 분노 문제에 대해 ABCDE 방법을 시험할 차례이다. 두 번째 열에는 첫째, 촉발 사건 또는 발생한 일을 기록한다. 둘째, 당신이 그 사건에 대해 어떻게 생각하는지를 기록한다. 셋째, 당신이 어떻게 느꼈는지(감정적 결과)와 행동한 것(행동 결과)을 설명하라. 넷째, 위에서 우리가 다룬 네 가지 기본 질문을 사용하여 그 신념에 대해 이의를 제기하라. 다섯째, 만약 있다면 이 과정에 의해 발생한 효과를 설명하라.

긍정적인 변화의 ABCDE	응답
촉발 사건	
사건에 대한 신념	
감정적 및 행동적 결과	
4가지 기본적인 논박 질문	
1. 12명이 이 사건을 관찰했다면 모두 같은 결론에 도달할 것인가?	
2. 내 사고의 어떤 부분이 합리적이고 검증 가능한 것인가?	
3. 내 사고의 어떤 부분이 기생적이고 확인할 수 없는 것인가?	
4. 분노에 대한 신념이 합리적이고 건설적인 목표를 달성하는 데 도움이 되는가?	
효과	

이 ABCDE 연습은 거절을 생각할 때의 불안과 같이 당신이 해결하기로 선택하는 모든 정서적으로 일어날 것 같은 기생적 사고 상황에 사용할 수 있다.

❖ 기생적 규칙 깨뜨리기

이 장에서 다룰 긍정적인 변화에 대한 마지막 접근법은 기생적 규칙을 확률에 기반한 보다 합리적인 신념으로 대체하는 방법을 배우는 것과 관련된다. 이를 위해 다른 흔한 비합리적인 신념을 살펴보자.

비합리적 신념

알버트 엘리스는 인간의 불필요한 불행의 중심에 있는 완벽함, 승인, 안락의 엄청난 요구라는 3개의 비합리적인 신념을 발견했다. 분노 사고, 분노 자극, 분노 행동을 유발하는 힘을 가진 기생적 규칙으로서 이 3가지 요구를 살펴보는 것이 도움이 된다. 이러한 기생적 사고 규칙이 적용되는 방법은 다음과 같다.

규칙 1. 나는 모든 면에서 완벽해야 한다. 그렇지 않으면 나는 실패자이며 끔찍한 사람이 된다.

규칙 2. 당신은 나를 사랑해야 하고 내가 원하는 대로 대해야 한다. 그렇지 않으면 당신은 심한 처벌을 받을 만한 끔찍한 사람이다.

규칙 3. 삶은 공정하고 쉬워야 한다. 그렇지 않으면 인생은 형편없고 끔찍하다.

이러한 규칙 위반을 보는 방식에 따라 분노, 자기 의심, 불안, 우울증 또는 이러한 불쾌한 상태가 혼합된 것들을 경험할 수 있다. 예를 들어 규칙 2에 따라 누군가가 당신을 존중하지 않거나 무시하고, 충분한 존경을 보여 주지 않거나 어떤 활동에 당신을 포함시키지 않는다면(그렇게 해야 한다고 당신이 믿는 대로), 그들은 말뚝에 묶여서 불개미로 뒤덮일 만한 나쁜 사람들이다. 이 시나리오에서 당신은 다른 사람이 당신이 요구하는 사항을 지켜야 한다고 생각한다. 이것은 약간 자기중심적인 것이다. 그렇지 않은가?

절대적이고 꼭 필요하며 예외 없는 조건으로서 3가지 규칙을 확고히 준수하도록 여러분이나 지구상의 다른 사람에게 요구하는 보편적인 법칙이나 대중적인 가치 체계는 없다.

확률 옵션

당신의 인지적 세계의 일부분은 범주, 정도, 확률을 중심으로 이루어진다. 예를 들어 오렌지와 메뚜기는 모두 살아 있는 것이지만 다른 범주에 속한다. 오렌지 색깔은 밝은색부터 어두운색까지 다양한 색조로 존재한다. 오렌지와 메뚜기 모두 내년에 우리의 물리적 세계의 일부가 될 확률은 100%에 가깝고 색깔은 계속해서 다른 색조를 가질 것이다.

확률 세계는 당신이 승자이거나 패자이거나, 좋거나 나쁘거나, 화내거나 친절하거나 하는 흑백 논리의 세계와는 다르다. 아래 상자는 우리가 이전 섹션에서 본 비합리적이고 범주적인 규칙에서 확률 보기로의 전환을 보여 준다.

확률 1. 만약 선의의 노력을 기울이면 나는 더 잘하게 될 것이다.

확률 2. 내가 당신을 잘 대한다면, 당신을 잘못 대우할 때보다 당신이 나에게 긍정적인 방식으로 보답할 확률이 더 높다.

확률 3. 만약 내가 삶을 개선하기 위해 배우고 노력하면 자동으로 편안하고 안락한 삶을 고집하는 것보다 더 빨리 그렇게 될 것이다.

당신이 기생적 규칙을 깨도록 상기시키려면 위의 3가지 확률 진술이 포함된 지갑 크기의 카드를 만들어라. 이것을 http://www.newharbinger.com/44321에서 다운로드하여 인쇄할 수 있다. 비합리적인 규칙의 결과로 당신이 이전에는 화를 냈을 상황에서 이것을 적용하라. 당신이 다른 효과를 만들어 내는지를 보라.

나의 실습 기록

주요 아이디어: 이 장에서 가장 도움이 되는 3가지 아이디어는 무엇인가?

1.

2.

3.

행동 계획: 과도한 분노를 극복하기 위해 해야 할 3가지 단계는 무엇인가?

1.

2.

3.

실행: 3가지 단계를 실행하기 위해 무엇을 할 예정인가? (그 과정)

1.

2.

3.

결과: 3가지 단계를 통해 무엇을 배우고 싶은가? 또는 무엇을 강화했는가?

1.

2.

3.

수정: 만약 그 과정을 변경하려고 한다면 다음에 무엇을 다르게 하고 싶은가?

1.

2.

3.

제4장
자신의 관점 솔루션

당신이 산 정상에 있는 탑 위에 서 있다고 상상하고 주위를 둘러본다. 숲을 구성하는 나무의 전경처럼 본다. 그 아래에 땅을 휘감고 흐르는 강을 본다. 멀리 있는 작은 마을을 볼 수 있으며, 너무나 많은 것을 볼 수 있다. 이제 자신이 가만히 서 있다고 상상해 보라. 한 장의 종이를 가져다가 좁은 관처럼 감는다. 그것의 한쪽 끝은 눈의 크기보다 더 커서 충분히 넓고 다른 쪽 끝은 작고 좁은 구멍이 있다. 이제 왼쪽 눈을 감고 오른쪽 눈으로 그 관을 통해 보라. 마을은 그곳에 있다. 강도 그곳에 있다. 숲을 이루는 나무들도 그곳에 있다.

당신은 더 이상 일반적인 전경을 볼 수 없다. 대신 당신은 한쪽 눈을 감고 좁은 관을 통해 주변 세상을 바라보았다. 이 연습의 교훈은 당신은 종종 보지 못하는 것이 중요하다는 것이다.

분노는 관점을 좁게 만든다. 이러한 분노의 터널 시야는 물리적 위협 상황에서 그 기능을 발휘한다. 이것은 자연의 생존 계획의 일부이다. 당신이 공격을 받고 있을 때 날아가는 새를 보고 있다면 그것이 당신의 생존을 방해할 것이다. 기생적 분노는 다른 그림을 제시한다. 위험에 빠진 것은 이미지, 신념, 개인적인 규칙, 기대 등과 같은 것들(자아를 위협하는 것들)이다. 이 좁은 세상이 당신을 흡수해 버리면, 이 기생적 자아의 탐욕스러운 식욕을 만족시키는 것 외에 다른 것은 중요하지 않게 된다.

기생적 분노가 당신의 심리적 관점을 좁게 만들 때, 당신은 좀 더 나은 다른 입장에서 사물을 보는 데 어려움을 겪을 것이다. 이러한 관점의 상실은 분노를 증폭시킨다(Yip & Schweitzer, 2019).

만약 관점을 좁히는 함정에 빠진다면 당신은 어떻게 그 관을 버릴 수 있겠는가? 무슨 일이 일어나고 있는지 다른 각도에서 신중하게 바라보라. 인지적 재해석, ABCDE 방법, 거리 두기 기법과 같은 CBT 도구를 사용하여 자신의 관점을 확대해야 한다.

이 장에서는 당신의 관점을 넓히고 숲과 나무를 모두 볼 수 있게 만드는 다음과 같은 방법을 다룰 것이다.

- 순환 논법과 과잉 일반화의 함정을 인식하고 그것에서 벗어나는 법을 배운다.
- 기생적 분노로부터 현실 기반 관점으로의 전환을 위해 탐구와 전략에 관련된 질문을 가지고 실험한다.
- 단기 및 장기 결과를 예측함으로써 기생적 분노에서 벗어난다.
- 유머러스한 과장을 사용하여 기분을 전환하고 기생적 분노 사고와 거리를 둔다.
- 긍정-관점 삼요소와 그것이 자신의 삶에서 분노와 그 분노로 인한 해로운 영향을 줄이는 데 어떻게 도움이 될 수 있는지를 이해한다.

❖ 관점에 대한 2가지 고전적인 제약들

분노 문제와 쓰라린 감정은 서로를 증폭시킨다. 2가지를 모두 참지 못할 경우 관점은 좁아진다. 순환 논법과 과잉 일반화는 이러한 좁아지는 방향으로 몰고 가는 것을 돕는 관점을 더 좁게 만드는 경험이다. 이러한 제약에서 벗어날 수 있도록 하는 방법을 살펴보자.

순환 논법

순환 논법은 논리적 오류로서 하나의 아이디어에서 시작하여 원래 아이디어와 동일하거나 유사한 결론으로 끝나며 이것은 비유적으로 원을 그리며 순환한다. 예를 들면 이런 것이다.

- "당신이 나를 화나게 해서 나는 화났어."
- "내가 화내지 않도록 내 방식대로 해야 하고, 내 방식대로 할 경우 나는 화내지 않을 거야."

몇몇 순환 논법에는 제1 전제, 제2 전제 그리고 결론이라는 원 위의 세 교점이 포함된다.

- 당신의 제1 전제는 "나는 내 방식대로 할 자격이 있다."이다.
- 당신의 제2 전제(당신 자신이 좌절하는 것으로 간주하고 어떤 좌절에 대해 분노가 필요한 이유)는 "만약 내 방식대로 하지 않으면 그것은 절대적인 재앙이다."이다.
- 당신의 결론은 "나는 내 방식대로 해야 한다."이다.

이 과정의 어느 부분에 구멍을 뚫으면 당신은 그 원으로부터 나갈 수 있다. 다음은 이 과정에 구멍을 내기 위해 '왜냐하면' 개입을 사용하는 방법이다.

■ 당신의 제1 전제: "나는 내 방식대로 할 자격이 있다."
  • 당신은 스스로에게 질문한다. 왜냐하면?
  • 당신은 그것은 나의 타고난 권리이기 때문에, 내가 특별하다고 믿기 때문에, 그리고 내가 그러한 자격이 있다고 믿기 때문이라고 응답한다. 그런데 그것에 어떤 타당성이 있는가?

■ 제2 전제: "만약 내 방식대로 하지 않으면 그것은 절대적인 재앙이다."
  • 당신은 스스로에게 질문한다. 왜냐하면?
  • 당신은 다음과 같이 응답한다. 왜냐하면 나는 좌절감을 견딜 수 없기 때문이다. 왜냐하면 모든 사람이 나에게 맞추어야 하는 보편적인 법칙이 있기 때문이다. 왜냐하면 내 방식대로 하지 않으면 세상이 끝날 것이기 때문이다. (당신의 왜냐하면 답변도 제1 전제로 되돌아간다.) 그것에 어떤 타당성이 있는가?

■ 당신의 결론: "나는 내 방식대로 해야 한다."
  • 당신은 스스로에게 질문한다. 왜냐하면?
  • 당신은 다음과 같이 응답한다. 왜냐하면 그것은 나의 타고난 권리이기 때문이다. 내가 원하는 것을 가지지 못하면 참을 수 없기 때문이다. 그리고 내 방식대로 하지 않으면 화가 나기 때문이다. (당신의 왜냐하면 답변도 제1 전제로 되돌아간다.) 그것에 어떤 타당성이 있는가?

순환 논법은 "다른 사람들이 나를 엉망으로 만들지 않으면 내 삶은 좋을 것(그리고 그들이 나를 엉망으로 만들기 때문에 나의 삶은 좋지 않다.)"라는 전제와 같은 무언의 결론을 내릴 수 있다. 이러한 원이 탐지되지 않으면 당신은 분노 사각지대를 가지게 된다. 그 사각지대는 아마도 비난과 공격성을 정당화하기 위해 확대될 것이다. 이 원에서 순환하고 있는 자신을 발견하면 이러한 인식만으로도 당신은 이 고리에서 벗어날 수 있다.

과잉 일반화

여성은 나쁜 운전자이다. 남성은 게으름뱅이다. 이러한 예의 공통점은 무엇인가? 나는 두 성별을 분류하고 두 개의 과잉 일반화를 보여 주었다. 이것이 기생적 분노와 함께 작동하는 방법은 다음과 같다. 당신은 배우자에게 "당신은 쓸모 없는 바보야!"라고 소리친다.

당신은 이 과잉 일반화의 함정에서 어떻게 벗어날 수 있는가? '나쁜', '게으름뱅이', '바보'라는 말들이 적절한 맥락에서 분노를 유발할 수 있는가? 좀 더 깊이 탐색하고 공통된 연결성이 있는지 알아보자. '~이다'라는 동사가 분노의 감정을 폭발시키는 것에 영향을 미치는가? 만약 어떤 사람이 이 순간에 일방적이라면, 그 사람은 일반적으로 그러한 존재로서 그 개인의 관점을 형성할 것 같다.

일반 의미론이라고 하는 치료 접근법의 창시자인 알프레드 코집스키(Alfred Korzybski, 1933)는 그가 '~이다'라는 용어에서 위험을 발견했다. 그 하나의 동사가 인간 존재의 복잡성을 없앤다. 이 문맥에서 그는 동사 '~이다'가 원시적이고 제한적이며 잘못되고 정당하지 않은 평가를 나티내는 것으로 긴주했다. 이 '이다'의 구문이 더욱더 추상적일수록(나쁜, 좋은, 유쾌한, 불쾌한), 상황을 잘못 읽을 위험과 정당하지 않은 '이다' 평가의 형태에서 오는 과도한 긴장에 대한 위험이 더 커진다.

나쁜 운전자, 게으름뱅이, 쓸모없는 바보와 같은 성격의 과도한 일반화는 비난 사고 확장의 예이다. 이러한 과잉 일반화는 비합리적이며 수많은 근거에서 반박될 수 있다. 그것은 엄청난 힘을 가지고 있는 것처럼 보이기 위해 과장된 행동을 하는 약한 적과 같다. 이러한 기생적인 것의 힘을 약화시키려면 과잉 일반화에 대한 예외를 찾아야 한다. 통상 그 예외를 찾는 것이 어렵지 않을 것이다.

NASCAR 경주용 자동차 레이서인 대니카 패트릭(Danica Patrick)과 타미 조 커크(Tammy Jo Kirk)는 모든 여성이 나쁜 운전자라는 신화를 떨쳐 버린다. 그리고 사실 몇몇 남성들은 자신의 거주 공간을 쓰레기로 만들지만 대다수의 남성은 그렇지 않다. 강박적으로 깨끗한 사람들에 대해서는 어떻게 생각하는가? 당신의 배우자가 무가치한 바보라면 당신이 그를 선택한 것에 대해서는 어떤 말을 할 것인가? 당신은 다른 때에는 배우자를 다르게 볼 수 있다는 것인가?

일반 의미론자인 데이비드 볼랜드(D. David Bourland)와 폴 존스톤(Paul Johnston)은 행동을 묘사하기 위해 능동 동사를 사용하고 그 때문에 '이다'라는 동사를 제거할 것을 제안했다. 그들은 이것을 E-프라임(E-prime, 역자: be 동사를 쓰지 않는 영어), 즉 영어에서 '~이다' 동사를 뺀 것으로 불렀다. 당신이 이것을 어떻게 할 수 있는지 보자. "나는 어떤 여성들이 운전하는 방식을 좋아하지 않는다.", "나는 남자들이 지저분함을 거부하는 것을 더 좋아한다." 당신이 싫어하거나 선호하는 것을 정의함으로써 당신은 불필요한 비난을 다른 사람들로부터 멀어지도록 한다. 동시에 당신은 자신이 싫어하는 것에 대하여 싫어할 권리를 주장한다. 부가적으로 당신은 성격의 과잉 일반화 및 비난 사고 확대로부터 거리를 둔다.

'~이다' 동사와의 소통은 대부분의 시간 동안에 잘 작동한다. 그러나 '~이다'는 기생적 분노 패턴을 몰아내는 데 도움이 되며, 특수한 상황에서 의도적으로 그 동사를 제거하면 보다 객관적인 관점을 촉진할 수 있다. 다음 연습은 이것을 실행에 옮기는 데 도움이 될 것이다.

나의 과잉 일반화 실험

'이다' 표시를 가지고 비난 표시를 하는 사람들은 그 사람들뿐만 아니라 당신에 대한 분노 감정을 불러일으키고 정당화할 수 있다. 그 대신에 당신은 자신의 분노에서 기생적인 요인을 제거하기 위해 E-프라임을 사용할 수 있다. 다음은 대조적인 접근법을 보여 준다.

기생적 분노 사고	E - 프라임 사고
제이크는 완전히 바보이다.	제이크가 상사를 모욕할 때 그는 어리석게 행동한다.

대부분의 사람은 너무도 '이다'에 잘 숙련되어서 그렇게 하는 것이 자연스럽다. 그러나 '이다'라는 단어를 '행동하다'로 대체함으로써 이것은 그의 정체성보다는 제이크의 행동에 초점을 맞추는 다른 관점을 만들어 낸다.

이 '이다' 과정을 스스로 인식하도록 만드는 것은 어려운 일이지만, 당신은 그 과정을 늦출 수 있다. 한 가지 방법은 행동을 판단하는 것이다. 다음 차트는 행동 관점을 정체성 관점과 서로 비교한다.

상황	정체성 관점	행동 관점
자신이 좋아하는 레스토랑에서 조용한 저녁 식사를 기대하고 있을 때 한 무리의 사람들이 옆 테이블에 앉아 누군가의 생일을 축하하면서 웃고 큰 소리로 말하고 있다.	이 사람들은 황산 수프를 마셔야 하는 배우지 못한 시끄러운 인간들이다. 그것이 그들의 입을 닫게 만들 것이다.	나는 이 그룹이 행동하는 방식이 마음에 들지 않는다.
	정체성 관점의 정확성	행동 관점의 정확성
	나는 그 그룹의 모든 사람이 항상 같은 방식으로 행동하고 생각한다는 증거가 없다. 나는 내가 좋아하지 않는 것에 대해 분류하고 비난을 확대할 때 명확성을 흐리게 하고 나 자신을 괴롭게 한다. 그들은 나와는 다른 목적으로 식당에 왔다.	나는 시끄러운 대화를 좋아하지 않는다. 그들은 자신들의 이야기에 몰두하고 있으며 주변 환경을 생각하지 않는 것 같다. 나는 그들이 목소리를 낮추면 좋겠다.

이제 당신은 정체성 사고를 과잉 일반화하는 것으로부터 행동을 평가하는 것으로 이동함으로써 추론 능력을 강화할 차례이다. 정체성이 분노 요인이었던 최근의 상황을 선택하라. 당신은 어떤 관점을 더 쉽게 검증할 수 있는가?

상황	정체성 관점	행동 관점

	정체성 관점의 정확성	행동 관점의 정확성

사람들을 포괄적 존재가 아닌 그들의 행동의 측면에서 볼 때, 당신은 합리적인 관점을 뒷받침하는 데 있어 명확성을 개선할 가능성이 높다. 당신의 관점과 선택지는 넓어진다. 당신은 자신의 분노가 문제가 되는 것을 피한다. 그것이 승리이다.

❖ 2가지 질문 기법

좋은 질문은 대답을 위한 조건을 포함하고 있다. 탐구와 전략에 관한 질문을 살펴보자. 탐구 질문은 두 부분으로 구성된 문제 해결 과정 중 분석 단계이다. 전략 질문은 해야 할 일에 관한 것이다.

탐구 질문

탐구 질문은 개방형이며 무엇을, 언제, 어디서, 왜, 어떻게에 대한 조사를 포함할 수 있다. 그 질문들은 기생적 분노의 신념과 이러한 신념의 오류를 조사하는 데 특히 유용할 수 있다. 두 개의 탐구 질문과 표본 답변은 다음과 같다.

- **질문:** 누군가 내가 좋아하지 않는 행동을 했을 때, 나는 그 사람이 드론에 의해 폭격을 받을 만하다고 생각한다면 무슨 일이 일어날 것인가?
  표본 답변: 만약 모든 사람이 여러 번 불쾌하게 행동했고 그로 인해 이러한 처벌을 받을 만하다면 처벌받지 않는 사람은 아무도 없을 것이다.
- **질문:** 만약 내가 뚜렷한 이유 없이 긴장하고 불편해하며 화를 낸다면, 누군가에게 화를 내는 나의 목적은 무엇인가?
  표본 답변: 잘못된 분노는 원인을 다른 것으로 돌리는 목적으로 사용되고 그래서 증오를 불러일으키는 반면, 불명확한 이유를 수용하는 것은 현명한 접근 방식이다.

전략 질문

우리의 목적을 위해 전략 질문은 질의에 대한 답변에 기반한다. 전략 질문은 문제를 극복하기 위한 합리적인 행동 접근 방식을 끌어내기 위한 것이다. 두 개의 전략 질문과 표본 답변은 다음과 같다.

■ **질문**: 누군가가 말하는 것, 행동하는 것, 또는 하지 않는 것을 내가 좋아하지 않을 경우, 나의 합리적인 선택지는 무엇인가?
표본 답변: (1) 나는 상황을 받아들이는 것으로부터 시작할 수 있다. (2) 나는 공격적이지 않으면서 내가 좋아하지 않는 것을 이야기할 수 있다(10장 참조). (3) 나는 문제에 초점을 맞추고 성격 문제를 피할 것이다. (4) 나는 혐의를 제기하는 당신을 피할 것이고, 이것은 내가 비난하고 있고 불평하고 있는 것처럼 보이게 만든다. (5) 만약 벽에 부딪힌다면 나는 다른 방법을 시도하거나 모든 사람을 납득시킬 수 없다는 점을 즉시 수용할 것이다. (6) 내 행동에서 잘못을 발견하면 그에 대한 책임을 받아들일 것이다. (7) 만약 더 이상의 조치들이 필요하다면 나는 그 조치들을 취할 것이다.

■ **질문**: 내가 겉보기에 갑자기 긴장하고 불편하며 화가 났을 때 나는 어떻게 명확성을 얻을 수 있는가?
표본 답변: (1) 나는 긴장과 불편함이 신호이며 그 원인에 대하여 눈에 보이는 답변이 없을 수도 있음을 수용할 것이다. (2) 나는 패턴을 찾아볼 것이다. 즉 이전에 언제 이런 일이 있었는가? 관찰할 수 있는 어떤 원인이 있었는가? (3) 그 신호의 원인이 불명확할 때 성급히 결론을 내리고 제멋대로 누군가를 비난하기보다 나는 명확해지거나 일시적인 기분과 짜증나는 상태가 그 원인이라는 것이 분명해질 때까지 판단을 중지할 것이다.

나의 탐구 및 전략 질문 실험

ABCDE 과정과 유사하지만 다른 범주의 접근 방식으로 탐구 및 전략 질문을 만들 수 있다. 여기 그 방법이 있다.

사건	1. 나는 대형 창고 상점에서 급속 건조 접착제 용기를 찾을 수 없다. 2. 나는 도움을 받을 만한 직원을 찾을 수 없다.
신념	1. 이용 가능한 충분한 직원을 배치하지 않은 경영진은 바보 같다. 2. 직원들은 게으르고 자신의 일을 하지 않는다. 경영진은 그들을 해고해야 하고, 경영진이 유능하다면 그렇게 했을 것이다.
탐구 질문	1. 내가 필요할 때 매장 직원을 마음대로 부를 수 있어야 한다는 내용이 어디에 쓰여 있는가? 2. 만약 내가 이용할 사람을 찾을 수 없다면 모든 매장 직원이 게으르다는 증거는 어디에 있는가?
전략 질문	1. 상점이 완전 셀프 서비스라면 나는 무엇을 할 것인가? 2. 나는 제품에 대해 나에게 안내해 줄 계산대 직원을 찾을 수 있는가? 3. 내가 물어볼 수 있는 관리자는 어디에 위치해 있는가?
결과	**탐구 질문:** 1. 만약 직원의 도움을 받을 수 있다면 좋겠지만, 아무도 없더라도 세상이 끝난 것은 아니다. 2. 나는 기본적인 귀인 오류를 범했다. 모든 직원이 게으르다는 증거는 없다. 그러나 현재 아무도 이용 가능하지 않다는 증거는 있다. **전략 답변:** 1 나는 공예품과 같은 접착제를 찾을 수 있는 영역을 살펴보겠다. 나는 오늘 운이 없다. 2. 각 계산대에 기다리는 긴 줄이 있다. 나는 오늘 운이 없다. 3. 매니저를 찾다가 나는 서비스 지역을 찾았다. 나는 접착제에 대해 물었고 가는 길을 안내받았다.

이제 접근 방법이 자신에게 효과가 있는지 확인하기 위해 시도해 볼 차례이다.

사건	
신념	
탐구 질문	
전략 질문	
결과	탐구 질문: 전략 답변:

❖ 단기 및 장기 결과 예측하기

기생적 분노 상황에 대한 단기 및 장기 평가는 놀랍도록 효과적이고 빠르며 간단한 작업이다. 다음, 기생적 분노 사고의 단기 및 장기적 장점과 기생적 사고에 도전하는 단기 및 장기적 장점을 살펴본다. 당신의 선택을 기록하라! 다음은 그 예이다.

관점	기생적 분노 사고의 장점	기생적 사고에 도전하는 것의 장점
단기	충동적으로 분노를 뿜어내거나 폭발시킴으로부터 즉각적인 기분 전환을 얻을 수 있다.	현명한 선택을 사용하여 현실적인 관점을 넓히고 유지하는 새로운 방법을 배우고 연습하는 것 충동적이고 파괴적인 행동을 피하는 것 시야를 넓히고 문제에 대한 현실적인 우선순위를 적용하는 것
장기	반복되는 단기적인 그럴듯한 보상 외에 의미 있는 장기적 이점은 없다.	바람직하지 않은 상황에 직면했을 때 나 자신에 대한 뛰어난 제어 감각 기생적 사고를 제한하고 억제하는 능력을 키우는 것 불공평한 상황에서 자연적인 분노를 건설적으로 표현하고 균형 있게 할 수 있는 더 큰 자유 장기간의 부정적 사고(반복적인 생각), 큰 재앙 및 스트레스 호르몬 급승으로 내 몸을 망치는 것과 같은 기타 원치 않는 영향을 피할 가능성이 커지는 것

이제 기생적인 것으로부터 기생적인 것을 억제하는 접근 방식으로 그 과정을 전환하기 위해 이 방법을 시도해 보도록 한다.

나의 장기 및 단기 기생적 분노 사고에 대한 평가

기생적 분노 사고에 대해 배운 것과 그 사고에 도전하는 방법에 대해 생각해 보라. 당신의 관점에서 두 유형이 가진 사고의 장점을 아래 표에 채워라.

관점	기생적 분노 사고의 장점	기생적 사고에 도전하는 것의 장점
단기		
장기		

더 장기적인 관점은 단기적인 기분 전환을 위해 충동적으로 행동하는 것을 줄이도록 할 수 있으며, 기생적 분노가 되풀이되는 것을 피하기 위하여 당신의 시야를 넓히는 데 도움이 될 수 있다.

❖ 유머러스한 과장: 비난 신념의 가치는 무엇인가?

기생적 분노의 사고 때문에 스스로를 비웃는 것은 그다지 좋은 생각이 아니다. 그러나 기생적 신념과 아이디어 그 자체를 웃음거리로 만드는 것으로부터 이득을 얻을 수 있다.

당신이 자신의 기생적 분노 신념을 판매한다고 가정해 보자. 여기 있을 법한 광고가 있다. "불가능한 것을 요구하고 당신이 그것을 달성하지 못할 때 비난의 축제를 함으로써 당신의 삶에 흥미를 더하는 30가지 방법. 원하는 만큼 자주 당신 자신을 화나게 하는 이 자극을 경험하세요." 당신은 그 아이디어가 폭넓은 호소력을 갖고 판매될 것이라고 생각하는가? 이 재미있는 과장이 기생적 사고의 가치를 다른 관점으로 보게 하는가?

나의 유머러스한 과장 실험

재미있는 과장은 기생적 분노 요구와 그 확대를 우스운 관점에서 볼 수 있도록 만든다. 여기에 예가 있다.

비난 신념	판매 홍보	기대되는 결과
당신은 항상 자신이 기대하는 것을 얻어야 하고 당신을 방해하는 사람들은 후회할 일이 많을 것이다.	쉽게 만족하지 않는 삶을 위한 장소가 있다. 당신 자신을 자유롭게 할 필요는 없다. 기생적 분노가 그 열쇠이다.	특히 너무나 많은 사람이 자신들의 악마를 만들고 특별한 어떤 도움을 필요로 하지 않기 때문에 기생적 분노의 관점을 판매하는 것은 힘든 설득 작업이 된다.

이제 당신이 재미있는 판매 홍보를 시도해 볼 차례이다. 자신의 비난 신념 중 하나를 적고, 판매 홍보와 그 판매 홍보의 기대되는 결과를 떠올려 보라.

비난 신념	판매 홍보	기대되는 결과

기생적 사고를 즐겁게 실천하면서 동시에 기생적 분노를 경험할 수는 없다.

❖ 3가지 긍정적 관점

아래에서 우리는 객관적 자기 관찰, 자신감 있는 평정, 기생적 분노 관점을 대체하는 현실적인 낙관주의로 구성된 긍정적 관점 3가지를 살펴볼 것이다.

객관적 자기 관찰

객관적인 렌즈를 통해 분노하는 경험을 관찰하고 그 렌즈를 이용하여 자신의 생각과 감정을 내적으로 향하게 할 때 당신은 현실이라고 하는 그 포착하기 어려운 상태에 더 명확하게 초점을 맞출 수 있다. 만약 당신이 분노를 촉발하는 요인과 그 징후 및 원인을 안다면 자기 관찰을 통해 기생적 분노 반응을 반성적인 대응으로 대체할 수 있다. 정확한 설명은, 당신의 불필요한 분노를 가라앉히고 문제를 그 핵심적인 것들로 한정하며 효과적인 행동으로 확대할 수 있는 사실과 이성 및 지식에 기반한 합리적인 관점을 개발하는 데 도움이 될 수 있다.

자신감 있는 평정

자신감 있는 평정은 자신과 주변의 통제 가능한 사건들을 책임지고 있다고 느끼는 마음의 상태이다. 자신감 있는 평정으로 당신은 직접적으로 자신을 제어할 수 있음을 인식하고 그렇게 하는 것을 선택한다. 당신은 세상이 자신을 위해 변화하도록 요구하지 않는다. 그것은 비현실적인 것이기 때문이다. 당신은 삶과 상황을 있는 그대로 받아들인다. 당신은 생산적인 의도를 가지고 행동한다. 당신은 해결해야 할 문제에 대해 신호를 보내는 자연적인 긴장감과 더불어 살아갈 수 있고 이러한 긴장은 이러한 형태의 탐험에서는 일반적인 것이다. 이 유연하고 더 강력한 견해 덕분에 당신은 현명한 이기심을 발전시키기 위해 당신의 심리적 자원을 더 많이 사용할 수 있다.

당신은 불필요한 분노에 대처하고 회피할 경우 해로운 역경에 선택적으로 직면함으로써 자신감 있는 평정 기술을 얻을 수 있다. 잘못된 분노 사고를 인식하고 해소함으로써 이러한 산만함 때문에 생기는 시간 낭비를 줄일 수 있다.

현실적인 낙관주의

지금 자신의 재능을 적용할 수 있고 기생적 분노에 맞서 싸우는 새로운 방법을 배울 수 있다고 믿는다면, 당신은 현실적인 낙관주의자처럼 생각하고 있는 것이다. 현실적인 낙관주의자는 어떤 상황이 일어나기를 기다리지 않는다. 긍정적인 경험을 증가시키고 부정적인 경험을 줄일 수 있는 기회(이것도 긍정적이다.)를 만든다.

당신은 필요한 기술을 배울 수 있다고 자신하기 때문에 기생적 분노를 줄일 수 있다고 믿는다. 그러한 신념은 객관적인 자기 관찰에 근거한다. 당신은 지속해서 실행함으로써 계속 발전할 것이라고 믿으며 지속한다. 그것이 바로 현실적인 낙관주의이다!

현실적인 낙관주의자는 대부분의 사람보다 적극적으로 대처하는 경향이 있다. 스트레스 요인을 예측하는 경우 석석으로 대처한다. 사건에 대처하고 그것을 피할 수 있는 기회를 잡을 수 있나(Aspinwall, 2011). 긍정적인 미래를 열망하고 긍정적인 미래 목표를 성공적으로 달성하기 위해 무대를 만드는 것은 정서적 웰빙과 관련되어 있다(Sohl & Moyer, 2009).

적극적인 대처는 부정적인 것을 줄이고 긍정적인 것을 증가시킨다. 이것은 현실적인 낙관주의자를 위한 유용한 도구이다.

나의 실습 기록

주요 아이디어: 이 장에서 가장 도움이 되는 3개의 아이디어는 무엇인가?

1.

2.

3.

행동 계획: 과도한 분노를 극복하기 위해 해야 할 3단계는 무엇인가?

1.

2.

3.

실행: 그 단계들을 실행하기 위해 무엇을 할 예정인가? (그 과정)

1.

2.

3.

결과: 이 단계들을 통해 무엇을 배우고 싶은가? 또는 무엇을 강화했는가?

1.

2.

3.

수정: 만약 그 과정을 변경하려고 한다면 다음에 무엇을 다르게 하고 싶은가?

1.

2.

3.

제5장
불공정에 대처하는 방법

불공정은 인간을 화나게 만들며, 일반적으로 사람들은 분노로 반응한다. 그러나 불공정은 분노에 관한 많은 책에서 잘 다루어지지 않은 문제이다. 그럼에도 불구하고 인류가 시작된 이래 불공정에 대한 분노는 자연적인 반응이었다. 그러나 실제적인 아니면 상상적인 불공정에 대한 기생적 분노는 많은 고통을 초래할 수 있는 스스로 낸 상처와 같다.

불공정의 세계로 여행을 떠나 그 해결책을 탐구해 보자. 우리는 함께 다음의 것들을 살펴볼 것이다.

- 불공정에 대한 혐오, 시스템을 불공정하게 만드는 것, 공정한 시스템의 유형을 포함하고 있는 불공정의 측면들
- 신뢰할 만한 사람과 그렇지 않은 사람을 정확하게 판단하는 것의 중요성과 그러한 상황에서 자신을 다루는 방식이 중요한 이유
- '신뢰하지만 검증하는' 접근 방식을 취하는 것의 중요성
- 선호 언어를 통해 '내면의 기생적인 적'(기생적 분노)과 싸우는 방법
- 해롭고 불공정한 행동과 관행에 대응하는 대안적인 방법을 위한 7-R 행동 계획
- 저항(불공정하게 특권을 잃는다는 인식), 분노, 공정성 사이의 관련성

❖ 불공정 퍼즐

소위 불공정이란 것은 무엇인가? 불공정은 한 사람이나 집단이 또 다른 사람이나 집단에 대해 불평등하고 부당하며 불합리한 행동을 하는 것을 말한다. 이러한 행동은 다른 사람에게 피해와 손실을 초래한

다. 당연히 불공정한 대우를 받는 사람들은 그것을 좋아하지 않는다.

만약 당신이 사람들에게 어떤 경우에 분노하는지에 대해 물어보면 종종 불공정과 관련된 많은 이야기를 듣게 될 것이다. 다음은 몇 가지 일반적인 것이다. 직장 동료가 당신이 한 일의 공을 차지하고 당신 대신 진급을 하게 된다. 자동차 판매원이 홍수로 불어난 물에 차가 잠겨 있었다는 사실을 말하지 않고 그 차를 당신에게 판매한다. 당신의 입주자대표회의는 그 권위를 남용하여 당신의 삶을 힘들게 만든다. 심각하게 불공정한 상황에서 침착하게 참아내는 것으로 일이 그다지 잘 풀리지 않는 경우가 많다. 신중하고 규제된 분노(물론 기생적인 요소는 없이)가 적절하다.

당신은 불공정을 해결하기 위해 완벽해질 필요는 없다. 당신은 불공정한 관행, 특히 현명한 이기심을 방해하는 사건에 맞서 싸울 권리가 있다(자기주장 방법에 대한 것은 9장 및 10장 참조). 동시에 다음 문구를 마음에 새겨 두라. "현명하게 싸우는 것을 선택하라." (즉 싸울 가치가 있는 우선순위를 정한다.) 그리고 "어떤 것은 싸울 가치가 없다." (즉 당신의 시간과 자원을 어떻게 이용할 것인지에 대해 책임 있는 선택을 하라.)

분노에 대한 불공정의 역할을 더 잘 이해하기 위해 우리는 아래에서 불공정에 대한 혐오, 불공정 시스템, 공정 시스템을 탐색할 것이다.

불공정에 대한 혐오

불공정에 대한 혐오는 생물학적 뿌리를 가지고 있는데, 빠를 경우 생후 12~18개월의 나이에 나타날 수 있다. 설령 다른 사람에 대한 불공정 행위를 관찰하는 제3자라 하더라도, 불공정하게 대우를 받는 사람을 지지하는 공감적 분노를 경험할 수 있다(Landmann & Hess, 2017).

타임머신을 타고 20만 년 이상을 거슬러 올라간다면 불공정에 대한 원초적인 반응을 보게 될 것이다. 고대 조상들은 신뢰와 협력적인 노력을 통해 살아남고 번성했다. 불공정한 행동은 협력적인 노력을 위협했다. 다른 사람이 열심히 노력하여 얻은 음식을 노력하지 않고 누군가가 가져간 경우, 이것은 아마도 두뇌에 있는 불공정 회로를 활성화시켜 그 불평등을 바로잡기 위해 분노를 촉발할 것이다.

실제적으로 모든 기록된 역사 시대에서 불공정 관행의 예를 찾을 수 있다. 예를 들어 17세기 영국 학자 에드워드 레이놀즈(Edward Reynolds)는 사람들이 조작, 허위, 그럴듯한 가식을 통해 타인에게 분노를 유발한다고 썼을 때 그는 불공정한 관행을 설명한 것이었다.

불평등을 혐오하는 것은 단지 사람만이 아니다. 유명한 TV 시리즈 〈미어캣 매너(Meerkat Manor)〉를 보면, 훔치다가 잡힌 우리 밖의 동물들이 그 군집에서 체면을 잃었다(Bekoff & Pierce, 2009). 한 애완견이 같은 행동을 하고서도 다른 개가 더 큰 보상을 받는 것을 보면, 속은 개는 파업에 들어간다(McGetrick & Range, 2018; Range 외, 2009). 사육 중인 갈색꼬리감는원숭이는 불공정한 보상에 부정적으로 반응하며, 그들을 속인 사람에게 보복으로 더 적게 받은 보상을 던진다(Brosnan & de Waal, 2003). 야생 타이 침팬지는 그 사냥 기술에 기초해서 고기를 분배한다(Boesch, 2002). 인간에게 있어서도 불평등의 경우 대부분의 사람이 불평등한 거래를 받아들이기보다 개인적인 손해를 받아들일 만큼 충분히 화가 나는 일이다(Gabay 외, 2014).

불공정 시스템

우리 인간 사회에서 불공정은 일반적으로 동기, 기만적인 과정, 부당한 결과를 포함하는 3단계 과정이다. 다음은 잘 알려진 예이다. 2019년 3월 대학 입학 스캔들이 뉴스가 되었다. 전하는 바에 의하면 50명 이상의 사람들이 자녀를 명문 대학에 진학시키기 위해 유명 교육 컨설턴트에게 1만 5,000달러에서 100만 달러 이상을 지급했다고 한다. 보도된 바와 같이, 어떤 경우에는 컨설턴트는 공모자들이 고객의 자녀를 위해 대학 입학 시험을 치르게 했고, 다른 경우에는 운동 능력이 없는 고객의 자녀들을 스포츠 스타처럼 보이게 하고, 학생들의 지원을 돕기 위해 학교 운동 코치를 매수하기도 했다.

다음은 그 부모들의 행동이 3단계 과정과 어떻게 일치하는지를 보여 준다. 그 부모들은,

1. 자신의 아이들에게 이익을 주기 위한 이기심에서 행동했다(동기).
2. 사람들을 속이기 위해 컨설턴트를 고용했다(기만적인 과정).
3. 더 나은 자격을 갖춘 학생들을 밀어냄으로써 자신들의 자녀가 이득을 보도록 했다(부당한 결과).

이러한 불공정한 행위는 대중의 분노를 불러일으켰다.

다음 차트는 분노를 불러일으키는 불공정의 형태와 각각의 예를 설명한다. 제9장과 제10장에서 대응할 수 있는 확실한 방법을 찾을 수 있다.

불공정한 과정	예
나쁜 불평등	공동체 규범, 규칙, 기준을 무시하고 당연한 것 이상을 가지는 것
편애	족벌주의, 당파, 기타 불평등으로 인해 과분한 이익을 분배하거나 받는 것

불공정한 과정	예
기만	정보를 생략하거나 잘못된 정보를 제공하여 이득이나 혜택을 얻기 위해 다른 사람을 속이려는 동기를 은폐하는 것
부정행위	입사 지원서에 허위 진술을 하는 것, 이어폰을 통해 시험 답변을 받는 것, 다른 사람의 작품을 자신의 것으로 주장하는 것
착취	불공정한 이익을 얻기 위한 조작, 왜곡 진술, 묵인 또는 신용 사기를 통해 다른 사람을 못살게 만드는 것
은폐	비난의 방향을 바꾸는 것과 긍정적인 대중 이미지를 유지하기 위해 책임을 회피하는 것, 당신이 하는 일을 위해 착취당한 사람들을 비난하는 것

보이지 않는 코끼리 찾기

유명한 러시아의 우화작가인 이반 크릴로프(Ivan Krilof)는 《호기심 많은 남자》 이야기에서 방에 있는 보이지 않는 코끼리의 개념을 소개했다. 박물관을 방문하는 동안, 한 남자가 너무 많은 작은 세부적인 것들에 신경을 쓰다가 방에 있는 코끼리를 놓치고 보지 못했다. 그의 친구가 물었다. "그런데 그 코끼리는 봤어요?" 그 남자가 대답했다. "코끼리가 정말 거기에 있는 것이 확실한가요?"

기만의 세계에서 언어는 그 보이지 않는 코끼리이다. 따라서 진실하게 들리는 부드러운 말이 다른 사람들이 불공정한 관행을 보지 못하도록 방해할 수 있다. 언어의 출현은 정직한 의사소통보다 기만을 위한 더 새로운 길을 열었을지도 모른다(Dor, 2017).

당신은 보이지 않는 코끼리의 개념을 어떻게 사용하는가? 큰 그림, 관련성이 있는 것, 해야 할 책임 있는 일에 초점을 맞추어야 한다. 그것이 기만적인 장황한 말들을 통과하는 가장 빠른 길이다.

당신은 모욕적인 허구를 어떻게 알아보는가? 과학 철학자인 칼 포퍼(Karl Popper)는 "만약 당신이 어떤 진술을 시험하고 반증(사실이 아닌 것으로 보여 주는 것)할 수 없다면 그것에 대해 회의적인 태도를 가지는 것이 득이 된다."라고 썼다. 예를 들어 만약 당신이 천사들이 핀 머리 위에서 춤을 춘다고 믿는다면, 그것이 틀렸음을 입증할 수 있는지 알아보기 위해 어떻게 이 신념을 시험할 수 있는가? 당신은 반증할 수 없다. 따라서 당신이 반증할 수 있을 때까지 그 진술은 허구로 남아 있다.

당신은 불공정에 어떻게 대응하는가? 고대 그리스 철학자 아리스토텔레스는 다음과 같은 견해를 말했다.

"두려움과 자신감, 식욕, 분노와 동정, 그리고 일반적인 쾌락과 고통을 사람들은 너무 많거나 너무 적게 느낄 수 있고, 이 두 경우 모두 적절하지 않다. 그러나 적절한 대상과 관련하여 적절한 사람을 향해 적절한 동기를 가지고 적절한 방식으로 적절한 때에 그것들을 느끼는 것이 중용이고 가장 좋은 것이며 이것이 미덕의 특징이다."

그러면 우리는 방에 있는 코끼리를 어떻게 볼 수 있는가? 공정 시스템을 탐구함으로써 다른 사람들이 발견한 관련성을 보고 코끼리의 확대된 그림을 얻을 수 있다. 다음에 그것에 대해 설명할 것이다.

공정 시스템

사회적 공정 시스템은 문명이 시작된 이래 존재했으며 인구 증가와 함께 진화해 왔다. 다음 차트는 행동을 인도하고 공정함, 신뢰, 협력에 위협이 되는 착취의 위험을 낮추기 위한 일반적인 공정 시스템을 설명한다.

공정 시스템	설명 및 예시
절차 공정성(정의)	모두에게 평등한 분쟁 해결을 위한 표준 정책, 관행, 과정
분배 공정성(정의)	공로에 따라 그리고 사회의 최선의 이익을 위해 기회, 재산, 소유권을 분배하는 것
평등 공정성	재산과 기회를 위한 공평한 경쟁의 장. 슈퍼마켓 가격은 모두에게 동일하다. 당신은 가능한 한 빨리 자유롭게 경주할 수 있다.
규칙에 기초한 공정	게임을 할 때 규칙을 따르는 것
실제적인 공정성	다른 사람에게 불필요하게 해를 끼치지 않고 당신의 가족과 친구를 이롭게 하는 것. 라이벌과 경쟁할 때 당신의 전략을 공개하지 않는 것
자기 이익 추구의 공정성	당신이 공정하다고 믿는 규칙을 이행하는 것. 예를 들어 부모는 외출 후 너무 늦은 시간까지 돌아오지 않기 때문에 십대 아이를 외출 금지시킨다. 부모는 그것을 정당하며 징계하는 것이고 공정하다고 생각하는 반면, 그 십대 아이는 그 처벌이 과도하고 불공정하다고 생각한다. 둘 다 옳을 수 있다. 당신이 공정하다고 생각하는 것은 때때로 타당한 다른 견해와 충돌할 것이다.

일부 공정성 규칙과 절차는 다른 것보다 더 탄력적이다. 당신은 어느 날 점심 모임에 15분 늦게 나타난다. 이에 대해 지적을 받을 수 있다. 이렇게 일상적으로 늦으면 기다리는 다른 사람들에게는 불공정하다.

❖ 신뢰 대 불신

신뢰라고 하는 것은 무엇인가? 신뢰할 수 있는 태도로 행동하면 당신은 공평하고 개방적이며 합리적으로 행동한다. 타인과의 거래는 공평한 경향이 있지만 반드시 평등한 것은 아니다.

제2장에서 다루었던 당신의 편도체는 누군가를 신뢰할 수 있는지, 불신하는지를 감지한다. 때때로 다른 사람들이 그 편도체를 속일 수 있을지라도 그것은 의식적인 인식 너머에 존재하는 육감이나 직관적인 능력과 같다. 만약 당신이 누군가를 불신하는 첫 인상을 그대로 가지고 있는 경우, 그 인상을 바꾸기는 어려울 것이다. 그 편도체는 변화가 느리다.

신뢰와 공정성은 어떻게 서로 관련되어 있는가? 당신이 신뢰할 만한 사람들은 당신에게 공정하게 행동하는 사람일 가능성이 높다. 신뢰는 사람들을 하나로 묶고, 협력을 가능하게 하며, 인간 생활과 관계의 거의 모든 측면에서 중추적인 역할을 한다(Lu 외, 2019).

누구를 신뢰하는가?

당신이 잘 아는 사람들 중에서 누구를 신뢰할 수 있는지 잘 알고 있을 것이다. 당신이 신뢰하는 사람들은 아마도 다음과 같을 것이다.

- 어려운 상황에서 당신과 함께한다.
- 당신의 관심사에 주의를 기울인다.
- 당신에 대해 성실하게 행동한다.
- 유쾌한 관계를 유지하기 위해 노력한다.
- 신뢰할 수 있는 판단을 보여 준다.
- 합의에 부응한다.
- 합리적인 역량을 가지고 행동한다.

이 7가지 요소가 상호적이면 당신은 신뢰할 수 있는 관계를 갖게 된다.

누구를 신뢰하지 않는가?

중대한 규범 위반은 불신을 조장한다(Haesevoets 외, 2018). 불신은 사회적 불안정을 조장하며 이는 분노와 공격적인 반응을 유발하는 원인이다(Eriksson, Andersson & Strimling, 2017).

불공정과 불신을 감지하는 능력은 매우 중요하므로 당신 뇌의 상당 부분은 낯선 사람의 신뢰도를 평가하고, 다른 사람의 어투의 변화를 포착하며, 사람들이 말하는 내용의 진실을 평가하는 데 관여한다. 당신이 아는 사람들 중에 아마 누구를 신뢰하지 못하는지 잘 알고 있을 것이다. 이것은 그들이 다음과 같이 행동했기 때문일 것이다.

- 당신에 대해 한 번 이상 불공정한 방식으로 행동했다.
- 당신을 한 번 이상 배신했다.
- 물질적으로 중요한 문제를 당신에게 의도적으로 숨겼다.
- 당신에게 손해를 끼치는 방식으로 거짓말을 했다.
- 당신을 이용했다.
- 표리부동하게 행동했다.
- 계약을 어기거나 책임을 지지 않았다.
- 약간의 노력을 기울이면 제대로 할 수 있는 일을 무능하게 수행했다.

이 8개의 불공정 요인은 불신의 주요 원인이다.

❖ 신뢰하되 검증하라

타인을 불신하고 반대하는 것보다 신뢰하고 협력하는 것이 더 낫다. 왜냐하면 이것이 기능적인 것이며 스트레스가 덜하기 때문이다. 신뢰할 수 있는 사람들은 적대적이고 냉소적인 신념을 가진 사람들에 비해 더 높은 수입을 얻고 더 건강하고 행복한 삶을 영위할 가능성이 높다(Stavrova & Ehlebracht, 2016). 그러나 신뢰가 맹목적일 필요는 없다. 친하지 않은 사람들이나 의심스러운 동기를 가진 사람들과 함께 있는 경우, 상황을 곰곰이 따져 보고 사실을 허구와 분리하며 직감에 너무 많이 의존하지 않는 것이 중요하다(Ma-Kellams & Lerner, 2016).

미국 제40대 대통령 로널드 레이건은 이러한 현실 원리를 잘 이해했다. 1989년 1월 11일, 고별 연설에서 신뢰와 불신에 대해 다음과 같이 조언했다. "처음에는 상대의 사정을 봐 주십시오. 만약 그들이 계속 우기면 중단해야 합니다. 신뢰하지만 검증해야 합니다. 게임을 하고 있더라도 중단해야 합니다. 그리고 계속 자세히 지켜보세요. 그리고 뭐가 보이는지 확인하는 것을 두려워하지 마십시오."

신뢰하는 태도가 얻을 수 있는 이점은 인격성의 이점과 사람들 사이의 더 나은 관계이다. 사실을 검증하는 것이 주는 이점은 당신이 쉬운 상대가 아니라는 것을 보여 주는 것이다. 그것은 강력한 조합이다.

❖ 언어를 통해 기생적인 적과 싸우기

모든 사회에는 규칙, 규범, 전통이 있다. 또한, 대부분의 사람은 소중하게 여기는 개인적인 자기 기준을 가지고 있다. 어떤 것들은 '당신은 나를 불편하게 하면 안 된다. 나는 필요한 것을 가지고 있어야 한다. 당신은 나의 방식을 따라야 한다'와 같은 요구 형태를 가지고 있을 수 있다. 이러한 요구는 분노의 인지적인 요소이다(Buschmann 외, 2018; Vîslă 외, 2016).

앨버트 엘리스는 공정성에 대한 비합리적인 요구에서 분노를 보았다. "정의, 공정, 공평, 민주주의와 같은 것이 우선해야 한다."(엘리스 1977, 43). 다음은 비난 확대의 3가지 예이다.

- 누군가가 당신을 속이는 것은 불공정하다. 따라서 그 사람은 그렇게 해서는 안 된다. 위반자는 엄중한 처벌을 받아야 한다.
- 누군가가 당신을 이용하는 것은 불공정하다. 따라서 그 사람은 그렇게 해서는 안 된다. 위반자는 엄중한 처벌을 받아야 한다.
- 누군가 당신을 속이고 당신에게 손해가 되는 일을 하도록 속이는 것은 불공정하다. 따라서 그 사람은 그렇게 해서는 안 된다. 위반자는 엄중한 처벌을 받아야 한다.

세 가지 예의 그 첫 번째 문장은 합리적이다. 두 번째 문장은 기생적 분노를 불러일으킬 수 있다. 세 번째 문장은 기생적 관점에 근거하여 보복을 정당화한다. 신분석가 카렌 호니(Karen Horney)는 이러한 요구를 '해야 한다는 폭압'이라고 표현했다. 그 요구자는 이러한 주장이 합리적이라고 생각한다. 그러나 그 반응은 도발적인 상황에 비례하지 않는다(Horney, 1950).

당신이 까다로운 문제로 자신을 자극한다면, 스스로 3가지 질문을 함으로써 자신의 생각을 진정시키고 비례적으로 반응할 수 있다.

명확성을 위한 3가지 질문

요구성 사고를 하면서 분노하면 당신은 자신의 몸에 스트레스를 주면서 정신이 혼란해질 위험이 있다. 당신은 아마도 관점을 잃을 것이다. 다음 3가지 질문과 표본 답변은 당신의 현명한 이기심에 상응하면서 선택지를 넓힐 수 있다.

명확성을 위한 질문	샘플 답변
공정성을 요구하는 것이 나의 건설적인 이익과 목표를 달성하는 데 도움이 되는가?	공정성에 대한 요구는 비난 확대 사고와 분노의 안개로 생각을 흐리게 만드는 일반적인 전주곡이다. 이러한 사고방식은 일반적으로 긍정적인 목표로부터 당신을 산만하게 만들 것이다.
공정성을 요구하는 것이 다른 사람들과 건강한 관계를 강화하는 데 도움이 되는가?	비난 확대 사고를 통해 표현된 분노는 다른 사람이 당신을 지지하는 것을 줄일 수 있다. 당신은 무례한 사람처럼 보일 수 있다.
공정성을 요구하는 것이 적절한 응답으로 이어지는가?	지나친 요구는 당신이 기대하는 것에 초점 맞추어 시야가 좁아지도록 하며, 방해를 받는 경우 과도한 분노로 이어질 수 있다.

만약 당신이 지나친 요구 함정에 빠진다면 그것으로부터 빠져나갈 수 있는가?

선호하는 언어를 사용하여 분노 줄이기

기생적 분노의 덫은 상황이 당신의 방식대로 되어야 하며, 자신이 공정하게 대우받아야 한다고 요구하고 기대하며 고집하는 것이다. 당신이 이 권리 관점을 가지는 경우 당신의 입장에 대해 공감하지 못하는 다른 사람들로부터 오는 부메랑 효과를 경험할 가능성이 있다.

선호적 사고는 공정하고 공평한 대우, 기만으로부터의 자유, 호혜, 신뢰, 협력과 같은 대부분의 사람이 바라거나 원하는 것과 관련된다. 그 표현이 '해야 한다'라는 언어와는 다르다. 선호하는 사고는 당신이 원하는 것, 좋아하는 것, 선호하는 것과 관련된다.

각각의 언어 스타일은 서로 다른 철학을 보여 준다. 요구 및 선호 철학은 동일한 상황에서 다른 감정을 유발할 수 있다. 다음 차트는 그 대조를 보여 준다.

요구적 철학	선호적 철학
기대한다.	선호한다.
요구한다.	원한다.
해야만 한다.	바란다.
필요로 한다.	좋아한다.
해야 한다.	허용한다.
주장한다.	고려한다.
당연히 한다.	차라리 … 한다.

당신은 요구하는 단어와 선호하는 단어의 차이를 느낄 수 있는가?

선호적인 생각을 행동으로 옮기기

제2장에서 당신은 자신, 다른 사람, 삶을 받아들이는 3가지 차원의 무조건적인 수용에 대해 알아보았다. 당신은 수용이 다른 사람에게 책임을 물을 권리를 감소시키지 않으면서 기생적 분노의 위험성을 제거

한다는 것을 배웠다. 이제 요구하는 생각과 선호하는 생각에 대해 어떻게 당신이 느끼는지 그리고 당신이 하는 것에 어떻게 영향을 미치는지에 대해 탐구해 보자.

당신은 식당에서 직장 지인들을 만날 계획이었다. 당신은 그곳에 갔으나 그들은 나타나지 않았다. 당신의 첫 번째 생각은 그들이 당신에게 말하지 않고 다른 곳으로 갔다는 것이다. 이러한 일은 그들이 당신에게 해서는 안 되는 일이었다. 당신은 그들(지인들)이 불공정하고, 배려심이 없으며, 썩은 악당들이라고 생각함으로써 비난을 확대한다.

선호하는 사고는 상황을 단순하게 생각한다. 당신은 성급하게 결론을 내리는 것을 피하고 비난하는 생각의 확대와 복수하려는 충동을 피할 수 있다. 다음 차트는 요구하는 관점과 선호하는 관점의 차이를 보여 준다.

요구적 관점	선호적 관점
사람들은 나에게 공정하게 대접해야 한다. 그렇지 않으면 그들은 못된 사람들이고 벌을 받을 것이다.	나는 공정한 대우를 선호한다. 나는 누군가 나를 무시하는 것을 좋아하지 않는다. 그러나 그런 일이 일어나더라도 세상이 끝나는 것은 아니다.
내 친구들은 나를 배제하는 새로운 계획을 세웠다. 그것은 불공정하다. 그들이 그렇게 해서는 안 된다.	내 친구들이 나를 그 새로운 계획에 포함시키는 것이 바람직한 것이었을 것이다. 그러나 그것이 그들이 그렇게 해야만 하는 이유는 아니다.
나를 불공정하게 이용하려는 사람들은 영원히 고통을 받을 것이다.	나는 공정한 마음을 가진 사람들만 이 세상에 있으면 좋겠다. 그런데 그런 사람들만 세상에 있는 것은 아니다. 내가 알고 있는 대로 그러한 문제를 해결할 것이다.

요구적 철학이 작동하고 있는 경우 당신은 책임을 외부화한다. 당신은 기생적 분노를 하고 당신의 정서는 분노로 끓어오르게 될 것이다. 다른 사람이 받아야 한다고 생각하는 그 고통을 당신 자신에게 가져온다. 그것은 당신 자신에게 공정한 것인가? 아마도 아닐 것이다! 당신은 부당함과 불공정을 발견하고 비탄에 빠지는 경향이 있는 격분의 위험에 처해 있다. 격분하는 경향은 당신의 가치관을 왜곡하고 조정할 수 있는 융통성을 방해하며 건강에 영향을 미칠 수 있다. 경험에 대해 열린 마음을 유지하고 긍정적인 새로운 경험을 찾도록 자신에게 상기시키는 것은 격분에 대처하는 데 도움이 된다(Muschalla & von Kenne, 2020).

선호적 사고는 격분 사고와는 상반되는 수용 철학과 양립할 수 있다. 당신은 다른 사람의 부당하고 불공정한 행동을 좋아하지 않을 수 있다. 그러나 당신은 사건의 의미를 과장하지 않고 당신이 마치 요구하는 생각과 분노와 관련된 감정에 의해 인도되는 것처럼 피의 복수를 한다.

선호적으로 생각하면 당신은 더 높은 효율성을 가지고 잘못을 바로잡는 것을 주장할 수 있다. 이것은 당신이 스스로에게 융통성을 허용하기 때문이다.

나의 비교 테스트

다음에 당신이 분노를 유발하는 상황에 처해 있고 요구적 분노로 화를 분출하고 있을 때, 당신이 자신에게 말하고 있는 것을 기억하라. 그런 다음 그 사건에 대해 요구적 사고와 선호적 사고 사이의 비교 차트를 만들어라. 어떤 생각이 당신에게 맞는가?

비교 차트	
요구적 관점	선호적 관점

비교 차트	
요구적 관점	선호적 관점

이 차트를 복사하여 이 테스트를 여러 번 실행한다. 이 차트는 http://www.newharbinger.com/44321 에서 다운로드할 수 있다. 이 테스트를 여러 번 실행한다.

당신이 시각적인 사고를 하는 경향이 있다면 다음 문제와 멋진 삼각형은 요구적 관점과 선호적 관점의 결과를 비교하는 방법이 될 수 있다.

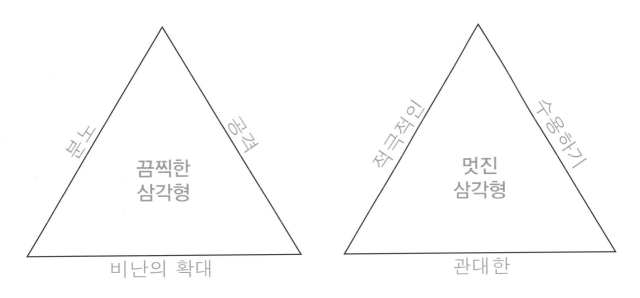

요구적 관점과 선호적 관점을 비교하는 연습을 통해 당신은 어떤 사건이 일어났을 때 선호적 사고를 통합하기 위해 더욱 긍정적인 방향으로 나아가도록 자신에게 미리 알려줄 수 있고, 분노가 고조되는 것을 피할 수 있다. 당신은 제9장과 제10장에서 주장하는 기술을 배우고 적용함으로써 끔찍한 삼각형 관점에서 더 많은 자신감을 가지게 될 것이다.

❖ 7 - R 행동 계획

공정 - 분노 관계에 대한 장에서 불공정에 대한 행동 반응에 대해 살펴보지 않는다면 불완전할 것이다. 이와 관련된 반응들은 7개의 단어(영어 R로 시작하는 단어들) 주변에 모여 있다. 한편에는 반응 비용, 보복, 복수, 응징이 그리고 다른 편에는 해결하다, 교정하다, 치료하다가 있다. 이것들에 대해 간단하게 설명하도록 한다.

불공정은 오랜 세월에 걸쳐 진화해 왔으며 오늘날의 복잡함과 후유증의 수준은 원시 인간의 마음을 당황하게 만들었을 것이다. 요즘은 누군가가 고의로 불공정하게 행동하여 당신에게 손해를 끼친다면, 당신은 다른 사람이 야기한 그 잘못을 처리해야 할 또 하나의 불공정을 가지게 된다. 원래의 불공정이 없었다면 당신은 자신이 만들지 않은 그 문제를 해결하기 위해 시간과 에너지를 낭비할 필요가 없을 것이다. 그렇게 때때로 상황은 진행된다.

의도적으로 만들어진 잘못을 바로잡기 위한 추가적인 노력은 불공정한가? 당신으로서는 확실히 그렇다. 당신이 그것을 좋아할 이유는 없다. 그것을 수용하면 당신은 대응을 정당화하는 입장에 있는 것 때문에 자신을 괴롭히는 일을 피할 수 있을 것이다.

어떤 다툼에 대해 당신이 생각하고 있는 불공정을 아래 박스에 작성하고, 다음에 7 - R 행동 계획을 탐구할 때 이 상황을 기억하기 바란다.

올바른 'R' 찾기

다음 7 - R 행동 계획 차트는 불공정한 행동에 대한 7 - R 행동 요인 또는 반응 옵션을 보여 준다. 당신이 위의 박스에서 작성한 특정 불공정에 대응하기 위하여 당신은 행동 옵션(현재 조치를 취하지 않는 옵션을 포함하여)을 선택하기 위해 이 차트(http://www.newharbinger.com/44321에서도 이용 가능함)를 이용할 수 있다.

7 - R 행동 계획

R - 대응

대응 비용: 유해한 행동의 재발을 방지하기 위해 다른 사람에게 비용을 부과하는 것. 생각은 그 행동을 멈추게 하기 위한 것이다. 이 대응 비용은 그러한 행동을 억제하기에 충분하지만 그 이상의 것은 아니다.

보복: 이전의 피해에 대한 대응으로 어떤 개인이나 집단에 대해 행하는 신랄한 행동. 다른 사람의 차에 자물쇠를 채우거나 창문에 벽돌을 던지는 것과 같이 법이나 사회적 규범을 무시하고 실행되는 보복은 '제멋대로의 정의'이다.

복수: 이전의 부정적인 행동에 대항하는 것. 전쟁에서 당신은 동일하거나 더 큰 강도로 반격한다. 개인적 차원에서 당신은 자신에게 해로웠던 말이나 행동을 되갚아 주는 것에 관여한다.

응징: 피해자와 사회를 위한 공정성을 보장하기 위해 어떤 위반에 비례하여 법적으로 규정된 처벌. 이것은 법원의 역할이다.

해결: 문제를 그 구성 요소로 세분화하고 행동의 과정을 결정하며 향후 사건을 방지한다.

교정: 무언가를 바로잡고 균형을 회복하거나 상황을 원래 상태로 되돌리는 행위를 하는 것. 당신은 자신의 합리적인 만족을 위해 불평등을 교정하기 위해 행동한다.

치료: 지속된 피해에 대한 보상을 추구하는 것이다.

햇필드(Hatfields)와 맥코이(McCoys) 사이의 유명한 유혈의 복수를 반복하는 싸움은 증오가 이끄는 제멋대로 정의의 쓰라린 반복을 보여 준다(Jones, 1948). 그 만속은 어디에 있는가? 만약 당신이 복수를 통해 긴장을 줄이려고 하면 기분이 더 나빠질 수 있다(Carlsmith, Wilson, Gilbert, 2008). 그리고 당신이 보복을 선택한다면 어떤 상황에서는 그 보복이 씁쓸하다는 것을 명심하라(Eadeh, Peak, Lambert, 2017). 어떤 것들은 당사자들 사이에서 해결할 수 있다. 어떤 것들은 법원에 맡기는 것이 최선이다.

대응하기 전에 고려할 질문들

다음은 불공정한 상황에서 당신이 취할 수 있는 행동(있는 경우)을 결정하는 데 도움이 되는 2가지 질문이다. 첫 번째 질문은 당신이 달성하고자 하는 것에 관련되어 있다. 두 번째는 당신이 선택할 경로에 관련되어 있다.

다음 차트에서 앞에서 적어 놓은 불공정 상황에 대한 대응과 관련하여 목표와 경로(과정)를 연필로 작성하라.

당신은 건설적인 성취하기를 원하는가? (이 작업을 수행할 수 있는지를 고려하라.)

당신은 어떤 길을 선택할 것인가? (공동체 규범과 기준을 지키고 있는지 또는 그 범위를 벗어 났는지를 고려하라. 후자를 할 때의 위험을 고려하라.)

당신의 7 - R 결정

이제 7 - R 대응을 배우고 위의 질문을 살펴보았으므로 당신은 이제 당신의 기술을 실행할 준비가 되었다. 다음에 R 대응이 필요한 상황에 처하면 스스로에게 물어보라. 나는 어떤 건설적인 목표를 달성하기 원하는가? 나는 어떤 경로를 선택할 것인가? 만약 당신이 행동하기로 결정했다면 7 - R 대응 중 가장 합리적인 것은 무엇인가? 그 응답을 선택한 이유와 그것을 실행 방법과 함께 그것을 아래의 차트에 작성하라.

선호 R – 행동	결정 이유	이행 방법

당신은 원한을 품고 부당함에 대해 자신을 괴롭히며 그러한 것들을 마음에 모으고 있는가? 그러한 문제에 대한 당신의 선택을 결정하는 동안 제2장에서 배운 기술, 즉 (1) 비난 확대 사고에서 벗어나기 (2) 일어난 일은 그대로 수용하기의 중요성에 대해 생각하라. 당신은 여전히 불신감을 가질 수 있다. 당신은 여전히 당신에게 잘못을 저지른 사람들과 어떤 것을 하기를 원치 않을 수도 있다. 그렇지만 당신은 비유적으로 자신을 갉아먹을 가능성이 적고 중요하고 긍정적인 일을 추구하기 위해 더 많은 에너지를 갖게 될 가능성이 높다.

❖ 반응 – 분노 – 공정성의 연결

반응(reactance)은 당신이 위협에 맞서거나 권리를 회복하려는 동기를 가지게 만드는 그러한 자유와 특권을 상실한 것에 대한 불쾌한 인지적이고 감정적 느낌이다(Brehm & Brehm, 1981). 당신이 특권이나 자유의 위험이나 상실로부터 생기는 분노를 경험할 때 그것이 반응 분노이다

모든 연령대의 사람들이 반응을 경험한다. 가족용 자동차를 사용하지 못하게 된 10대 청소년은 그것이 불공정하다고 말하며, 그 손해가 과도하게 여겨질 때 반응 분노를 경험한다. 특정 방식으로 생각하거나 행동하도록 압력을 받으면 당신은 반응 분노를 경험할 수 있다. 예를 들어 선출된 공무원이 당신이 마실 수 있는 탄산 음료의 양을 강제로 정했다. 반응은 잘못된 원인을 나타낼 수 있다. 예를 들어 당신이 당뇨 전 단계에 있으며 건강 정보를 무시한다. 왜냐하면 그 정보가 아이스크림을 먹을 자유와 욕구를 위협하기 때문이다.

반응 분노는 어떤 기관이 당신의 자유를 빼앗아 버리겠다고 위협할 때 일어날 수 있다(Rosenberg & Siegel, 2018). 다음에 열거한 예시에 대해 생각해 보자.

■ 당신은 입주자 위원회가 있는 지역사회에 살고 있으며, 이 위원회는 심하게 통제하고 억압하는 욕구를 가진 사람들에 의해 관리된다. 당신이 이러한 관행의 대상인 경우 반응 분노를 경험할 가능성이 높다.

■ 로드아일랜드주 입법부 의원단은 엄격한 소비자보호법을 제정했지만, 사기 피해자가 법원을 통해 정의를 얻기 어렵게 만드는 장애가 되는 사항들을 집어넣었다(Carter 2009, 17). 권리를 부인당하는 것은 실망과 반응 분노를 일으키는 일반적인 원인이다.

■ 뉴햄프셔주의 알 권리 법(역주: 일명 선샤인 법, 정부 조직의 일정한 종류의 정보를 일반에게 공개하도록 한 법률)은 대중이 공공 문서에 직접 접근할 수 있도록 한다. 이 법의 취약점 때문에 많은 지방자치단체는 정보에 대한 접근을 방해함으로써 자신들이 비밀리에 하는 일을 은폐하기 위해 그 틈을 이용한다. 이 불공정한 관행은 뉴햄프셔주의 알 권리 법의 먹구름 아래에 계속 있도록 만들어서 영향을 받은 뉴햄프셔 주민들에게 반응 분노를 초래했다. (https://righttoknownh.wordpress.com/)

불공정에 대한 제3자의 반응은 잠재적인 분노 요인이다. 정부 공무원이 모든 사람이 알 권리가 있는 정보에 접근하지 못하도록 시민을 잘못 차단하는 경우와 같이 몇몇 불공정한 관행을 당신은 인식하지 못했을 수 있다. 당신이 이전에 알지 못했던 잘못을 발견하는 경우 반응 분노를 경험할 수 있다. 안타깝게도 불공정한 관행이 알려지는 경우라 할지라도 아동 학대 및 장애인 착취와 같이 명백히 잘 드러나지 않는다면 그것들은 가슴에 와닿지 않을 수 있다.

만약 당신이 학대 행위에 불쾌함을 가지고 있다면, 시스템을 공정하게 만드는 방법을 모색하는 비슷한 생각을 가진 사람들의 옹호 그룹과 협력하는 것을 고려해 보라. 그것은 불리한 불평등(adverse inequities)에 대해 자연스럽게 분노를 유도하는 건설적인 방법이다.

나의 실습 기록

핵심 생각: 이 장에서 가장 도움이 되는 3가지 생각은 무엇인가?

1.

2.

3.

행동 계획: 과도한 분노를 극복하기 위해 해야 할 3가지 단계는 무엇인가?

1.

2.

3.

실행: 3가지 단계를 실행하기 위해 무엇을 할 예정인가? (그 과정)

1.

2.

3.

결과: 3가지 단계를 통해 무엇을 배우고 싶은가? 또는 무엇을 강화했는가?

1.

2.

3.

수정: 만약 그 과정을 변경하려고 한다면 다음에 무엇을 다르게 하고 싶은가?

1.

2.

3.

제 6 장
몸-마음 솔루션

당신은 나쁜 기분으로 깨어난다. 당신의 마음은 자동적으로 어떤 원인을 찾는다. 당신이 가장 좋아하는 스포츠 팀이 잘못된 심판 판정으로 패했나. 그것이 이유임에 틀림없다. 아니면 지난주에 철물점 직원과 우연히 만나서 화를 냈던 것이 그 원인임에 틀림없다. 원인이라고 여기는 것에 대해 생각할수록 흥분의 수준은 높아진다. 당신은 스트레스 – 분노 – 스트레스 주기에 빠져 있다.

당신의 몸이 스트레스를 받을 때, 이 불쾌한 감각은 화난 생각을 촉발할 수 있는 활성화하는 사건이다. 몸이 이완될 때, 마음은 당신이 느끼는 감정에 동조한다. 이 장에서 우리는 실제적으로 긍정적인 생각을 촉진하고 그 주기를 끊기 위해 몸을 차분하게 하는 방법을 살펴볼 것이다. 구체적으로 우리는 다음을 탐색할 것이다.

- 스트레스를 조기 경고 신호로 사용하는 방법과 당신의 스트레스 지수를 낮춤으로써 분노를 줄이는 방법을 포함한 스트레스 – 분노 – 스트레스 주기
- 몸을 차분하게 하는 전략 – 평온함, 점진적 근육 이완, 심호흡을 위한 장면
- 불필요한 스트레스와 분노에 대한 위험을 줄이기 위해 수면의 질을 개선하는 방법
- 관상동맥 심장질환과 관련되어 있는 분노 요인과 싸우는 방법

❖ 스트레스 – 분노 – 스트레스 주기

당신은 많은 감정의 고속도로를 여행할 것이다. 몇몇의 길들은 불안 마을로 이어진다. 몇몇의 길은 행복한 지점으로 간다. 지도에 표시된 슬픈 마을로 가는 길도 찾을 것이다. 몇몇은 분노 마을로 가는 고속도

로이고 각 구역들은 독특한 특징이 있다.

만약 당신이 비유적으로 분노 마을에 거주했다면 스트레스에 대한 저항력은 낮다. 당신을 화나게 하는 데는 많은 시간이 걸리지 않는다. 당신의 마음은 경험하는 스트레스에 대해 자동적으로 다른 사람들을 비난하며 저주한다. 당신은 그 반복되는 주기를 줄이거나 끝낼 때까지 이 과정을 계속한다.

스트레스 – 분노 – 스트레스 마을 구획에서, 당신은 동시에 길의 양쪽을 따라 이동한다. 생물학 측면에서 불쾌한 감각은 분노 사고를 유발한다. 처음에는 감각의 원인이 자신의 밖에 있다고 생각할 수 있다. 즉 당신은 지난주에 낯선 사람과 불쾌한 만남을 가졌다. 그러나 당신은 잘못된 생각을 하고 있다. 아마 밤에 잠을 제대로 자지 못해서 기분이 좋지 않을 수 있다. 아마 당신은 배가 고플 것이다. 왜냐하면 분노는 일반적으로 배고픔에서 생기는 것이기 때문이다(MacCormack & Lindquist, 2019). 또는 당신은 생물학적 주기의 낮은 지점에 있을 수도 있다.

당신의 부정적인 신체적 감정은 부정적인 생각을 활성화한다. 당신은 부분적으로 그 도로의 생물학적인 측면에 서 있고, 부분적으로는 인지적인 측면에 서 있다. 스트레스를 받으면 당신의 생물학적 특성이 분노 사고를 촉발할 수 있다. 당신은 외부 근원에 주의를 집중한다. 거의 누구나 그렇게 할 것이다. 당신의 동료는 어리석다. 그것이 당신이 화가 난 이유이다. 만약 배우자가 똑똑하다면 당신은 화를 내지 않을 것이다.

일어나고 있는 상황은 다음과 같다. 당신은 실수로 문제를 문제에 겹쳐 놓았다. 스트레스를 받은 감정에 대한 설명은 더 많은 스트레스를 유발하고 그래서 스트레스 – 분노 – 스트레스 주기를 만들어 낸다. 생물학적 스트레스 신호에 대한 방아쇠를 고정하면 이 정보를 사용하여 주기를 끊을 수 있다. 숙면, 적절한 식사, 적당한 유산소 운동, 모호한 부정적인 감각을 일시적으로 수용하는 것은 비난의 외부화를 통해 스트레스를 증폭시킬 위험을 낮춘다.

영향 표시(1장) 및 인지 재평가(2장)도 도움이 될 수 있다. 분노를 느끼기 전에 스트레스를 경험하면 감각에 '스트레스'라고 표시하라. 한 걸음 더 나아갈 수도 있다. 식사를 거르거나 수면 부족과 같은 분노의 생물학적 원인을 파악하라. 직장에서 스트레스를 많이 받으면 당신의 생물학적 상태가 바뀔 수 있다. 그것은 인지 재평가에 대한 또 다른 관점을 제공한다.

스트레스에 대한 분노를 경험할 때 '스트레스에 대한 분노'라고 표시하라. 이것은 관점의 변화를 촉진함으로써 당신의 편도체를 진정시킬 수 있다.

스트레스 상승

미국심리학회(APA)의 설문조사에 따르면 미국에서는 10년 이상 스트레스가 증가해 왔으며 최근에는 높은 수준에서 평준화되었다. APA는 매년 미국에서 스트레스 조사를 후원한다. 2017년 설문조사에서 응답자의 80%는 설문조사를 하기 전 지난달에 적어도 하나의 중대한 스트레스 사건을 보고했다. 평균적으로 사람들은 자신의 스트레스 수준이 10점 척도에서 5.1점이라고 답했다. 여기서 1점은 '스트레스가 거의 또는 전혀 없다'이고, 10점은 '스트레스가 많다'이다. 응답자의 35%는 짜증이나 분노를 느꼈고 45%는 수면 문제를 보고했다(APA 2017). 이 숫자는 위험 신호이다.

1점 = '스트레스가 거의 또는 전혀 없다' 및 10점 = '스트레스가 많다'를 사용할 경우 당신은 지난달의 자신의 스트레스 수준에 대해 어떻게 평가하는가? 아래 상자에 당신의 평가를 기록하라. 그 원인은 무엇인가?

스트레스 수준(1~10)	원 인

당신의 스트레스 수준을 모니터링할 가치가 있는가? 아마 당신의 스트레스가 4점 이상으로 지속적인 경우 그것은 가치가 있을 것이다. 지속적이거나 만성적인 스트레스는 스트레스 – 분노 – 스트레스 주기의 위험을 높이고, 양질의 사회적 관계를 방해하며, 정서적 행복감을 감소시키고 자신의 현재 건강 문제를 악화시킬 뿐만 아니라 미래의 건강 문제에 대한 위험을 증가시킬 수 있다.

당신의 스트레스 유리산

다음 그림에서 유리잔 속의 액체는 일반적인 스트레스 수준을 나타낸다. 유리잔이 넘치면 스트레스는 보통 분노와 같은 반응으로 변한다. 3개의 유리잔 중 현재 당신의 스트레스 수준에 가장 가까운 것은 어떤 것인가?

왼쪽의 유리잔이 당신처럼 보이면 당신을 불쾌하게 만드는 사건에 당신이 합리적인 것 이상으로 곰곰이 생각하고 있을 수 있다. 당신은 문제를 확대하여 악화시킬 수 있다. 유리잔에 분노 사고를 더하는 것은 얼음 덩어리를 그 유리잔에 추가하는 것과 같을 것이다. 그것은 넘칠 것이다.

중간의 유리잔이 당신처럼 보인다면, 당신은 아마도 자신이 원하는 것보다 더 많은 스트레스를 받고 있을 것이다. 하지만 당신은 금방 회복할 수 있는 충분한 회복력을 가지고 있다. 어려운 것은 현재 상태 이상의 문제를 만들지 않고 균형감을 유지하는 것이다.

오른쪽 유리잔에 충분한 공간이 있기 때문에 당신은 더 많은 좌절감과 스트레스를 흡수할 수 있는 여유가 더 많다. 당신은 점점 좋아지는 상황에 있다. 당신은 스트레스로부터 자신을 보호할 필요성을 더 적게 느낀다. 역설적으로 당신은 상황을 더 효과적으로 관리하고 더 나은 결과를 얻으며 대처해야 할 스트레스가 더 줄어들 것 같다.

아래 유리잔에 당신의 일반적인 스트레스 – 분노 수준을 채워라. 왼쪽 유리잔에 당신의 현재 수준을 표시하라. 중간 유리잔에는 지금부터 2개월 후에 있을 것 같은 당신의 스트레스 수준을 표시하라. 오른쪽 유리잔에는 지금부터 6개월 후에 있을 것 같은 당신의 스트레스 위치를 표시하라. 시각적 목표가 도움이 되는지 확인하라.

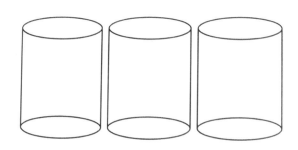

여기에는 좋은 면이 있다. 현재 스트레스 – 분노 수준을 가장 잘 나타내는 유리잔이 무엇이든지 간에 당신은 실제 사건이나 상상한 사건에 대하여 엄청나게 화를 내는 생각을 더할 필요가 없다. 일단 당신이 자신의 기생적 생각들을 본다면(마치 당신이 유리잔을 통해 보는 것처럼) 다른 관점을 선택하게 된다.

❖ 몸을 진정시키기

평온한 몸은 평온한 마음의 작용을 반영하며 그 반대도 마찬가지이다. 몸을 진정시키면 마음을 진정시킬 수 있고 기생적 분노로 인한 스트레스를 덜 받을 수 있다. 평온함, 점진적 근육 이완, 심호흡 장면은 몸과 마음을 진정시키는 데 도움을 줄 수 있다.

평온을 위한 장면

자연환경에 노출되면 뇌가 자극되고 스트레스를 줄이며 몸에 미치는 스트레스의 영향을 줄일 수 있다 (Twedt, Rainey 및 Proffitt, 2019). 가장 많은 혜택을 받는 사람들은 가장 많이 스트레스를 줄여야 하는 사람들이다(Beute와 de Kort, 2018). 평온함을 증진하는 데 도움이 되는 고요한 자연의 장면들에는 다음과 같은 특징이 있다. (1) 푸른 하늘, (2) 푸른 들판, (3) 물, (4) 혼란스럽게 하는 사람들이 없음, (5) 마치 보호된 장소에서 이러한 장면을 바라보는 느낌. 사진이나 그림 또는 그러한 장소를 상상함으로써(또는 실제로) 당신은 평온해지는 장면을 찾을 수 있다. 하루 5분만 평온한 장면을 보면 스트레스를 줄이고 건강상의 이점을 얻을 수 있다.

다음은 하나의 실험이다. 다음 7일 동안 하루에 최소 5분 동안 고요한 장면을 바라보면서 시간을 보내라. 그 장면 실험 후 당신의 스트레스 수준을 확인하라. 차이를 느끼는가?

평온해지는 장면을 관찰한 후 당신의 스트레스 수준에 대한 인상에 가장 가까운 박스를 선택하라.

1 = '평온하다', 7 = '스트레스를 많이 받는다'

스트레스 수준

일	1	2	3	4	5	6	7
1							
2							
3							
4							
5							
6							
7							

이 기법이 당신에게 효과가 있는지 대략적인 척도로써 그 저울을 사용하라.

긍정적인 차이를 발견하면 이 실험에서 한 단계 더 나아가라. 평온함 실험을 위한 그 장면에서 당신은 무엇을 배웠는가? 다음은 예이다.

배운 것

나는 매일 5분 이상 고요한 장면을 지속적으로 보고 있을 수 있음을 배웠다.

화가 났을 때 고요한 마음으로 내가 어떻게 생각해야 할지에 대해 생각하기 위해 한 발짝 뒤로 물러날 수(이미 그렇게 하기 시작하고) 있다.

이제 당신은 7일간의 실험 후 배운 것을 설명할 차례이다.

배운 것

배경에 새들이 지저귀고 바위 위로 냇물이 흘러가며 내는 것과 같은 차분한 음악과 자연의 소리는 부정적인 감정이 덜 일어나도록 하는 데 도움이 될 수 있다(Yu 외, 2018).

점진적 근육 이완

우리는 긴장과 이완을 동시에 할 수 없다. 이것은 서로 다른 신경계가 긴장과 이완을 지배하기 때문이다. 교감 신경계는 싸우고 도망치기 위해 사용된다. 부교감 신경계는 휴식과 소화와 관련된다.

미국 의사인 에드먼드 제이콥슨(Edmund Jackobson)은 긴장을 줄이기 위해 부교감 신경계를 활성화하는 근육 이완 방법을 계획했으며, 행동 치료사 조셉 울페(Joseph Wolpe)는 불안을 줄이기 위한 그 방법을 수정했다. 점진적 근육 이완이 정서적인 자극(Vergara, 2020)을 줄이고, 평온함을 만들어 내며(Stevens 외, 2007), 스트레스를 감소시키고(Gao 외, 2018), 수면을 개선할 수 있다는 것은 과학적으로 지지를 받고 있다(Alexandru 외, 2009).

사람들은 보통 편안하고 산만하지 않은 장소에서 안락의자에 앉거나 소파에 누워 점진적 근육 이완을 행한다. 그 방법은 다음과 같다. 당신은 체계적인 순서로 한 번에 하나의 주요 근육들을 팽팽(혹사하지 않고)하게 하고 그다음 긴장을 푼다. 나는 각 근육을 긴장하게 하는데 약 4초, 긴장을 이완하는데 약 4초를 쓰는 것이 효과적임을 알았다. 차례로 25개의 근육을 수축하고 이완한다. 이 과정은 약 3분 30초가 걸릴 것이다.

각 근육 그룹에 대한 8초 주기에는 부차적인 목적이 있다. 즉 어떤 추가적인 효과를 위해 근육 이완과 심호흡 운동을 결합하는 것이다. 우리는 곧 심호흡 기법에 대해 논의할 것이다.

http://www.newharbinger.com/44321에서 다음 연습을 다운로드할 수 있다.

점진적인 이완 실험

신체의 근육을 수축하고 이완시키는 올바른 순서는 없다. 얼굴부터 시작하여 발가락 쪽으로 내려가거나 이 순서를 반대로 하거나 또 다른 순서로 할 수 있다. 중요한 것은 어떤 일정한 패턴을 따르는 것이다.

더 큰 효과는 얼굴과 목 근육을 긴장시키고 이완시키면 생긴다. 얼굴부터 시작해 보자.

- 이마에 주름을 만든다. 이마 근육을 이완시킨다.
- 체서 고양이(Cheshire Cat)처럼 웃는 얼굴을 만든다. 뺨 근육을 이완시킨다.
- 입술을 아래로 조여서 오므린다. 입술 근육을 오물오물 움직인다.
- 턱을 당긴다. 턱 근육을 이완시킨다.
- 눈을 꼭 감는다. 눈꺼풀을 이완시킨다.

- 혀를 입천장에 대고 누른다. 혀를 이완시킨다.
- 턱이 가슴에 닿을 때까지 머리를 부드럽게 앞으로 당긴다. 목 근육을 이완시킨다.
- 머리를 뒤로 젖힌다. 목 근육을 이완시킨다.
- 머리를 오른쪽으로 움직인다. 목 근육을 이완시킨다.
- 머리를 왼쪽으로 움직인다. 목 근육을 이완시킨다.
- 손을 주먹 쥔다. 손 근육을 이완시킨다.
- 손목을 아래로 하고 팔뚝을 조인다. 손목과 팔뚝을 이완시킨다.
- 이두근을 조인다. 이두근 근육을 이완시킨다.
- 삼두근을 긴장시키기 위해 팔을 뻗는다. 삼두근 근육을 이완시킨다.
- 어깨를 으쓱하여 조인다. 어깨 근육을 이완시킨다.
- 어깨를 뒤로 당긴다. 어깨 근육을 이완시킨다.
- 어깨를 앞으로 당긴다. 어깨 근육을 이완시킨다.
- 긴장감을 느끼도록 등을 아치 형태로 만든다. 등 근육을 이완시킨다.
- 가슴 근육을 조인다. 가슴 근육을 이완시킨다.
- 배를 올챙이배처럼 밀어낸다. 복부 근육을 이완시킨다.
- 배를 안쪽으로 당긴다. 복부 근육을 이완시킨다.
- 엉덩이를 조인다. 엉덩이 근육을 이완시킨다.
- 허벅지를 조인다. 허벅지 근육을 이완시킨다.
- 발가락을 앞으로 향하게 하여 종아리 근육을 조인다. 종아리 근육을 이완시킨다.
- 발가락을 위로 세워서 정강이 근육을 조인다. 정강이 근육을 이완시킨다.

심호흡

심호흡은 부교감 신경계를 활성화하여 몸과 마음을 진정시킬 수 있는 연구 지원 CBT 방법이다. 심호흡은 이완, 긍정적인 기분, 스트레스 감소를 위한 생물학적인 리듬과 관련되어 있다(Perciavalle 외, 2017). 이러한 이완 상태는 의사 결정의 향상과 관련되어 있다(De Couck 외, 2019).

심호흡은 문제를 해결하지 않는다. 이 과정은 명확한 사고를 위한 단계를 설정하고 거리를 두는 기술로서 이바지할 수 있다.

Top Tip: 호흡을 통해 맑은 마음을 가지도록 하라.

조엘 블록(Joel Block) 박사는 뉴욕 롱아일랜드의 심리학자이며《15분 인간관계 해결책: 당신의 사랑이 넘치는 삶을 회복하고 강화할 임상적으로 입증된 전략》을 포함하여 21권의 책을 쓴 저자이다. 그는 분노를 다스리는 방법으로 심호흡을 제안했다.

당신이 숨을 참을 경우 이산화탄소가 혈액에 축적되어 진정시키는 효과가 발생한다. 숨을 들이쉴 때 호흡은 부교감 신경계를 활성화시켜 몸과 마음을 차분하게 만들 수 있다.

평온함을 제공하라. 주의가 산만하지 않고 편안하게 앉을 수 있는 편안한 장소를 찾아라. 눈을 감아라. 어깨를 앞에서 뒤로 굴린 다음 뒤에서 앞으로 굴리면서 긴장을 풀어라. 그런 다음 '평화'라는 단어를 생각하라.

다음은 당신을 위한 세 부분으로 구성된 심호흡 방법이다.

1. 배가 팽창할 때까지 넷을 헤아리는 (4초) 동안 완전한 심호흡을 한다.
2. 숨을 멈추고 넷을 더 세라.
3. 천천히 넷까지 세면서 숨을 내쉬어라.

이 세 부분으로 된 호흡 운동을 3분 동안 반복하라. 2주 동안 거의 같은 시간에 하루에 두 번 이것을 실행하라. 이것이 진정 효과가 있다면 계속하라. 약 3분 동안 어떤 마법 같은 일이 생기지는 않는다. 어떤 사람들은 2분, 다른 사람들은 10분 동안 실행한다. 이것은 사람에 따라 다르다.

심호흡 운동을 하기 직전에 화가 나면 당신은 즉각적인 효과를 경험하지 못할 수 있다. 당신의 스트레스 호르몬이 정상 수준으로 되돌아오는 데는 시간이 필요하다. 한편으로는, 3분 심호흡 주기의 속도로 이것을 행하라. 20분 기다려라. 그 심호흡 주기를 다시 행하라. 그것이 어떤 효과가 있는지 확인하라.

❖ 건강한 수면 증진하기

양질의 수면은 일과 건강에 중요하다. 매일 밤 당신은 얼마나 많은 수면이 필요한가? 약 8시간이 적절하다(Belenky 외, 2003). 당신은 6시간 이하의 수면으로 충분하다고 생각할 수 있다. 그러나 잠을 적게 자면 일반적으로 인지 능력이 떨어진다(Deak와 Stickgold, 2010). 뇌는 스스로를 재조정하고 복구하며 기억을 통합하기 위해 수면 주기를 거쳐야 한다. 그렇지만 적절한 수면을 구성하는 것에는 개인차가 있다.

불면증은 사람들이 흔하게 말하는 불평이다. 미국 인구의 약 30%가 잠들기 어려움, 수면 방해, 너무 일찍 일어나기 등의 수면 문제를 보고한다. 불면증이 만성인 경우 불면증으로부터 기인한 낮 시간의 피로는 사고 증가, 성과 감소, 우울함, 절박하고 분노한 느낌, 그리고 건강의 위험과 관련된다. 또한, 열악한 수면은 공격적인 행동의 증가와 관련되어 있다(Chester와 Dzierzewski, 2019). 예를 들어 당신은 화를 내고 평소보다 더 많이 논쟁을 벌일 수 있다. 이틀 연속으로 단지 몇 시간 잠을 자지 못하더라도 이 수면 부족은 다음 날 분노와 공격적인 충동을 증가시킬 수 있다(Krizan과 Herlache 2016; Krizan과 Hisler, 2019).

불면증에는 다양한 심리적, 신체적 원인이 있다. 수면 시간에 불안하거나 분노에 대해 곰곰이 생각하는 것은 심리적 요인 중 하나다. 호흡 문제와 빈번한 배뇨는 신체적 요인의 예이다. 곰곰이 생각하는 것 때문에 발생하는 불면증을 감소시키는 것은 수면을 방해하는 제어 가능한 인지적이고 행동적인 요인을 해결하는 것을 포함한다. CBT 접근법은 불면증 퇴치에 다양한 측면에서 도움이 된다(Bothelius 외, 2013; Friedrich와 Schlarb 2018; Okajima와 Inoue, 2018). 다양한 CBT 수면 기법을 실험하고 자신에게 가장 적합한 방법을 찾음으로써 자신의 수면 패턴을 개선하는 데 좋은 진전을 이룰 수 있다.

수면 증진 전략

프로그램으로 따라 할 수 있는 불면증을 해소하기 위한 17가지 인지적, 감정적, 그리고 행동적 기법을 살펴보자.

1. 규칙적인 수면 일정을 따르라. 잠이 올 것 같으면 잠자리에 든다.
2. 외부의 소리를 약하게 하기 위해 작동하지 않는 TV 채널의 낮은 볼륨 소리와 같은 백색 소음을 사용한다. (예를 들어 60분 후에 그 설정이 꺼지도록 TV 타이머를 켜 놓는다.)
3. 야간에 컴퓨터로 작업하는 경우 야간 조명 옵션을 켜 둔다. 아직 '불확실한' 증거이기는 하지만, 이 청색 광 차단 조치가 수면에 도움이 될 수 있음을 보여 준다.
4. 침대에서 잠들지 않은 채 계속 있지 마라. 잠을 잘 수 없는 경우 침대에서 나와라. 주위를 걸어라. 몇 번 조명을 빠르게 켜고 끄라. 몇 분 후에 다시 잠자러 침대로 되돌아가라. 당신은 잠잘 준비가 더 잘 되었다고 느낄 수 있다.
5. 깨어나서 다시 잠들지 못하는 경우, 우유를 컵에 반 정도 채우고 약간의 꿀을 부어 우유를 약간 달게 만든다. 그리고 전자레인지에 돌려 따뜻하게 한 다음 마시면 30분 이내에 잠이 온다.

6. 수면을 돕기 위해 오후에 적당한 유산소 운동을 하라. (대부분의 수면 전문가는 잠자리에 들기 2~4시간 전에는 운동을 피할 것을 제안한다.) 60만 명 이상의 성인을 대상으로 한 연구는 적당한 운동이 수면을 방해할 수 있는 부정적인 생각을 줄인다는 것을 보여 준다(McIntyre 외, 2020).

7. 당신의 정해진 취침 7시간 전에는 카페인 함유 물질(즉 커피, 콜라, 차, 초콜릿)을 먹거나 마시지 마라.

8. 담배를 피우는 경우 잠자리에 들기 몇 시간 전에는 담배를 피우지 마라. (관상동맥 및 암에 대한 위험이 입증되었기 때문에 흡연 중독을 없애기 위해 노력하는 것이 좋다.)

9. 잠자리에 들기 전 3시간 동안은 술 마시는 것을 피하라. 저녁에 와인 한 잔을 하면 당신은 긴장을 풀고 더 빨리 잠들 수 있다. 그렇지만 당신의 몸이 알코올을 분해함에 따라 수면의 질을 나쁘게 만든다. 양보다 질이 더 중요하다.

10. 실내 온도가 섭씨 20도 범위인 바람이 잘 통하는 방에서 자라. 수면은 체온 저하와 관련이 있다. 주변 실내 온도를 낮추면 수면에 도움이 된다.

11. 수면이 중단되어 깬 경우 심호흡, 점진적 근육 이완 또는 이 둘을 함께 시도하라. 부정적인 생각에서 벗어나려면 하늘을 가로질러 천천히 움직이는 솜털 구름을 상상하라.

12. 오전 6시에서 7시 사이에 일어나는 계획을 하라. (늦게 자는 것이 우울증의 위험을 증가시키고 이것이 결국 수면에 영향을 미친다는 몇몇 증거가 있다.)

13. 당신의 마음이 부정적인 생각으로 가득 차 있다면, 1,000에서부터 거꾸로 숫자를 세어 보라. 하나의 다른 대안으로서 각각의 부정적인 생각에 대해 긍정적인 것을 떠올려 보라.

14. 자연스럽게 눈을 감은 후 계속 눈을 살짝 감은 채 있어라. 2분 동안 심호흡을 하면서 변하는 그림자 이미지에 주의를 기울여라.

15. 비난 사고로 인해 수면이 방해를 받는 경우, 몇 분 동안 인지 재평가와 수용을 연습하고 현명한 이기심의 관점에서 무엇을 해야 하는지 고려하라. 침대 옆에 메모지를 두라. 몇 가지 아이디어를 메모하고 그 메모지를 따로 떼어 두라.

16. 아침에 일어나고 싶은 시간보다 약 2~3시간 전에 잠에서 깼고 다시 잠들지 않을 것 같다면 일어나서 생산적인 일을 하라. 만일을 대비하여 전날 밤에 무엇인가를 준비해 두라.

17. 낮에는 낮잠을 자지 마라. 잠자기로 한 시간까지 계속 다른 활동을 하라. 그것은 긍정적인 수면 주기로 들어가는 또 다른 방법이다.

분홍 코끼리 문제

분노에 대한 생각으로 마음과 감정이 흔들릴 때는 잠들기가 어렵다. 자신에게 잠을 자라고 명령을 하는 경우 더 잠들기가 어려울 수 있다. 스스로에게 "나는 잠을 자야 한다. 나는 잠을 자야 한다." 이런 말을 하는 경우 더 잠들기가 어려울 것이다. 그다음 당신은 스스로에게 그런 방식으로 생각하는 것을 그만두지 않으면 계속 깨어 있게 될 것이라고 말한다. 당신은 분홍 코끼리 문제에 빠진 것이다. 그 코끼리를 잊기 위해 비유적으로 주먹을 더 세게 움켜 잡을수록 코끼리가 마음에 계속 남아 있을 가능성은 더 높아진다.

딜레마를 헤쳐 나가기 위해 물러나는 조수에 떠내려가고 흩어지는 작은 나무 글자로 구성된 '나는 잠을 자야 한다'와 같은 세 단어를 상상하라. 그 글자가 물속에서 일렁거리는 것을 상상하라.

스트레스 – 분노 – 스트레스 주기의 초기 스트레스 부분을 줄이는 것에는 여러 가지 다른 이점이 있다. 이완된 몸과 적절한 수면의 질은 스트레스 유리잔의 수준을 낮춤으로써 당신의 스트레스에 대한 한계점을 높일 수 있다.

평온한 신체를 만드는 방법

수면의 질을 개선하려면 잠자리에 들기 전에 점진적으로 근육 이완과 심호흡을 같이 시도해 보자. 침대에 누워 있는 동안 다음 단계를 완료한다.

1. 4초 동안 근육을 수축하면서 숨을 들이쉬고 폐를 채운다.
2. 4초 동안 숨을 참으면서 근육을 수축시킨다.
3. 근육이 4초 동안 느슨하게 유지하면서 동시에 숨을 참는다.
4. 폐를 채우기 위해 숨을 들이마시는 동안 다른 근육을 수축함으로써 그 주기를 다시 시작한다.

점진적으로 근육 이완 운동을 마칠 때까지 이 조합을 계속한다.

❖ 화난 심장 진정시키기

스트레스에 대한 당신의 회복력을 높이기 위해 다수의 이완 솔루션을 사용하여 잠재적인 건강상의 이점을 얻을 수 있다. 분노는 스트레스에 대한 일반적인 반응일 뿐 아니라 스트레스에 기여한다. 당신의 스트레스 한계점을 높이면 스트레스를 덜 받게 될 것이다. 지속적인 형태의 분노와 적대감이 미치는 생물학적으로 나쁜 영향을 줄이는 방법을 점진적으로 습득함으로써 때때로 확고한 평정의 규정하기 힘든 느낌을 경험할 수 있다.

관상동맥심장병(CHD)의 위험 요소로서 분노와 적대감의 관계에 대한 연구는 설득력이 있으며 수십 년 동안 진행되어 왔다. 그러나 사람들의 CHD 위험은 진행 중인 환경 조건 및 관련 생물학적 요인에 따라 다르다. 많은 분노 속에서 하루를 보내면서 100세 이상 살 수 있는 사람은 많지 않다. 당신이 엄청난 장수 유전자를 가진 정말 드문 사람들 중 한 명이라면 불리함을 극복할 수도 있다.

스트레스를 낮추고 다른 사람들과 좋은 관계를 즐기며 불필요한 분노 관련 문제를 더 적게 가지고 있을 경우, 당신은 자신에게 또 다른 친절을 베푸는 것이다. 아래에서 당신이 보는 것처럼 기생적 분노 요인을 줄이는 것은 건강 증진에 도움이 될 수 있다.

CHD의 알로스타틱 과부하 계수

당신의 몸과 생명이 외부 위협에 직면했을 때 당신의 뇌는 그 변화에 빠르게 적응할 수 있도록 몸을 안정화시킨다. 호르몬의 방어적인 분비는 에너지를 증가시키고 외부에서 초래된 손상으로부터 당신의 몸을 보호한다. 상처가 있는 경우 염증은 감염으로부터 상처를 보호한다. 대부분의 경우 당신의 생물학적인 위협에 대한 반응은 그 기간이 짧으며 당신이 안전할 경우 없어진다.

'알로스타시스(allostasis, 신항상성, 역주: 인체가 외부 환경에 스스로 대처하여 변화함으로 안정을 유지하기 위한 작용)'라는 단어는 '생명을 위협하는 문제뿐만 아니라 모든 문제에 대처할 수 있는 충분한 에너지를 제공'하는 보호 과정을 설명한다(McEwen & Lasley, 2002). 알로스타시스는 아침에 해야 하는 일들과 행동을 준비하는 것 사이의 균형을 맞추기 위해 스트레스 호르몬을 증가시킨다. 예를 들어 대중 연설에 대해 불안감을 느끼는 경우 당신이 사람들이 있는 곳에서 연설하는 앞쪽으로 이동해 갈 때 알로스타시스가 시작된다. 사소한 어떤 것에 대해 분노할 때 알로스타시스는 마치 당신이 전쟁터에서 적을 쳐부수기 위해 움직이는 것처럼 당신의 몸을 동원한다.

예를 들어 어떤 사건 후 몇 시간 또는 며칠 동안 논쟁을 반복해서 계속 스트레스를 받으면 당신은 알로스타틱 과부하를 경험할 수 있다. 알로스타틱 과부하는 당신의 보호 시스템이 너무 자주 그리고 너무 과도하게 행위를 위한 준비를 갖출 경우에 발생한다. 이 방어적인 시스템은 당신의 몸에 좋지 않은 해로운 효과를 미치며 뇌에도 악영향을 미친다. 유해한 스트레스 요인을 피하고 건강한 음식을 섭취하며 충분한 운동을 하는 것은 신체의 균형을 되찾는 데 도움이 되는 고전적이며 효과적인 방법이다.

대부분 스트레스 요인은 사회적이며 당신의 이미지, 자아, 공평성의 문제, 존중, 사회적 기준에 대한 순종 및 규범에 대한 위협과 관련이 있다. 그러나 당신의 알로스타틱 체계는 인내와 모욕의 차이를 모른다. 만약 당신이 자아 위협에 지나치게 민감하며 그러한 위협에서 기생적 분노 신념에 의해 알로스타시스가 활성화되면, 당신은 알로스타틱 과부하의 위험이 있다.

알로스타틱 과부하는 스트레스 – 분노 – 스트레스 주기의 결과로 당신의 몸이 너무 자주 과충전될 경우 발생한다. 우리가 앞에서 논의했듯이 이것은 자주 반복되는 분노 사건 또는 반복되는 분노 사고 및 감정(즉 적대적인 환경에서 일할 때 발생하는 것들)으로 인해 초래된다.

시간이 지남에 따라 알로스타틱 과부하는 당신의 질병에 대한 위험을 높인다(McEwen & Rasgon, 2018). 분노나 적대감을 느끼는 경향이 있다면, 당신은 스트레스 호르몬으로 인해 혈관 체계와 심장에 과부하가 걸릴 위험이 있다(Chida & Steptoe 2009; Williams 외, 2000). 이러한 과부하는 염증을 유발하는 C 반응성 단백질을 포함하며 이것이 심근경색과 심혈관 질환과 관계가 있다고 일부 과학자들은 말한다. 또한, 분노 패턴은 면역 체계를 저하시키고(Janicki-Deverts, Cohen & Doyle, 2010) 폐 기능을 약화시키는 위험 요소이다(Kubzansky 외, 2006).

심장에 영향을 미치는 분노 요인과 솔루션

이완된 몸과 마음은 지나치게 활동적이고 적대적인 생각과 행동으로부터 당신을 지켜 준다. 화를 덜내고 적대적인 생각을 적게 함으로써 당신은 이완된 몸과 마음으로 더 많은 시간을 보내며 살게 될 것이다.

다음 차트는 알로스타틱 과부하 상태를 통해 CHD에 기여할 수 있는 분노 요인을 보여 준다. 무엇을 목표로 삼아야 하는지 알게 됨으로써 당신은 이러한 분노 요인에 효율적으로 대처할 수 있다. 첫 번째 열은 8가지 다른 분노 위험 요소를 설명한다. 두 번째 열에서 당신은 지원하는 참조와 함께 설명을 발견할 수 있을 것이다. 세 번째 열에는 각각에 대한 샘플 해결책이 포함되어 있다.

심장의 분노 요인	설명	건설적인 대안
분노에 대한 잘못된 정당화	당신의 분노에 대해 다른 사람들을 비난하는 것(Davidson & Mostofsky, 2010).	당신의 감정에 대한 책임을 수용하라.
분노 반추	똑같은 부정적이고 기생적 분노 사고를 반복하는 것 (Busch, Possel & Valentine, 2017)	구름 속을 자유롭게 떠다니고 땅에 튀는 빗방울처럼 지구로 돌아오는 생각을 상상하라.
부정적인 영향	불안, 우울증, 분노의 삼중 위협 (Kubzansky & Kawachi, 2000)	그 혼합으로부터 각 요인을 인식하고 분리한다. 각각의 기생적 인지 신호를 찾아라(2장 참조). 그 신호를 변경하라. 이 나누어서 다스리기 접근 방식을 따르면 당신은 3중의 위협 요인들 사이의 연결을 약화시킬 수 있다.
표현된 적대감	사람들을 비난하고 고통을 조장하는 등 악의를 나타내는 태도 (Chida & Steptoe 2009, Smaardijk 외, 2020)	신념이 그것을 지지하는 데 시간과 노력을 기울일 가치가 있는지, 아니면 당신의 삶에서 해야 할 더 좋은 일이 있는지 판단하라.
억압된 적대감	자신이 느끼는 감정과 다르게 보이기 위해 공손함과 예의를 과도하게 함으로써 갈등을 피하고 보복에 대한 두려움으로부터 벗어나기 위해 증오심을 부인하고 은폐하는 것 (Julkunen 외, 1994)	보복을 유발할 수 있는 비난하는 어조를 피하라. 대신 다음과 같이 유연하게 생각을 표현하는 연습을 하라. "내가 …를 믿는다." 또는 "지금 내가 알고 있는 것을 바탕으로 하면 나에게는 …한 것 같다."
억압된 분노	분노가 발생했을 때 감정을 적절하게 표현하지 않음으로써 자신의 분노를 키우고 숨기며 내면화하는 것. 일반적으로 분노를 억압하고 있는 사람들은 고혈압을 경험할 가능성이 더 높다(Hosseini 외, 2011). (일시적인 표현 억압과는 다르다. 당신은 나중에 차분한 반응을 하는 것이 더 좋다는 것을 알고 있다.)	특정 문제를 언급함으로써 분노를 표현하라. 자신의 감정을 확실하게 비난 없이 방어적이지 않고, 비판적인지 않은 방법으로 표현하라.

심장의 분노 요인	설명	건설적인 대안
냉소적인 불신과 비관론	타인을 의심하고 불신하는 습관적인 태도는 불안정한 분노와 함께 불쾌한 관계를 유발하고 관상동맥 심장병 위험을 증가시킨다(Greenglass, 1996). 냉소적 불신의 한 요인인 비관주의는 높은 수준의 염증, 고혈압 및 CHD와 관련되어 있다(Roy 외, 2010).	자신을 보호할 수 없는 사람들을 보호하기 위해 봉사활동을 하라. 다른 사람들과 협력하고 같이 일하는 것이 이 목표에 도달하는 중요한 방법이다.
예방적(중요하며)이며 관련된 공격성	다른 사람을 희생하여 반복적이고 공격적으로 이익을 얻기 위해 노력하는 것(Suarez, Lewis & Kuhn 2002, Takahashi 외, 2018)	반대 역할을 하라. 즉 다른 사람들이 당신에게 어떻게 대해 주면 좋을지를 고려하라. 잠시 멈추고 성찰함으로써 당신은 분노의 에너지를 더 짧은 기간에 건설적인 것으로 전환시키는 합리적 힘의 영향을 경험할 수 있다.

다양한 형태의 분노와 적대감이 CHD 및 기타 건강 문제에 영향을 미치는 유일한 심리적 요인은 아니다. 삶에 대한 비관적인 견해와 마찬가지로 우울증과 불안 패턴은 혐오감을 가지게 할 수 있다.

위의 차트를 검토한 후 '나의 이야기처럼 생각된다'라고 스스로에게 말한다면, 당신은 위험을 낮출 수 있는 여러 가지 방법을 찾을 수 있다. 위의 분노한 마음의 모든 요인은 부정적인 생각을 포함한다. 이 측면에서의 긍정적인 변화는 당신의 건강과 타인과의 관계에 도움이 될 수 있다. 그렇게 하는 방법을 연습해 보자.

나의 건강한 심장 프로그램

분노 사고를 억제하고 알로스타틱 과부하를 줄이며 심장 건강을 돕기 위해 지금까지 당신이 배운 것을 이용할 차례이다. 이 실험을 보험 계약에 대한 계약금으로 생각하라. 다음 심장 건강 프로그램 차트에서는 분노한 심장 요인 열에 있는 당신의 개인적인 상황을 적용한 예를 이용하라. 다음에는 건설적인 대안 열에 가능한 솔루션을 적으라.

심장 건강 프로그램

심장 분노 요인	설명	건설적인 대안
분노에 대한 잘못된 정당화		
분노 반추		
부정적인 영향		
표현된 적대감		
억압된 적대감		

심장 분노 요인	설명	건설적인 대안
억압된 분노		
냉소적인 불신과 비관론		
예방적(중요하며)이며 관련된 공격성		

분노 문제가 있는 친구에게 권할 수 있는 실험에서 무엇을 배웠는가?

_____

_____

이 책을 계속 읽어 가면서 당신에게 효과가 있는 적용 가능한 개념과 연습 문제를 찾아보자. 가능한 많이 심장 건강 프로그램 차트로 돌아가라. http://www.newharbinger.com/44321에서 차트를 다운로드하여 사본을 인쇄할 수 있다. 분노와 관련된 건강 위험을 줄이고 당신의 사회적이고 개인적인 생활 방식을 개선하기 위해 할 수 있다고 생각하는 아이디어를 추가하라.

알로스타시스에 대한 가장 권위 있는 전문가인 록펠러대학의 브루스 맥쿠 엔(Bruce McEwen) 교수는 마음 챙김(Mindfulness) 방법을 사용하여 바꿀 수 없는 것들에 대해 계속 생각하는 것을 멈추기를 제안한다. 마음 챙김의 실행은 내적인 스트레스와 그에 따른 알로스타시스 부하를 줄이고 당신 삶의 긍정적인 측면을 촉진한다. ("당신의 축복을 세어 보라!")

Top Tip: 마음 챙김(Mindfulness) 방법

마음 챙김은 '지금 이 순간'을 경험하는 것이다. 당신은 지금 이 순간에 존재하며 다른 시간에는 존재하지 않는다. 마음 챙김은 이완된 마음, 차분한 몸, 정서적인 안녕을 촉진하기 위해 지금 이 순간의 경험에 참석하는 다양한 수용적이고 비판단적인 방법을 말한다. 에모리대학 의대 교수인 윌리엄 너스(William Knaus, MD)는 이를 실행하는 4가지 방법을 제시한다.

첫째, 스트레스를 낮추고 웰빙을 촉진하기 위한 과학적으로 검증된 두 가지 마음 챙김 기법이 있다.

만트라 명상: 심호흡할 때 '원(one)'과 같은 단어나 '옴(만트라)' 같은 소리를 매일 5분 동안 조용히 반복한다. 마음이 산만해지면 그 만트라로 되돌아가라. 효과를 보기까지는 약 6주가 필요하다.

몸 스캐닝: 매사추세츠대학의 존 카밧-진(Jon Kabat-Zinn_ 교수)은 신체적, 심리적 긴장을 풀어 주는 마음의 힘을 다음과 같이 설명한다. 근육 하나 움직이지 않고도 우리는 우리가 선택하고 느끼는 몸의 어느 곳에나 마음을 둘 수 있으며, 그 순간 그곳에 있는 감각은 무엇이나 인식할 수 있다. 당신은 발가락부터 머리 꼭대기까지 신체의 여러 부분을 체계적으로 정신적으로 스캔한다. 각 신체 부위에 대해 당신은 따뜻함, 긴장감, 따끔거림 또는 기타 감각을 느끼려고 집중한다. 그런 다음 그 모든 부분을 전체인 당신으로 통합한다. 인터넷에는 몸 스캔 사례가 많이 있다. (참고: 이 몸 스캐닝 연습을 위해 위의 '점진적 근육 이완'에서 나열된 그 근육들을 당신은 스캔할 수 있다. 당신은 스캔하는 각 부분에 심호흡을 추가할 수 있다.) 자신이 화를 더 적게 내는지 알아보기 위해 8주 동안 하루에 한 번 몸 스캐닝을 시도하라.

둘째, 알로스타틱 과부하를 초래할 수 있는 부정적인 생각의 흐름을 막는 데 도움이 되는지 알아보기 위한 두 가지 간단한 마음 챙김 이미지 기법이 있다.

분노 사고 비행 기법: 분노 사고는 어떤 상황이 갖는 의미를 일어난 분노 감정과 연결시킨다. 당신이 이 생각의 연결을 끊는 데 도움이 되도록 솜털 구름을 통해 흩어지는 당신의 분노에 대한 생각을 상상해 보라. 2분 동안 그 이미지를 계속 생각하라.

귀여움 기법: 당신이 귀여운 동물을 상상할 때 가장 먼저 떠오르는 것은 무엇인가? 강아지, 새끼 고양이, 코알라, 또는 어떤 다른 것인가? 아침에 일어나고 밤에 잠자리에 들 때 1분 동안 그 동물의 얼굴을 상상해 보라.

비관주의보다 낙관주의를 선택한다

비관주의는 관상동맥 건강 문제와 관련이 있는 반면(Felt 외, 2020) 낙관주의는 장수와 상관관계가 있다 (Lee 외, 2019).

지금 이 순간 일어나고 있는 부정적인 사건이 향후 더 좋게 변할 것이라고 예상하는 그러한 비현실적인 낙관주의조차도 무언가 잘못되어 가고, 그다음 그것에 대해 곰곰 생각하게 되는 어떤 현실적인 비관주의를 당신이 가지게 되는 상황과 비교하면 더 건전한 관점일 것이다.

현실적인 낙관주의는 낙관주의의 실제적인 한 형태이다. 당신은 어떤 사람들의 어떤 행동이 때때로 당신을 불쾌하게 할 것이라는 것을 받아들인다. 동시에 당신은 자기 자신과 주변의 제어 가능한 것들을 자유롭게 제어할 수 있다. 미래의 제어 가능한 부분을 만들어 내는 능력에 당신은 자신감을 가질 수 있다. 이것은 외부적 사건들이 생각하는 방식을 결정짓지 않는다는 것을 아는 스토아 철학적인 선택을 포함하여 당신이 합리적인 선택을 한다는 것을 의미한다.

나의 실습 기록

주요 아이디어: 이 장에서 가장 도움이 되는 3개의 아이디어는 무엇인가?

1.

2.

3.

행동 계획: 과도한 분노를 극복하기 위해 해야 할 3단계는 무엇인가?

1.

2.

3.

실행: 그 단계들을 실행하기 위해 무엇을 할 예정인가? (과정)

1.

2.

3.

결과: 이 단계를 통해 무엇을 배우고 싶거나 강화했는가?

1.

2.

3.

수정· 이 과정은 변경하려면 다음에 무엇을 다르게 하고 싶은가?

1.

2.

3.

제7장
좌절과 긴장을 해결하는 방법

좌절하거나 긴장하는 것은 무언가 좋지 않다는 신호이며 일종의 불쾌한 경고이다. 이러한 현상은 자연스러운 신호이지만, 긴장을 잘 견디지 못하는 것은 전혀 다른 것이다. 이것은 불편함, 부정적인 감정, 불확실한 상황을 용납하지 않는 것이다. 누군가가 긴장을 견디지 못하는 경우 그들은 받아들일 수 없다고 느끼는 감정을 확대하거나 충동적으로 그것을 발산한다.

긴장에 대한 낮은 내성은 비참한 상황에 빠지는 중요한 원인이 된다. 이는 각각의 새로운 불쾌한 사건이 완전히 새로운 부정적인 생각과 감정을 유발하는 회전문과 같다. 예를 들어 좌절감에 대한 인내심이 낮으면 자주 분노를 느끼게 된다(Mahon 외, 2006).

좌절이나 긴장에 대한 내성을 기르면 기생적 분노의 위험을 낮출 수 있으며, 우리의 인생에서 스스로 괴롭히는 스트레스와 긴장을 감소시킬 수 있다. 자신에 대해 더 편안하게 느끼고 과도한 분노를 줄이기 위해 매일 사용할 수 있는 좌절과 긴장에 대한 높은 내성을 기르는 방법을 찾기 위한 지도를 우리는 함께 만들 것이다. 이 지도에서 우리가 관심을 가지는 점은 다음과 같다.

- 이 핵심 과정에 의해 자극된 분노를 줄이기 위하여 긴장감을 일반적인 분노 촉발 요인으로서 인식하는 것
- 분노와 낮은 욕구좌절 내성 사이의 연관성을 이해하는 것
- 분노가 만들어 내는 재앙의 주기를 깨는 것
- 이중의 문제를 일으키는 분노 사건을 피하는 것
- 당신의 일반적인 긴장 수준을 낮추기 위해 높은 욕구좌절 내성을 구축하는 것

지도의 이 부분은 자기 숙달 과정에서 가장 중요한 중간 지점이 될 수 있다. 부정적인 감각이 적을수록 기생적 분노 사고와 공격적 대응을 하는 원인이 줄어들 가능성이 높다.

❖ 긴장과 분노의 파급 효과

분노 사고와 불쾌한 감각은 서로를 더 강하게 한다. 분노 사고를 하는 경향이 있다면 그것을 직감적으로 느낄 것이다. 만약 당신이 부정적인 감각을 느낀다면, 이러한 감각은 분노 사고의 위험을 증가시킨다 (Berkowitz 1990; Knaus, 1982). 이것을 긴장 – 분노 파급 효과라고 지칭하면 그것을 덜 예민하게 느낄 수 있다.

긴장에 대한 낮은 욕구좌절 내성을 가지고 있으면 분노에 취약할 수 있다. 어느 날 막연히 불쾌한 느낌을 가지고 아침에 깨어 났다고 가정해 보자. 당신은 그 이유를 모른다. 당신이 다른 많은 사람들과 같다면 원인을 찾을 것이다. 일반적으로 하나의 원인을 찾는 데는 오랜 시간이 걸리지 않는다. 그 불쾌한 감정의 원인으로 어제 상사가 했던 무례한 말을 생각해 낼 수도 있다. 이제 당신은 자신이 왜 분노를 느끼는지 안다. 그러나 그 불쾌한 감정이 상사나 다른 사람과 아무 관련이 없을 수도 있다. 당신은 처음에는 난데없이 나타난 것처럼 다른 어떤 것과도 연결되지 않은 것 같은 그 불쾌한 감정을 설명하기 위해 하나의 소설을 만들게 된다. 또 다른 일반적인 분노를 초래하는 원인은 좌절이다. 이 내용은 다음에 다루도록 하겠다.

❖ 분노와 낮은 욕구좌절 내성

당신이 지금 있는 장소와 가기를 원하는 장소 사이에 장애물이 있을 때 좌절감을 느끼는 것은 자연스러운 일이다. 당신의 차가 출발하지 않았을 수 있다. 당신은 마감 시간에 늦을 때도 있다. 어떤 일에 집중하려고 할 때 당신의 파트너가 계속 방해할 수도 있다. 물론 어떤 것들은 다른 것보다 더 중요하다. 당신은 어리석은 논쟁 때문에 우정을 잃을 위험에 처할 수도 있다. 당신은 자신이 선택한 직업을 위한 입사 시험에서 떨어질 수도 있다. 아마도 당신은 그 우정을 구할 수 있을 것이다. 당신은 그 입사 시험을 다시 신청하고 예전처럼 혼자 공부하지 않고 그룹과 함께 공부할 수도 있다.

어떤 상황에 적절할 경우 좌절은 문제가 되지 않는다. 좌절은 문제 해결과 기타 행동에 동기를 부여하여 잘못을 시정하고, 불공정한 관행을 막으며, 사회적으로 합리적 행동을 촉진한다. 균형은 일반적으로 통찰력 있는 자기 이익 추구에 있는 반면 상황을 과장하는 것은 보통 그렇지 않다.

낮은 욕구좌절 내성(LFT; Low Frustration Tolerance)은 불쾌한 감정, 불편함, 번거로움, 당신이 경험하고 싶지 않은 상황을 견디는 데 특별한 어려움을 겪을 때 문제가 된다. 상대적으로 짧은 시간 내에 LFT가 쌓이면 제6장에 소개된 당신의 스트레스 유리잔은 빠르게 채워진다.

LFT는 다양한 형태의 정서적 고통과 특히 과도한 분노와 공격성을 유발하는 요인이다. 만약 당신이 좌절에 반응하여 성급히 생각하고 대응한다면 부정적인 생각으로 상황을 확대하여 번거롭게 만들 가능성이 높다. 제2장에서 우리는 분노와 같은 부정적인 기분 상태와 어울리는 예측 가능한 사고방식인 인지적 서명 (cognitive signatures)에 대해 배웠다. 다음은 일반적인 인지적 신호이다. "나는 그것을 참을 수 없다." 일반적으로 '그것'은 당신이 느끼는 긴장감을 나타낸다. 낮은 좌절의 자기 대화(즉 내적인 수다)에는 너무 많은 것이 포함된다.

만약 당신이 LFT 주기에 있다면 어떻게 상황을 확대할 것인가에 대한 당신의 인식은 당신이 그 패턴으로부터 벗어나기 위한 중요한 하나의 단계이다. 이 LFT 확대 과정을 인식하고 처리하는 방법을 살펴보자.

❖ 분노의 재앙화(Catastrophizing)

어떤 상황은 객관적인 이유에서 재앙적이다. 당신이 불치병이 있다는 사실을 알게 되는 것은 재앙이다. 화재나 토네이도로 당신의 집을 잃는 것은 그 손실의 의미로 보자면 재앙이다. 재앙화는 다르다. 재앙화는 상황의 균형을 잃게 하고 과거, 현재 또는 가능한 미래의 사건을 그것보다 훨씬 더 악화시키는 것이다. 심리학자인 알버트 엘리스(Albert Ellis)는 '재앙화'라는 단어를 만들고 그것을 정의한 것으로 가장 잘 알려져 있다. 이전에 정신과 의사인 톰 윌리엄스(Tom Williams)는 이것을 '재난 울부짖음(calamity-howling)'이라고 불렀다(Williams, 1923).

우울한 기분, 불쾌한 사건, 기생적 분노 신념을 결합하면 당신은 분노 재앙화에 대한 3중의 위협 조건을 가지게 되는 것이다. 비유적으로 말하면, 이것은 불평하고 비난하며 긴장을 고조시킴으로써 상황의 중요성을 과장하는 자극적인 정신적 회오리바람이며 더 부정적인 생각을 유발한다. 예를 들어 당신은 새 기린을 보기 위해 친구들과 함께 동물원에 갔다고 하자. 당신은 거기에 도착해서 "개보수 공사로 인해 폐쇄됨"이라는 표지판을 보게 된다. 당신은 그 상황을 (비유적으로 말해) 인생이 끝나는 재난으로 부풀린다. 당신이 사전에 알 수 있도록 폐쇄 사실을 광고하지 않은 동물원 운영에 대한 비난을 확대하고 저주할 수 있다. 이곳을 운영하는 광대들은 멍청이들이고, 모두 일자리를 잃어야 한다고 생각할 수 있다(확대된 비난은 분노 파국화의 흔한 한 부분이다). 계속해서 비난하고 불평하는 긴 열변을 토하고, 시구도 향하는 100마일 크기의 무지막지한 유성 같이 당신의 실망은 변할 것이다.

알버트 엘리스는 종종 재앙화를 수반하는 과정을 설명하기 위해 '파국화(awfulizing)'라는 또 다른 단어를 만들었다. 엘리스에 따르면, 파국화는 무언가의 균형을 잃게 만들 뿐만 아니라 불쾌하고 어려운 사건을 끔찍하고 인간이 견딜 수 있는 능력을 넘어서는 것으로 정의하였다. 이것은 최악의 것이다! 재앙화와 마찬가지로 파국화는 LFT에 그 뿌리를 두고 있다. 파국화와 LFT는 정반대의 생각과 관련되어 있다(Martin & Dahlen, 2004).

다음은 LFT가 표면에 나타나지 않고 그 아래에 흐르고 있는 파국화와 결합된 분노의 재앙화의 예이다.

린다(Linda)와 그녀의 가장 가까운 고등학교 친구들은 가장 좋아하는 식당에서 연례 동창회를 위해 만날 계획을 했다. 그녀는 제시간에 확실히 도착할 수 있도록 일찍 출발했다. 그녀는 조금 뽐내려고 남편의 클래식 스포츠카를 운전하기로 결심했다.

바람에 머리카락을 날리며 고속도로를 빠르게 달려가면서 린다는 신이 났다. 그 상황은 급변했다. 그녀는 교통 체증 때문에 브레이크를 밟았다. 10분 정도 차를 탄 채 움직이지 못한 린다는 자신이 모임에 늦을 것 같았다. 그녀는 강한 좌절감이 끓어오르는 것을 느꼈다. 그녀는 화가 나서 혼자말로 말했다. "어떤 바보가 사고를 냈어. 어서, 빨리, 도로 밖으로 그 사고 난 차량을 끌어내!"

린다는 비난 사고로 분노를 증폭시켰다. 그녀는 자신의 스케줄을 망쳐 놓았다는 이유로 생면부지의 운전자를 비난했다. 그녀는 사고 난 차량 주변의 교통을 통제하지 않은 것에 대해 교통 경찰을 비난했다. 그녀는 혼자말로 말했다. "이런 일이 있어선 안 돼. 멍청이들이 이 나라를 운영하고 있어."

린다는 자신의 상황에 대해 더 많이 생각할수록 불편함이 더 끔찍한 생각으로 다가왔다. 그녀 역시 그것을 재앙화하고 있었다. 좌절과 분노가 점점 커져가자 그녀는 괴로워하며 화를 냈다. 그녀는 지갑에서 휴대전화를 꺼내 친구들에게 늦겠다고 말했다. 그런데 이런! 배터리가 떨어져서 전화를 할 수 없었다. 충전기를 자신의 차에 두고 왔기 때문이다. 그녀는 비명을 지르고 운전대를 두드리며 경적을 울렸다.

이 예에서 LFT와 분노의 재앙화는 다음과 같은 방식으로 진행된다.

1. 당신은 원하는 것을 얻거나 할 수 없을 때, 실망스러운 것으로 말미암아 어떤 상황을 경험한다.
2. 비난할 사람이나 무언가를 표적으로 삼는다.
3. (1) 이렇게 되어서는 안 된다고 선언하고, (2) 나는 내 방식대로 해야 한다고 요구하며, (3) 이런 일을 한 놈들은 정말 혼이 나야 한다고 비난을 확대하고, (4) 이러한 정신적 음모로 인해 심한 고통을 느끼고 그 상황을 계속 확대함으로써 상황의 성가심을 과장한다.
4. 언어적으로나 신체적으로 강하게 표현함으로써, 또는 당신이 취약한 위치에 있다고 생각하는 경우 공격성을 억제함으로써 그 긴장을 풀기 위해 분노를 터뜨린다.

린다는 그 과정이 통제할 수 없게 되어 분노가 재앙화하는 것을 막기 위한 준비를 했다. 그녀는 비유적으로 말해서 분노 재앙화를 떠받치고 있는 그 버팀목을 빼내기 위해 좌절 내적 관점에 초점을 맞추었다.

린다는 교통 체증과 관련된 상황에서 자신의 낮은 욕구좌절 내성과 대안적인 높은 내성 관점을 비교하기 위해 다음 차트를 사용했다. 첫 번째 열은 일반적으로 낮은 욕구좌절 내성과 분노 재앙화 과정을 설명한다. 두 번째 열은 린다가 어떻게 그 과정에 참여했는지에 대한 예를 제공한다. 세 번째 열은 그 패턴으로부터의 근본적인 변화를 보여 준다.

좌절에 대한 인내력이 있다면 높은 욕구좌절 내성 관점을 선택하는 것이 특히 어려울 수 있다. 그렇지만 아는 것이 힘이다. 당신이 무엇에 반대하는지를 안다면 선택할 수 있다. 세 번째 열의 아이디어는 간단하다. 즉 그것은 만약 더 나은 선택지를 알 수 있다면 당신은 선택할 자유가 있다는 것이다. 다음은 린다의 대응이다.

낮은 욕구좌절 내성 – 분노의 재앙화 프로세스	낮은 욕구좌절 내성 대응	대안적인 좌절에 대한 높은 욕구좌절 내성
당신은 원하는 것을 얻거나 할 수 없을 때, 그 상황이 좌절을 주는 것으로 생각한다.	린다는 그 상황을 불편하고 인내할 수 없으며 끔찍하고 '그래서는 안 되는' 상황으로 인식한다.	린다는 그 상황을 좌절을 주며 바람직하지 않은 하나의 문제로 보았다.
당신은 상황이 참을 수 없이 끔찍한 것으로 보고 그렇게 정의를 내리며, 그 상황이 얼마나 끔찍한지 그리고 얼마나 그 범죄자들이 더럽고 저주받을 만한지에 대해 내적으로 외침으로써 그 상황을 재앙적으로 만든다. 이 과장은 계속된다.	린다는 그 상황과 교통 정체에 대한 부정적인 생각에 주의를 집중함으로써 긴장을 증폭시킨다.	린다는 자신이 제어할 수 있는 것에 집중했다. 그녀는 CD에 있는 플루트 음악을 들으면서 자신이 제일 좋아하는 작가의 소설을 읽기 시작했다.
당신은 비난할 사람이나 무언가를 목표로 삼은 다음 비난을 요구하고 저주하는 것으로 확대한다.	린다는 그 교통 지체에 대개 운전자, 견인 트럭 운전자, 주 경찰 및 주 정부를 비난하고 저주했다.	비난하고 저주하는 것이 어쩔 수 없는 상황을 바꾸지는 못한다. 그 불운을 받아들이는 것이 그녀의 좌절 수준을 낮추었다.

낮은 욕구좌절 내성 - 분노의 재앙화 프로세스	낮은 욕구좌절 내성 대응	대안적인 좌절에 대한 높은 욕구좌절 내성
당신은 그 느낌에 주의를 집중하고 그것을 확대하며 당신이 느끼는 것을 참을 수 없는 것처럼 행동하고 그 긴장을 빨리 풀어야 하는 절박함을 경험한다.	린다의 좌절과 분노의 강도가 높았다. 그녀는 자신의 감정에 관심을 집중하고 자신의 기분을 망치는 다른 사람들을 비난한다. 그녀는 자신이 얼마나 기분이 더러운지에 너무 초점을 맞추게 된다.	린다는 자신의 참지 못함을 확대하는 것에 대한 책임을 받아들였다. 그녀는 자신이 그 상황을 정의하는(끔찍하고 비난할 만한 것) 방식이 정상적이고 기대되는 수준을 넘어서 그 상황을 해석하는 방식에 영향을 미친다는 것을 인식했다. 그것은 지나쳤다.
당신은 언어적이거나 신체적으로 비난한다.	린다는 운전대를 두드리고 경적을 울리는 형태의 분노 재앙화를 보여주었다.	분노 재앙화의 위험성을 제거함으로써 당신은 분노 재앙화를 강화하고 이 패턴이 더 많이 나타나게 만드는 그럴듯한 일시적인 구제 보상을 없앤다. 그것은 큰 이득이다!

만약 당신이 분노의 재앙화 함정에 빠졌다면 다음 비교 실험이 그 과정에서 벗어나는 데 도움이 될 것이다.

비교 실험

최근에 경험한 분노 재앙화 상황에 대해 생각해 보자. 두 번째 열에는 재앙화 상황에 대한 당신의 낮은 욕구좌절 내성 대응을 채운다. 높은 좌절 열에서는 당신의 좌절에 대한 인내력을 높이고 다음에 직면하게 될 좌절하는 상황을 처리하는 데 효율성을 높일 수 있다고 생각하는 이 책이나 다른 출처의 정보를 이용하면 된다.

낮은 욕구좌절 내성 – 분노의 재앙화 프로세스	낮은 욕구좌절 내성 대응	대안적인 좌절에 대한 높은 욕구좌절 내성
당신은 원하는 것을 얻거나 할 수 없을 때 그 상황을 좌절을 주는 것으로 생각한다.		
당신은 상황이 참을 수 없이 끔찍한 것으로 보고 그렇게 정의를 내리며, 그 상황이 얼마나 끔찍한지 그리고 얼마나 그 범죄자들이 더럽고 저주받을 만한지에 대해 내부적으로 외침으로써 그 상황을 재앙적으로 만든다. 이 과장은 계속된다.		
당신은 비난할 사람이나 무언가를 목표로 삼은 다음 비난을 요구하고 저주하는 것으로 확대한다.		
당신은 그 느낌에 주의를 집중하고 그것을 확대하며 당신이 느끼는 것을 참을 수 없는 것처럼 행동하고 그 긴장을 빨리 풀어야 하는 절박함을 경험한다.		
당신은 언어적이거나 신체적으로 비난한다.		

다음과 같이 결론을 내리게 될 때 당신은 재앙화를 제거하는 전문가가 되어 가고 있는 중이다. 나는 그 상황이 마음에 들지 않는다. 좌절을 느끼고 싶지 않다. 나는 재앙화를 좋아하지 않는다. 내가 싫어하는 것도 참을 수 있다. 나는 차분히 나 자신을 향상하기 위해 노력할 수 있다.

❖ 이중 문제를 버려라

당신은 최근에 창피를 당해서 긴장감이 멈추지 않고 높아진 적이 있으 것이다. 이때는 긴장을 풀고 급히 개인적인 문제에 집중할 필요가 있다. 생각을 멈추고 긴장을 풀려고 할수록 상황은 더 나빠진다.

괴로움을 느끼면서 자신을 괴롭히는 것은 이미 부정적인 상태를 더 악화시킬 위험을 증가시킨다. 이러한 이중 문제는 좌절감을 느끼는 자기 자신에게 좌절하거나 화를 내고 있는 자신에게 분노하는 것과 같이 어떤 문제에 불필요한 2차적인 문제를 올려놓는 것과 관련이 있다. '나는 이것을 참을 수 없어'와 같은 자기 진술은 종종 긴장을 증폭시킨다. 고통에서 벗어나기 위해 필사적일 때는 이러한 2차적인 고통을 탐색하여야 한다.

만약 당신이 실제로 또는 상상의 골치 아픈 사건이 너무 많이 생기고 분노가 재앙화한다면, 당신은 비난하고 불평하는 것으로 자신에게 두 배의 문제를 만든 것이다. 당신에게는 이제 원래의 상황과 오래가는 여파가 남았다. LFT 사고를 더하면 비참함이 추가적으로 쌓인다. 그 고통 때문에 자신을 이중으로 괴롭힌다. 기분이 더 나빠진다. 그것은 큰 문제이지만 벗어날 수 있는 문제이다.

이중 문제는 이것이 당신에게 적용될 때 목표로 하기에 아주 좋은 영역이다. 당신이 자초한 부담을 줄이거나 없애기 위해 할 수 있는 일은 너무 많은데, 그것은 종종 원래의 것보다 더 심각해질 수도 있다. 다음은 몇 가지 유용한 전략을 소개하겠다.

당신의 '이중 문제'를 표시하라. 분노를 이중 문제로써 볼 때 당신은 분노 재앙화를 다룰 수 있지만 그렇지 않을 때는 잘 다룰 수 없다. 분노의 재앙화가 당신의 문제를 두 배로 만든다는 사실을 앎으로써 당신은 그 순간의 긴박함을 줄이고 긴장을 해소할 수 있다. 빠른 시정 조처를 하기 위한 조기 경고 신호로써 이 지식을 이용하라.

문제가 되는 생각들을 수용하라. 당신이 사건의 중요성을 과장함으로써 더 화가 난다는 것을 받아들이고 그 생각으로부터 과장된 부분을 제거할 수 있는 방법을 찾을 수 있다고 생각한다면 당신 자신이 할 수 있는 일을 제시하라.

기생적 분노 사고를 분리하라. 당신은 적절하지 않게, 심지어 비극적인 손실도 부풀리고 과도하게 화를 낼 수 있다. 그 사건을 균형 잡힌 시각으로 보려는 노력은 그 손실을 줄이지 못한다. 분노의 재앙화가 그렇게 만든다. 그 순환을 끊으려면 재앙화에 의해 초래된 이중 문제로부터 손실의 자연적인 의미를 분리하는 것으로부터 시작하라. 당신은 그러한 유형의 손실에 대한 자연적인 느낌을 경험하고 기생적 과장으로부터 자유로울 수 있다.

중요성에 대한 결핍을 고려하라. 힘이 사라지는 것에 대한 비합리적인 결핍을 경험할 때 당신은 분노를 재앙화하고 그다음 문제를 두 배로 만들수 있다. 이 이중 문제는 자신이 중요한 사람이라는 것을 느끼기 위해 통제권을 가지고 있어야 한다는 신념의 파생물일 수 있다. 당신이 이런 방식으로 기생적 분노가 발생한다면, 하나의 전략으로 수용함으로써 이 이중 문제를 두 배로 줄이려고 노력할 수 있다. 자신감을 가지기 위해 100% 중요한 존재가 될 필요는 없다.

당신이 생각하고 있는 것에 대해 생각해 보라. 당신은 언제 분노가 촉진된다고 생각하는가? '나는 참을 수 없으며 누군가에게 앙갚음을 하겠다'와 같은 생각이 당신의 분노를 증폭시키는가? 만약 그렇다면 그러한 생각을 줄여라. '나는 더 이상 참을 수 없다'와 같은 생각이 일어나는 것을 허용하지 말고 '차가 막혀 오도 가도 못하고 있으며, 나는 이것이 마음에 들지 않는다'와 같은 구체적인 용어로 사건을 설명하라.

❖ 높은 욕구좌절 내성을 구축하라

기생적 사고를 줄이고 긴장을 풀기 위해 어떤 체계적인 접근 방식을 취하는 것이 가능할까? 이 작업을 수행하는 데 도움이 되는 두 가지 방법은 몸, 마음, 양식, 연결 접근법과 PURRRRS 기법이다.

몸, 마음, 양식 그리고 연결

이것은 긴장과 좌절을 줄이기 위한 4단계 접근법이다.

1. 육체적 긴장을 줄이기 위해 몸을 만들어야 한다. 양질의 수면, 운동, 저열량 식이요법은 이러한 목적에 기여하며 일반적으로 당신의 생각의 질을 향상시키고 결국 수면에 도움을 줄 수 있다. 따라서 건강한 몸과 마음은 서로에게 영향을 미치는 쌍방향 과정이다. 운동이 수면에 도움이 된다는 것을 보여 주는 연구 결과가 있다(Kline, 2019). 예를 들어 하루에 30분 동안 적당한 유산소 운동(예: 걷기, 자전거 타기, 카약 타기)은 수면의 질에 충분히 긍정적인 영향을 미칠 수 있다. 운동은 우울증을 줄이는 데도 효과적이다(knaus, 2012). 충분한 수면, 운동, 건강한 식단이 조화를 이루면 긴장에 대한 당신의 내성이 반대의 경우보다 커질 수 있다.

2. 기생적 분노 사고와 반복적이며 부정적인 사고로부터 마음을 자유롭게 하라. 분노하며 복수심에 찬 생각을 반복하고 쉽게 좌절을 느끼는 것은 당신의 판단에 좋지 않은 영향을 미칠 수 있는 수면, 기분, 분노 문제와 같은 신체적 부작용을 일으킬 수 있다. 제1장에서 배운 실용적이고 경험적이며 핵심적인 방법을 사용하여 당신의 마음을 자유롭게 할 수 있다. 여기에 검증된 실용적인 해결책이 있다. 헬륨 풍선 안에서 떠다니면서 천천히 성층권으로 날아가는 자신의 부정적인 생각들을 상상해 보라. 다음은 시험된 경험적 방법이다. 상황을 다른 관점에서 판단하여 재평가하는 스크립트를 작성하라. 핵심적인 관점은 당신의 인간적인 가치가 자신이 하고 있는 것은 무엇을 완벽하게 통제하는 데 달려 있는지 생각해 보라.

3. 자멸적인 양식을 바꾸라. 어떤 양식이 자멸적인 양식인지 당신은 어떻게 알 수 있는가? 당신은 그 결과로 알 수 있다. 예를 들어 당신이 너무 바쁘고 바쁘고 또 바빠서 그것이 수면 문제와 관련이 있다면, 자신의 페이스를 조절할 방법을 찾아라. 당신이 자신과 자신의 불만에 대해 생각하면서 너무 많은 시간을 보내고 있다면, 지금 당신이 살아 있는 것과 같이 감사할 만한 것들을 느끼면서 그 균형을 맞추어라. 다른 사람들과 되풀이해서 논쟁을 벌이는 경우, 그것이 그렇게 중요한 일인지 스스로에게 물어보라. 자신이 느끼는 그 긴장에 당신의 책임이 있는지를 인식함으로써 당신은 그 양식을 바꾸고 있다.

4. 좌절감을 처리하는 데 있어 평균적인 사람들보다 더 잘하면서 남에게 도움을 주는 사람들과 관계를 가져라. 또한, 이것저것에 대해 지속적으로 불평하는 사람들을 피하라. 그들과 함께 생각에 빠지게 되면 서로 분노의 재앙화를 불러일으킬 수 있다. 그렇게 하는 대신 대화를 기분 좋게 유지하는 방법을 찾아라. 그런 마음을 가지면 기분이 좋아질 수 있다.

좌절감에 대한 내성을 구축하기 위해 이러한 활동에 참여함으로써 당신은 스트레스 수준을 낮추고, 성과를 향상시키며, 뇌가 덜 민감하도록 만들고 신체 건강을 개선할 수 있다(Tabibnia & Radecki, 2018).

PURRRRS 기법

PURRRRS는 속도를 늦추고 상황을 파악하며 효과적으로 행동하는 기법이다. 이것은 초기 단계에서 분노의 재앙화를 제거하는 데 특히 유용하다. 다음은 이 과정의 단계들이다.

멈춰라(Pause). 변화하려는 과정을 인식하지 않고는 당신이 그것을 변경할 가능성은 거의 없다. 이 인식 단계에서 당신은 분노 신호를 감지한 채로 잠시 멈춘다. 이 분노 신호가 의미하는 것이 무엇인지를 스스로에게 질문함으로써 당신은 생각을 모으기 시작한다. 빠른 행동이 꼭 필요한가? 행동하기 전에 생각해야 할 필요가 있는가? 만약 자신에게 이러한 질문을 하기 위해 표식이 필요하다면 엄지손가락이나 시계에 녹색 점을 표시하라.

이용하라(Use). 이것은 당신의 이용 단계이다. 생각을 모니터링하기 위해 자원을 이용하라. 당신의 생각을 느린 화면처럼 만들어서 방금 자신에게 말한 것을 검토하라. 이 모니터링을 통해 당신은 생각들을 검토할 수 있다. 이러한 검토는 다음 단계와 연관된다.

반성하라(Reflect). 멈춤과 이용 단계 다음은 반성을 위한 장이 마련되어 있다. 이 단계에서 그 문제에 대해 부연하라. 정보를 수집하라. 당신이 어떻게 느끼는지 반성하라. 자신에게 말하고 있는 것을 검토하라. 일어나고 있는 것에 대해 깊이 생각하게 되면 당신은 기생적 분노로 인해 정신이 혼란스러워질 수도 있다.

추론하라(Reason). 이 추론 단계에서 당신의 내적 대화를 평가한다. 당신의 생각은 어떤 감정적인 어조를 가지고 있는가? 당신의 생각 때문에 당신은 좌절과 분노와 공격적인 행동에 대해 인내하지 못해서 어려운 지경에 빠지는가? 만약 그렇다면 당신이 그 방식을 바꾸려면 무엇을 해야 하는가? 당신이 성취하고 싶은 것과 당신의 선택지에 대해 마음속에 그림을 그려 보고 있는가? 긴장을 줄이고 효과를 높이기 위해 당신이 할 수 있는 일은 무엇인가? 이제 당신은 어떤 단계를 수행할 수 있는가? 그 단계들은 당신이 수행하도록 자신에게 제공하는 지침이다. 지금 이 순간을 넘어서 그 지침을 따름으로써 당신이 도달할 수 있는 곳을 예측하여 보라.

응답하라(Respond). 세부적으로 자신에게 설명하고 자신의 지침을 따라라.

검토하고 수정하라(Review and Revise). 조건이 변경되면 변화에 적응하기 위해 당신이 수행할 것을 수정하라. 진행 중인 상황에서도 종종 즉석에서 수정된다.

안정시켜라(Stabilize). 필요한 상황에서 PURRRRS가 자동으로 실행될 때까지 계속 연습하고 개선하라. 이 과정은 낮은 욕구좌절 내성, 비난의 확대, 긴장에서 부차적으로 발생하는 다양한 다른 형태의 분노 사고를 인식하고 평가하며 대체하는 데 도움이 될 것이다.

다음 차트는 PURRRRS 사용 방법을 보여 준다. 첫 번째 열은 그 과정의 단계들을 설명한다. 두 번째 열은 몇 가지 샘플 기법을 설명한다. 세 번째 열에는 당신이 유용할 것이라고 생각하는 기법을 적어 보아라. 다음번에 당신이 분노의 재앙화 상황에 처하게 되면, 네 번째 열에 PURRRRS 과정의 각 단계에서 발생한 것을 기록하라.

"긴장은 끔찍하지 않다.", "나는 긴장과 더불어 살 수 있다."라고 정직하게 말할 수 있는 자신감이 생기면, 당신은 자신의 긴장 유리잔에 있던 모든 긴장과 스트레스가 어디로 사라졌는지 궁금해할 것이다.

PURRRRS	양식	당신의 기법	결과
잠시 **멈춰서** 일어나고 있는 일에 주의를 기울여라.	행동하기 전에 미리 상기할 수 있도록 엄지손톱에 녹색 점을 표시한다.		
긍정적인 행동을 이용하기 위해 개인적인 자원을 **사용하라.**	거리를 둔다. 심호흡을 한다. 비스듬히 앉는다. 잠시 걷는다.		

PURRRRS	양식	당신의 기법	결 과
일어나고 있는 상황을 파악하기 위해 **반성하라.**	다음 질문을 자신에게 한다. 1. 나의 좌절 신호가 의미하는 것은 무엇인가? 2. 즉각적으로 주의를 기울일 필요가 있는 것은 무엇인가? 주의를 기울일 필요가 없는 것은 무엇인가? 3. 나는 지금 그 상황을 과장하고 있는가? 4. 내가 아는 가장 현명한 사람은 동일한 상황에서 무엇을 할 것인가?		
그것에 대해 **추론하고 계획하라.** 여기서 당신은 문제 분석 및 실행 계획 단계를 시작한다.	다음의 질문으로 시작한다. 1. 내가 달성할 수 있는 가장 건설적인 것은 무엇인가? 2. 먼저 어떤 단계를 밟아야 하는가?		
당신의 계획을 실행함으로써 **대응하라.**	단계별로 자세히 자신에게 이야기한다. (예: 나는 이것을 먼저 하고 그다음 단계를 할 것이다.) 첫 번째 단계를 수행한 후 어떻게 누 번째 단계를 시작할지에 대해 스스로에게 이야기한 다음 시작한다.		

PURRRRS	양식	당신의 기법	결과
긍정적인 결과를 얻을 확률을 높이기 위해 **검토하고 수정하라.**	당신의 계획에서 결함을 발견하는 경우 그 자리에서 하고 있는 것을 수정할 수 있는지 확인한다. 만약 바꿀 수 있는 변경 사항을 파악하면 당신은 그 결과가 개선되는지를 보기 위해 어디에서 그 수정 사항을 확인할 수 있는가?		
그 과정이 자동적으로 될 때까지 PURRRRS를 계속 실행하여 **안정화시켜라.**	우선 합리적이고 효과적인 대응을 실행한다. 이런 식으로, 당신은 조화롭게 반응하도록 두뇌와 마음을 훈련하고 있다.		

당신은 정기적으로 PURRRRS를 연습함으로써 충동적이고 분노의 재앙화 과정을 추론 과정으로 대체하는 것을 배울 수 있다. 이를 통해 당신은 마침내 잘못된 이유로 인해 분노하는 것을 막을 수 있다.

만약 자기 숙달의 여정이 부분이 쉬웠다면 모든 사람이 쉽게 그렇게 하였을 것이다. 그렇지만 긴장을 인내하는 길을 선택한다면, 이 책과 삶의 다른 곳에서 당신은 이 도전적인 여정에서 당신을 도울 수 있는 많은 방법을 찾을 수 있을 것이다.

나의 실습 기록

주요 아이디어: 이 장에서 가장 도움이 되는 3개의 아이디어는 무엇인가?

1.

2.

3.

행동 계획: 과도한 분노를 극복하기 위해 해야 할 3단계는 무엇인가?

1.

2.

3.

실행: 그 단계들을 실행하기 위해 무엇을 할 예정인가? (과정)

1.

2.

3.

결과: 이 단계를 통해 무엇을 배우고 싶거나 강화했는가?

1.

2.

3.

수정: 이 과정을 변경하려면 다음에 무엇을 다르게 하고 싶은가?

1.

2.

3.

제 8 장
문제 해결책

무엇이 문제인가? 이것이 첫 번째 CBT 세션을 시작하는 일반적인 방법이다. 여기에서 문제는 당신을 가장 괴롭히는 것을 의미한다. 이 질문은 일반적으로 핵심 문제, 해결, 완화를 발견하도록 이어지는 답변과 전후 의사소통을 끌어낸다.

해결해야 할 문제로서 기생적 분노를 살펴보자. 이 장에서 우리는 긍정적인 변화를 만들기 위한 CBT 문제 해결 접근법을 탐색할 것이다. 여기서 당신은 다음의 사항들을 배울 수 있다.

- 문제 해결의 첫 번째 단계로서 어떤 문제를 정의하는 방법
- 당신의 분노 문제에 대한 9단계 문제 해결 접근법
- 당신의 머릿속에 있는 기생적 분노 스크립트를 다시 쓰는 방법
- 위험한 분노 폭발을 예방하고 줄이는 방법
- 수치심 – 분노의 연결을 끊고 과도한 부정성을 피하는 방법

❖ 무엇이 문제인가?

당신이 지금 있는 곳과 있기를 원하는 곳 사이에 괴리가 있으며, 그 괴리에 우리가 모르는 어떤 것이 포함되어 있는 경우 문제가 존재하게 된다. 이러한 괴리를 해소하기 위해서는 새로운 해결책을 만들기 위한 생각과 행동에서의 변화가 요구된다. 만약 효과적인 대응책을 가지고 있지 않다면 당신은 몇몇 생각과 실험을 해 볼 필요가 있을 것이다. 때때로 이것은 접근법에 대한 연구를 필요로 한다.

문제 찾기

몇몇 분노 문제는 다른 증상을 가지고 있다. 예를 들어 다른 사람들이 당신을 화나게 한다고 생각한다면, 당신의 문제는 그들을 멈추게 하는 것이라고 생각할 수도 있다. 당신은 때때로 설득적이거나 어떤 면에서 영향력을 행사할 수도 있다. 그렇지만 당신이 바꿀 수 있는 사람은 오직 자신뿐이다. 만약 기생적 분노에 대한 생각이 그 문제를 촉발하는 것을 발견한다면 당신은 자신이 해결할 수 있는 문제를 찾은 것이다.

문제 찾기는 문제를 발견하고 그것을 해결하는 데에는 유용한 관찰 및 추론 기술을 사용한다. 이 문제 찾기 단계는 문제 해결 이전과 문제 해결 과정 둘 모두에서 필요한 것이다. 어떤 문제를 해결하기 위해 노력하면서 당신은 자신이 해결하기를 원했던 그 문제의 일부로서 고려하지 않았던 문제를 발견할 수 있다. 여기에 두 가지 예가 있다.

■ 당신은 화를 내고 사람들은 피한다. 당신의 관계는 일반적으로 긴장되어 있고 사람들이 당신을 좋아하지 않는다고 생각할 때 당신은 화가 난다. 당신은 이 반복되는 주기에서 벗어나는 방법을 알아내려고 한다. 그러다가 당신은 우연히 자신에게 해당되는 것 같은 책에서 눈이 번쩍 뜨이는 구절을 보게 된다. 즉 당신은 당신이 자신에 대해 생각하는 것처럼 다른 사람들도 당신에 대해 생각한다고 오해하고 있다. 따라서 당신이 자신에 대해 부정적으로 생각한다면 다른 사람들도 그럴 것이라고 생각한다. 그러한 통찰력을 통해 당신은 관계를 개선하기 위해 노력하면서 자신의 더 좋은 자질을 인식하는 법을 배운다.

■ 당신은 갈등이 쌓이기 전에 해결하는 것이 현명하다는 것을 알고 있다. 불편한 느낌에 집중할 때 당신은 일을 미루는 경향이 있다는 것을 알게 된다. 이 쌓인 것들이 압도되는 느낌으로 인해 분노 사고를 만들어 낼 수 있다. 당신은 불편함을 회피하려는 문제가 해결할 때 마침내 안도감을 느끼며 갈등을 더 빨리 해결하는 것이 스트레스가 덜하다는 것을 알게 된다. 이것을 하는 경우 당신은 시작되기도 전에 이미 큰 문제를 해결한 것이다.

❖ 문제 해결 9단계

"문제 해결은 어떤 문제에 대한 확실한 해결책을 '발견'하려고 시도하는 과정이나 기법을 의미한다." (D'Zurilla & Goldfried, 1971). 개인적인 문제 해결 노력의 가장 중요한 목표(가장 중요한 목표는 아니지만) 중 하나는 명확하고 간단하며 이해하기 쉬운 방식으로 문제를 자신에게 설명하는 것이다. 당신은 '나는 내면에서 더 차분함을 느낄 수 있도록 분노로 나 자신을 더 이상 갉아먹는 것을 멈추고 싶다'와 같이 자신이 성취하고 싶은 것을 스스로에게 말함으로써 이 과정을 시작할 수 있다. 두 번째 단계는 그 문제에 대해 부연 설명하는 것이다. 예를 들어 내부에서 나 자신을 갉아먹는다는 것은 무엇을 의미하는가? 당신이 그런 식으로 느낄 때 당신은 자신에게 무엇을 말하는가? 어떤 연관성이 있는가? 당신은 자신의 문제가 내면에서 더 차분하게 느껴지기 위해 분노 사고를 찾아내고 바꾸는 것으로 결정할 수 있다.

대부분의 문제에는 하나 이상의 실행 가능한 해결책이 있지만 어떤 해결책은 다른 해결책보다 더 유용하다. 자신이 스스로 시도해 보지 않고서는 어떤 해결책이 가장 도움이 될지 알 수 없다. 다음은 반복되는 기생적 분노 상태를 피하기 위한 문제 찾기 및 문제 해결의 9단계이다.

1. **문제 찾기를 위해 반복해서 일어나는 스트레스 요인을 보라.** 분노를 유발하는 상황이 외부 사건으로 인해 발생하는가? 무엇이 이것을 지속적인 문제로 만드는가? 잠을 잘못 잤거나, 기분이 좋지 않거나, 식사를 한 끼 놓쳤을 경우 당신은 작은 일에 과민 반응을 보일 가능성이 있는가?

2. **행동 양식에 대한 분노를 평가하라.** 당신은 반복되는 분노 상황에서 보통 무엇을 하는가? 일반적으로 어떤 결과가 발생하는가? 이것이 당신의 반응을 예측하는 데 도움이 되는가?

3. **당신이 관찰을 진행하는 방법을 검토하라.** 그 도발적인 상황에 대한 당신의 신념은 무엇인가? 그 신념 중 어떤 것이 기생적인가? 일단 당신이 기생적인 것을 본다면 그것에 대해 이의를 제기할 수 있다.

4. **어려운 분노 문제를 해결하기 위한 당신의 자원을 확인하라.** 효과적인 의사소통 기술을 가지고 있는가? 당신은 유연하게 집중을 유지할 수 있는가? 다시 말해, 당신의 사리사욕에 중요한 것이 무엇인지 깨달으면서 새로운 정보에 자신이 하는 일을 맞출 수 있는가? 대처 자원에 대한 당신의 인식은 당신이 하는 일에 어떻게 영향을 미치는가?

5. **자신에게 달성 가능한 목표를 성취하기 위한 방향을 제시하라.** 간단히 말해서 당신의 목표는 당신이 달성하기 원하는 것이어야 한다. 다음은 목표를 명시하는 두 가지 구체적인 방법이다. 숙달 목표는 개인적인 문제 해결 기술을 배우고 적용하는 것이다. 예를 들어 당신은 다른 사람과의 첨예한 관계에서의 어떤 변화에 대해 논의할 때 기생적 분노를 풀고 싶을 것이다. 성과 목표는 결과를 얻는 것이다. 즉 당신은 화를 내지 않고 급여의 불일치에 대해 상사와 대화하기를 원한다. 숙달과 성과 목표 모두가 의미 있고, 측정 가능하며, 달성 가능할 때 당신이 목표를 달성하기 위해 행동할 가능성이 더 높다.

6. **목표 달성을 위해 계획을 세우라.** 계획은 목표를 달성하기 위해 해야 할 실제적인 단계이다. 만약 당신

의 목적이 공격적인 행동을 줄이는 것이라면 거리 두기 기술, 인지 재평가 기술 등을 개발하는 단계가 포함될 수 있다. 당신의 목표가 분노로 지친 관계를 개선하는 것이라면, 이것은 사려 깊고 화해하는 조치를 필요로 한다. 당신은 도움이 되는 일이라고 생각하는 것을 결정하라. 이것이 당신의 단계이다.

7. 계획한 것을 구현하기 위한 조치를 실행하라. 몇몇 단계는 다른 단계보다 수행하기 쉽다. 정서 명명하기와 비스듬히 않는 것은 빠르고 실용적이다. 인지 평가는 느리고 신중하다. 망가진 관계를 고치려고 하는 것과 같은 상황에서 먼저 화해하는 행동을 취하는 자신을 상상해 보라. 그것이 당신의 실행 전 총연습이다. 상황이 발생하면 차근차근 자신에게 이야기하라. 커피 한 잔을 마시거나 TV 쇼를 보는 것과 같이 당신이 일반적으로 하고 싶은 일을 하면서 그 과정을 따라한 것에(그리고 필요에 따라 조정한 것) 대한 보상을 계획하라(실행된 행동에 따르는 작은 보상은 향후 이행 가능성을 높인다.).

8. 변화 과정을 개선하기 위해 평가하고 수정하라. 계획의 이행은 예상치 못한 상황으로 인해 당초 예상과 달리 방향을 바꿀 수 있다. 그러므로 검토가 필요하다. 무엇이 도움이 된 것 같으며, 무엇을 다시 실천할 것인가? 당신은 문제의 어떤 부분을 변경할 수 있는가?

9. 당신이 어쩔 수 없는 대상을 만났을 경우 받아들이는 것이 해결책이라는 것을 수용하라. 지금 당장은 기록만을 남겨 놓아라. 그리고 변화와 기회가 왔을 때 다시 시도하라. 당신은 험악한 관계 고리를 끊기 위해 누군가에게 접근하더라도, 그 사람은 변화에 전혀 관심이 없을 수 있다. 아이디어는 좋았으나 타이밍이 맞지 않을 수 있다. 당신은 이런 것들을 기록할 필요가 있다.

친구나 친척이 이와 같은 분노 문제에 직면하게 된다면, 그들에게 어떤 조언을 할 것인가? 예를 들어 당신은 그들이 사전에 단계를 연습할 때 시간을 내어 실행 방법을 시각화할 것을 제안할 것인가? 아니면 비판적이거나 호의적이거나 아니면 혼합되어 대체 반응을 고려하는 것이 도움이 될 수 있음을 제안할 것인가? 그들이 할 수도 있는 조정을 알아보도록 제안할 것인가? 이제 다음 연습을 통하여 자신에게도 동일한 조언이 적용되도록 노력하여 보자.

나의 문제 해결 실험

다음의 실험에서, 당신의 현명한 자기 이익이 있다고 생각되는 반복되는 분노 문제를 선택하여 풀거나 해결하여 보자. 좋은 친구나 가까운 가족에게 조언하는 것처럼 다음 작업 개요를 완성하여 보자. 두 번째 열에는 각 평가 요소를 기반으로 중요하다고 판단되는 단계를 설명한다. 그런 다음 접근법을 검토한다. 세 번째 열에 초래된 결과를 기록한다.

문제 해결 단계	행동 계획	행동 실행 결과
문제 찾기를 위해 반복해서 일어나는 스트레스 요인을 보라.		
행동 양식에 대한 분노를 평가하라.		
당신이 자신의 관찰을 처리하는 방식을 검토하라.		
힘든 문제를 해결하기 위한 당신의 자원을 확인하라.		
달성 가능한 목표를 충족시키기 위한 방향을 자신에게 제시하라.		
목표를 달성하기 위한 계획을 세우라.		
계획을 구현하기 위한 단계를 실행하라.		
그 변화 과정을 개선하기 위해 평가하고 수정하라.		
당신이 어쩔 수 없는 대상을 만났을 경우 받아들이는 것이 해결책이라는 것을 수용하라.		

며칠 후 그 결과들을 얻기 위해 무엇을 했는지 다시 살펴보아라. 당신은 무엇을 배웠는가? 무엇을 바꾸고 싶은가? 아래에 이것을 적어 두어라. 당신이 당신의 가장 친한 친구라고 하면 당신은 자신에게 무엇을 말하고 싶은가?

❖ 스크립트 문제 해결책을 바꿔라

개인 구성 치료(Personal Construct Therapy)의 창시자이고 인지행동치료의 선구자이며 심리학자인 조지 켈리(George Kelly)는 사람들이 자신의 세계를 바라볼 수 있는 성공적인 방법을 많이 가지고 있으며, 따라서 단순히 환경의 희생자는 아니라고 지적하였다. 그는 사람들이 자신이 행동하는 이유, 다른 사람들이 행동하는 이유, 사건의 원인에 대한 이론을 만든다는 것을 발견했다. 그들은 이러한 구성을 통해 현실을 걸러낸다. 그리고 어떤 상황에 대한 왜곡된 견해가 있는 경우 그들은 그 왜곡을 인식하지 못하고 행동한다고 하였다(Kelly, 1955).

당신이 상상하고 채택할 수 있는 다양한 설명에는 끝이 없다. 어떤 설명들은 다른 것들보다 당신에게 더 잘 맞을 수 있다. 어려움은 점점 더 좋은 것을 생각해 내게 한다(kelly, 1969). 켈리는 능력을 확장하고 관점을 넓히는 새로운 행동에 대한 실험을 통해 자신의 상황을 재구성하라고 제안하였다. 그는 역할 변경에 초점을 맞추었지만, 그의 작업은 기생적 분노를 불러일으키는 부정적인 비난 평가와 과장에 적용될 수 있다.

문제 해결 연습 다시 작성하기

다음은 켈리 접근법의 수정된 버전이다. 아래 단계에 따라 새로운 스크립트를 만들고 불필요한 기생적 분노 문제에서 벗어날 수 있는지 확인하여 보자.

1. 분노가 손해가 되는 요인이었던 몇 가지 사건을 회상하라. 그것이 기생적이었다고 자신에게 말할 수 있는 것을 회상해 보라. 그것이 당신의 분노 스크립트이다.

2. 분노와 관련된 마찰이 적은 삶을 살아가는 데 있어서, 당신 생각을 어떻게 변화시키는 것이 도움이 될 수 있는가?

3. 마찰을 유발하는 분노의 관점이 내재된 문제를 피할 수 있다는 생각의 변화를 바탕으로 새로운 스크립트를 만들어라(스크립트는 합리적이고 타당하며 실행 가능해야 한다).

4. 정신적인 예행 연습을 하라. 다음 단계에서 그것이 당신에게 어떻게 작용하는지 확인하라.

5. 새 스크립트의 결과에 기초하여 당신의 스크립트를 수정하라.

6. 예행 연습한 것과 같은 향후 분노 유발 상황에서 스크립트를 시험하라. 새 스크립트를 끝마쳐라. 아래에 실험 결과를 기록하라.

스크립트를 변경하고 이러한 왜곡 없이 당신이 같은 상황에 대응할 수 있는 것처럼 행동함으로써 기생적 스크립트보다 더 잘 작동하는 자신을 위한 대안적 구성을 만들 수 있다.

❖ 분노 공격성 문제에 대한 해결책

모든 분노 과잉은 자기 점검을 수행하지만 간헐적인 폭발 반응(분노 공격, 폭발)은 특별한 위험을 제기한다. 당신은 물건을 부수고, 사람을 구타하며, 소리와 비명을 지르고 분노로 누군가를 도로에서 쫓아내거나 법적 문제로 이어질 수 있는 맹목적 행동을 할 수 있다. 하나의 사건이 당신과 다른 사람들의 삶을 극적으로 바꿀 수 있다. 그렇다면 당신이 이 문제에서 벗어나고 싶다면 무엇을 해야만 할까?

최근 연구에 따르면, 폭발적인 분노는 기분의 문제, 불안, 약물 남용, 외상후스트레스장애와 함께 발생하는 것으로 나타났다(Coccaro, 2019). 전국적인 조사에 따르면 정서적 문제나 약물 남용 문제가 있는 사람들의 약 60%가 다양한 형태의 치료를 받은 반면 오직 29%만이 분노에 대한 전문적 치료를 받았다(Kessler 외, 2006). 분노 또한 큰 문제이다! 그러면 당신은 무엇을 할 것인가?

감정 명명(labeling)은 이러한 폭발적인 분노 사건을 줄이는 방법 중 하나이다(Fahlgren 외, 2019). 잠시 멈추어 당신이 느끼는 감정에 이름을 붙이면 좋은 시작이 될 수 있다. 그렇지만 처음에 자신이 느끼는 감정이 확실하지 않은 경우 당신이 선택할 수 있는 선택지는 무엇인가? 한 가지 조언은 당신이 지금 생각하는 것에 달려 있다. 다음은 몇몇 분노 사고의 예시이다. "나는 당신이 미워요. 난 당신을 해칠 거예요. 당신은 하지 말아야 해요. 당신을 비난받을 만하고 쓸 데기 없어요." 이와 같은 단어를 사용하지 않아도 되지만, 그 생각이 대체로 그러하다면 그 감정을 "분노"라고 표시하라. 하지만 당신이 자신의 분노를 알고 있지만 그것에 대해 어떤 개념도 생각하지 못한다면 스스로에게 질문하라. 분노가 나에게 말을 한다면 그 분노가 나에게 무엇을 말할까? 더 나아가 어떤 분노의 느낌이 갑자기 나온다면 어떨까? 이러한 일이 일어난 경우, 이 느낌이 기분 변화에 선행하는지 아니면 그것을 반영하는지에 대해 주의를 기울여야 한다. 그 정보는 잠시 중단하거나 상황이 끝나기를 기다리거나 기분을 바꾸는 행동을 위한 조기 경고 신호일 수 있다.

기생적 사고가 폭발적인 분노와 융합되는 상황에서, 분노를 낮추기 위한 시간을 벌기 위해 당신은 무엇을 할 수 있는가? 당신의 부정적인 생각이 마치 새의 솜털 같다고 상상해 보아라. 이제 넓은 공간(잔디밭, 흐르는 강) 위의 푸른 하늘에 산들바람에 떠다니는 그 깃털을 상상해 보라. 그 깃털을 따라가 보자.

간헐적으로 폭발적인 분노를 느끼는 경향이 있다면 당신은 일반적인 사람보다 더 공감할 것이다 (Fahlgren 외 2019). 다음은 당신의 반응을 부드럽게 하기 위해 그 공감을 내면으로 돌리는 몇 가지 방법이다.

미리 생각하라. 지갑에 쏙 들어가는 카드에 다음과 같은 문구를 적어 놓아라. "내가 지금 다른 사람의 입장이라면 나는 다른 사람이 나를 어떻게 대하기를 원하는가?" 분노가 커지는 것을 느낄 때 카드를 꺼내 여러 번 읽어라.

이미지를 전환하라. 당신이 대상으로 삼고 있는 사람에게 주의를 집중하는 대신, 그 사람의 입장에 있는 다른 사람을 상상해 보라. 가장 친한 친구, 가장 좋아하는 조카나 같은 일을 하는 다른 사람에 대해 당신은 똑같이 부정적인 생각을 할 것인가?

이것은 자가 진단과 전문적인 도움의 결합을 통해 도움이 될 수 있는 영역이다.

얼마나 자주 당신은 언성을 높이고 소리를 지르고 누군가를 때린 후에 성급히 행동하는 것보다 생각을 먼저 했어야 하는데와 같은 후회를 했는가? 주먹을 너무 자주 사용했던 어떤 사람은 20대 초반을 감옥에서 보냈다. 그런 다음 그는 자신의 삶을 바꾸는 법을 배웠다. 분노 장소로부터 당신의 여행은 유용한 정보가 되는 새로운 아이디어와 함께 시작되었다.

마음속의 위험한 곳에서 당신은 누군가를 해치고 싶어질 수 있다. 당신은 무례하다고 느낄 수도 있다. 낯선 사람에게 길을 물어보자 그 낯선 사람은 대답 없이 떠나버리면 당신은 "이봐, 그렇게 가버리지 마!"라고 소리치고 싶어진다. 그 위험한 곳으로 들어가기 전에 당신은 무엇이 중요하고 지속적인지에 대해 생각해야 한다. 그 상황이 가족과 친구보다 더 중요하고 지속적인가? 애완동물이 있다면, 당신에게 무슨 일이 생기는 경우 누가 당신의 동물을 돌보겠는가? 당신의 자유는 얼마나 중요한가? 나무에 기대어 폭포를 바라보는 것을 생각해 보라. 얼마나 오랫동안 자유롭게 그것을 보고 싶은가?

❖ 수치심 – 분노 문제에 대한 해결책

당신은 자신의 이상적인 기준에 미치지 못하고 (마치 결점이 있는 유일한 사람인 것처럼) 결점을 드러낼 수 있다. 당신은 술이 취했고 저녁 식탁 위에 토할 수도 있다. 모두가 당신을 지켜보고 있고 당신은 자신이 너무 바보 같다고 느낄 때, 그 불쾌한 부끄러움은 자신의 견해가 반영된다. 부정적인 행동에 대한 평가인 죄책감과는 달리 수치심은 여러분들 모두의 평가와 비난인 부정적인 보편적 감정이다. 당신은 자신을 바라보는 모든 사람의 눈앞에서 자신이 결함이 있다고 간주될 때, 자신의 전체가 불명예스럽고 가치가 없다고 느낀다.

수치심은 분노와 공격성을 유발하는 요인이다(Tangney 외, 1996). 분노는 수치심의 어두운 면이다(Bear 외, 2009). 당신이 수치심을 잘 느낀다면, 특히 우발적 가치(contingent worth)라고 하는 사고방식에 의해 수치심이 물들 경우 당신은 분노와 부정적인 결과에 더 취약한 경향이 있다. 수치심과 분노가 공존하는 얽힌 상황일 수 있다. 수치심은 가치가 없음을 나타낸다. 분노는 힘을 나타낸다. 이것은 논리적으로 일치하지 않는 것이다. 그러나 우리는 고전적인 논리학자가 아니라 심리석인 존재이다.

이 그물에 얽힌 자신을 발견했다면, 여기 당신을 위한 실험이 있다.

당신은 이 행성의 다른 모든 인간과 마찬가지로 다원적이다. 이것은 당신이 능력, 관심사, 가치관, 감정, 특성, 성향, 습관, 지적 능력, 특별한 자질을 포함하여 수백 가지의 다른 속성을 가지고 있다는 것을 의미한다. 당신은 셀 수 없이 많은 것을 경험하고 배운다. 상황에 따라 당신은 다른 접근법을 사용할 것이다.

당신은 약점이 있고 오류를 범하는 경향이 있다. 그것은 인간적인 한 측면이다. 당신은 바보 같은 일보다 더 나은 일을 할 수 있는 존재이다. 당신은 확실히 자신의 행동을 판단하고 평가할 수 있다. 자신에 대한 보편적인 평가를 내리는 것은 자신의 위험을 각오하는 것이다.

모든 인간은 허점과 결점을 가지고 있기 때문에 자신이 결점이 없는 예외적 존재가 될 것이라고 기대하는 것은 비현실적이다. 그 현실을 받아들여야 한다. 자신의 가치를 결함, 실수, 불공평한 행동에 근거를 두는 경우, 당신은 우발적 가치 함정에 덜 빠지게 될 것이다. 이것은 마치 수치스러움의 상징으로 당신의 이마 중앙에 영원한 주홍글씨 W(가치 없음)를 쓰는 것과 같다. 더 나은 방법이 있다.

자신이 부끄럽고 무가치하다고 느끼는 경우 스스로에게 할 수 있는 질문이 여기 있다. 즉 내가 여러 속성과 삶의 경험을 가진 다원적인 인간이라면, 내가 멍청한 짓을 한다고 하더라도, 어떻게 내가 단 하나의 무가치한 일만 할 수 있겠는가? 답은 만약 당신이 자신의 실수를 근거로 자신을 정의할 수 있다는 전제를 받아들이지 않는다면, 자신이 단 하나의 그러한 존재일 리는 없다는 것이다. 다른 한편으로, 당신의 보편적 자아를 받아들이는 반면 당신의 행동 중 일부를 싫어하지만, 당신은 우발적 가치의 함정에서 벗어나고 자신의 불완전함에 대해 분노하는 이유가 적어지게 될 것이다.

나의 실습 기록

주요 아이디어: 이 장에서 가장 도움이 되는 3개의 아이디어는 무엇인가?

1.

2.

3.

행동 계획: 과도한 분노를 극복하기 위해 해야 할 3단계는 무엇인가?

1.

2.

3.

실행: 그 단계들을 실행하기 위해 무엇을 할 예정인가? (그 과정)

1.

2.

3.

결과: 이 단계를 통해 무엇을 배우고 싶거나 강화했는가?

1.

2.

3.

수정: 이 과정에서 변경을 하려면 다음에 무엇을 다르게 할 것인가?

1.

2.

3.

제 9 장
자기주장 솔루션

대부분의 사람은 다른 사람의 권리를 침해하거나 다른 사람에게 자신의 권리를 짓밟히지 않고 살기를 원한다. 하지만 당신은 어떤 이유로든 다른 사람들과 갈등을 겪게 되는 사회에 살고 있다. 당신과 다른 가치관, 신념, 능력, 욕망, 관심사를 가진 사람들은 당신에게 동의하지 않는 경향이 있고, 어떤 사람들은 당신을 이용하려고 할 것이다. 어떤 사람들은 자신이 하고 있는 일에 별로 관심을 기울이지 않고 당신의 기분을 상하게 할 것이다. 이러한 다양한 상황에서 자신을 다루는 방법은 중요하다. 함께 적극적 선택지를 살펴보자. 우리는 다음의 사항들을 탐구할 것이다

- 자기주장이 강한 사람들이 유리한 입장에서 자기주장을 작동하는 방법
- 자신을 옹호하는 가장 좋은 방법을 알기 위해 다른 사람의 목표를 평가하는 방법
- 동시에 여러 조건에 직면하는 복잡한 상황에서 자신을 주장하는 것의 중요성
- 자기주장 철학의 확장된 이점과 단점

❖ 자기주장을 하는 사람들의 관점

자신이 스스로 옹호하지 않으면 누가 옹호할 것인가? 때때로 친구가 도와줄 것이다. 아마도 진실한 낯선 사람을 찾을 수도 있을 것이다. 그러나 현명한 이기심을 발전시키는 것은 대부분 당신에게 달려 있다. 자기주장은 자신의 권리를 옹호하고 현명한 이기심을 발전시키기 위해 건설적으로 행동하는 자기 옹호 과정이다. 자기주장 철학은 해를 입히기 위해 행동으로 실천하는 공격성과는 근본적으로 다르다. 자기주장은 자신을 잘 통제하고 긍정적 영향과 함께 자신을 효과적으로 표현하는 것이다.

매우 억제된 경향이 있는 사람들과 해로운 공격적 패턴을 가진 사람들은 다른 관점에서 주장 기술을 배우게 된다. 억제에서 자기주장으로 가는 것은 진정한 자기표현 능력을 확장하는 것과 관련된다. 공격성에서 자기주장으로 가는 것은 공격적인 행동을 제한하고 진정한 자기표현 능력을 확장하는 것과 관련된다.

자기주장 훈련은 억제하는 내성적인 사람들이 칭찬을 받아들이고 표현하는 것뿐만 아니라 긍정적인 감정, 부정적인 감정, 불만을 표현하는 것을 돕는 1940년대 치료사 앤드류 솔터(Andrew Salter)의 작업으로부터 시작되었다. 이러한 관점은 자기주장의 선구자인 로버트 앨버티(Robert Alberti)와 마이클 에먼스(Michael Emmons)의 작업을 통해 확장되었다.

자기주장은 종종 활용도가 낮지만, 여러 가지 불쾌한 조건들에 산재해 있는 부정적인 요인을 변경하는 대에 매우 효과적인 방법이다(Speed, Goldstein & Goldfried, 2018). 예를 들어 주장은 공격성을 주로 대체한다. 자신의 자기주장 능력을 잘 훈련하면 당신은 공격성으로부터 기인하는 좋지 못한 결과 없이 자신의 감정을 잘 표현할 수 있다.

10가지 자기주장 전략

의미치료(logotherapy)의 창시자인 정신과 의사 빅터 프랭클(Viktor Frankl)은 자유는 조건으로부터의 자유가 아니라 당신이 직면한 어떤 조건에서도 자신의 입장을 밝힐 수 있는 자유라고 하였다(1988). 《당신의 완벽한 권리(Your Perfect Right)》의 첫 번째 버전과 열 번째 버전 사이에서, 밥 앨버티(Bob Alberti)와 마이클 에먼스(Michael Emmons)는 당신이 그들을 짓밟거나 그들이 당신을 짓밟지 않고 잘 지낼 수 있도록 자기주장을 다른 사람들과 평등한 관계를 유지하기 위한 자기표현의 한 형태로 설명하는 자신들의 관점을 발전시켰다. 그들의 접근법은 사람들에게 다가가고 칭찬하며 당신이 잘못했을 때 사과하는 것을 포함하고 있다.

다음 차트는 그 목적과 함께 공격성을 자기주장으로 대체하는 10가지 방법을 설명한다. 그 맥락이 중요하다는 것을 명심하여야 한다. 거리낌 없이 말하는 것이 더 큰 해를 끼칠 경우 주장을 보류하는 것이 적절하다. 문제에 대한 적극적인 대응을 고려할 때 당신은 자신의 목적을 확인하고 접근법을 결정하기 위해 이 차트를 참조할 수 있다.

자기주장 전략	목적
시기적절한 방식으로 행동한다.	분노가 곪아 터지고 점점 커지는 것을 피하기 위해 갈등을 더 빨리 풀거나 해결해야 한다.
당신이 생각하고 말하는 것에 대해 책임을 진다.	원하는 것을 명확하게 말하고 불필요한 혼란을 피한다.
비난 확대 사고를 제거한다.	방어적임을 줄이기 위해 수용력을 높이고, 그 곤경을 헤쳐나가는 시간을 절약한다.
편안하게 칭찬을 주고받는다.	다른 사람을 칭찬하고 칭찬을 받아들이는 것은 긍정적인 관계를 돕고 그러한 관계 내에서 분노를 줄인다.
말다툼을 할 필요가 없는 때를 결정한다.	당신은 자신이 좋아하지 않는 모든 것에 이의를 제기할 수 있다. 당신이 좋아하는 일을 하는 데 시간을 투자하는 것이 더 중요할 수 있다.
정상적인 눈 맞춤한다.	누군가를 응시하거나 의심의 눈으로 바라보지 않고 눈을 마주침으로써 자신감과 확신을 보여 준다.
편안한 거리를 유지한다.	누군가의 개인 영역을 침입하여 분노 반응을 불러일으키는 것을 피한다. (미국에서 약 1미터가 일반적으로 편안한 거리이다.)
자세를 편안하게 취한다.	당신이 차분할 때 이것은 편안하고 자신감 있고 유능한 존재 방식을 나타낸다.
비판과 피드백을 현실적으로 받아들인다.	유용한 피드백과 비판은 "그것을 알려 주셔서 감사합니다. 그것에 대해 감사드립니다." 이와 같은 감사하는 응답을 만들어 낸다.
공통점을 알아낸다.	정당한 의견 불일치가 있는 경우 더 '상호 양보' '주고받기'의 관점에서 교환을 시작한다.

자기주장 접근법 12단계

현명한 이기심을 발전시키는 것은 자신과 다른 사람들 사이에 다리를 놓는 것과 같다. 다음 12단계의 자기주장 접근법을 통해 당신은 그 다리에 도달할 수 있다.

상황을 진지하게 받아들이지만 개인적으로 받아들이지 마라. 자아가 아닌 당신이 달성하고자 하는 것에 집중하면 더욱 사고 과정이 원활하게 직동할 가능성이 높다. 당신은 그 결과를 느끼기 전에 문제를 볼 수 있을 것이다.

비판적이지 않은 태도를 유지하라. 사람들을 그들의 행동에서 분리하여 볼 때 당신은 그 사람을 수용할 수 있지만 받아들일 수 없는 행동은 수용할 수 없다. 처음에 대부분의 사람은 그러한 분리를 위해 의도적인 노력을 기울여야 할 필요가 있다. 사람들은 자신들이 수용된다고 느낄 때, 그들은 자신의 입장을 비판적으로 볼 가능성이 높다. 한편 어떤 자기주장적 입장은 융통성이 없는 입장이 아니라 오히려 사실들이 진행되면서 그것들에 의해 형성된다.

먼저 화를 풀어라. 당신의 마음에 기생적 분노에 대한 생각이 거의 없을 때 당신은 자신을 효과적으로 주장할 수 있다. 다음은 몇 가지 빠르게 확인해야 할 것들이다. 나는 비난을 확대하는 사고를 줄였는가? 나는 과도한 일반화에서 해방되었는가? 나는 기본적인 속성 오류를 피했는가? (속성 오류에 대한 것은 제2장 참조) 나는 상황을 있는 그대로 받아들였는가?

문제에 대해 올바르게 생각하라. 어떤 상황에서는 당신은 가치 있는 선택을 할 필요가 있다. 다음은 이러한 선택을 명확하게 하는 간단한 기법이다. 스스로에게 다음과 같은 질문을 하라. 이것을 한다면 나는 무엇을 얻을 수 있는가? 나는 무엇을 잃을 것인가? 이 행동은 누구에게 상처를 입히고, 왜 그러한가? 애매한 상황에서 행동하기 전에 따로 정보를 얻는 것이 현명한 것인가? 그것에 대해 생각하는 것은 적극적인 행동이다.

그 순간을 넘어서 생각하라. 그 순간을 넘어서 미래를 보는 것은 관점을 유지하는 데 도움이 된다. 다음 질문들이 도움이 될 수 있다. 나는 무엇을 성취하기를 원하는가? 나는 어떤 유형의 관계를 구축하고 싶은가? 그 순간을 넘어서 생각함으로써 당신은 자신이 원하는 긍정적인 결과를 방해할 수 있는 분노 충동을 피할 수 있다.

자연스러운 음색을 확인하라. 음색을 정하면 그것이 당신이 나아갈 방향을 정하게 된다. 자연스럽고 적대적이지 않으며 개방적이고 유쾌한 방식으로 자신을 표현할 때 당신은 호의적인 영향을 미칠 가능성이 크다. 개방적이고 자연스러운 음색은 그에 대한 대답으로 같은 음색의 말을 들을 가능성을 높인다.

당신이 사용하는 언어에 주의를 기울여라. 경멸적인 용어는 다른 사람들을 화나게 만들 수 있다. 그것들을 사용하면 하나의 부정적인 단어가 다른 부정적인 단어를 낳는 상황을 유발할 수 있다. 다른 사람을 방어적인 입장으로 만드는 말을 사용하지 않고도 당신은 자신의 입장을 더 효과적으로 주장할 수 있다. 의사소통은 쌍방향적인 것이다. 만약 상대방이 경멸적인 언어를 사용한다면, 당신은 무엇을 선택할 것인가? 당신은 그 다툼에 참여하거나, 아니면 정확하지만 경멸하지 않은 언어를 사용해서 말할 수 있다. 당신은 그 문제에 직면하여 욕설, 경멸, 다른 감정적인 단어가 어떻게 대화를 중단시키는지를 지적할 수 있고 거기에서부터 시작된다 할 수 있다.

개념을 가지고 말하라. 개념은 당신의 말속에 있는 생각이다. 즉흥적인 대화에서 모든 단어에 대해 숙고한다면 변화하는 상황을 알아차리지 못하게 되고, 그래서 당신은 어려운 처지에 놓일 수 있다. 개념을 가지고 말한다는 것은 그 문제와 말하고자 하는 생각에 대하여 명확하다는 것을 의미한다. 당신의 말은 그 명확성을 반영할 것이다.

사실을 객관적으로 표현하라. (사전에 조사하거나 질문을 통해) 사실을 수집하자. 이용 가능한 최상의 정보를 사용하라. 가장 자신 있게 말할 수 있는 것을 강조하라. 특별히 애매한 상황에서는 다른 사람의 견해를 확인하라. 검증 가능한 정보를 가지고 오해에 대해 명확히 해명하라.

문제에 집중하라. 의사소통은 서로 다른 견해를 가진 사람들 사이의 쌍방향적이며 따라서 다른 사람들이 말하고 있는 동안 그들의 말을 잘 듣고 대화를 잘 유지하는 것이 자기주장적 의사소통에서 이상적인 것이다. 당신은 자신이 말하고 행동하는 것을 선택할 수 있다. 그러한 선택을 통해 당신은 중요한 문제에 집중할 수 있다.

세 가지 요점을 만들어라. 어떤 해야 할 말을 놓치고 지나고 나서 보니 생각한 것을 말했으면 좋았을 텐데 하는 일이 종종 발생한다. 사람들은 대체로 그러하다. 이 위험을 줄이려면 3가지 요점에 대해 생각하고 그것들을 먼저 이야기하자.

필요한 경우 점점 더 수준을 높여라. 원하는 결과를 얻을 수 있도록 최소한의 주장부터 시작하라. 당신의 입장에 요점과 명확성을 더하라. 이처럼 수준을 높이는데 고려할 것은 당신이 얻을 수 있는 혜택에 대한 다른 사람들의 감정과 있을 수 있는 해석의 균형을 맞추는 것이다. 다음의 "달걀 껍데기를 깨기 위해 망치는 필요하지 않다."라는 속담이 해당한다.

이제 당신이 다음 실험에서 이러한 단계를 적용할 차례이다.

나의 12단계 자기주장 프로그램

단호하게 행동할 때 당신은 더 큰 자유를 경험하는가? 그것이 이 실험이다. 다음 차트에서 첫 번째 열은 위에서 논의한 12단계가 나열되어 있다. 청구서에 이의를 제기하거나 어떤 문제에 대한 견해 차이를 해결하는 것과 같이 다가오는 충돌이 있음을 알고 있는 경우 첫 번째 열은 단계를 검토한다. 갈등의 결론 부분에서 두 번째 열에 그 갈등 상황에서 당신이 취한 조치를 채우고, 그다음 세 번째 열에 그 결과를 나열한다.

자기주장 단계	나의 행동	행동 결과
상황을 진지하게 받아들이지만 개인적으로 받아들이지는 마라.		
비판적이지 않은 태도를 유지하라.		
먼저 화를 풀어라.		
문제에 대해 올바르게 생각하라.		

자기주장 단계	나의 행동	행동 결과
그 순간을 넘어서 생각하라.		
자연스러운 음색을 확인하라.		
당신이 사용하는 언어에 주의를 기울여라.		
개념을 가지고 말하라.		
사실을 객관적으로 표현하라.		
문제에 집중하라.		
3가지 요점을 만들어라.		
필요한 경우 점점 더 수준을 높여라.		

이 과정을 여러 번 반복함으로써 자신의 주장하는 능력을 개발하고 현명한 이기심에서 갈등을 효과적으로 해결하는 연습을 하게 될 것이다. 만약 당신이 단계석으로 수상하는 행봉을 성낭와할 수 없거나, 비용이 이익을 훨씬 초과할 경우, 당신은 자유롭게 생각을 바꿀 수 있다.

❖ 목표 기법

만약 너무 자신에게 몰두해 있어서 주변 세상에 관심을 기울이지 않거나, 자신을 위해 나와 다른 사람에게 폐를 끼치더라도 크게 개의치 않는 사람들을 당신이 때때로 본 적이 없다면, 당신은 고립된 산꼭대기에서 살고 있음이 틀림없다. 이러한 상황은 특별히 자기주장에 대한 어려움을 가진 경우이다.

다음은 일상적으로 의미가 있지만, 매우 드물게 자신에게 하는 질문이다. 그 사람의 목표는 무엇인가? 이 질문은 성급히 결론에 도달하거나, 과잉 반응을 멈추고 회피하기 위한 일시적인 거리 두기 기법의 방법이다. 하지만 이것은 그 이상이다. 어떤 상황에서 다른 사람의 목표를 가정함으로써 당신은 상호 문제에 대한 해결책을 협상하는 데 많은 유연성을 가지게 될 것이며, 언제 난관에 부딪힐 가능성이 있는지, 그리고 선택의 폭이 넓거나 제한될지를 평가할 수 있다. 그러나 가설은 검증이 필요한 신념이다. 그럼에도 불구하고 가정된 목표를 염두에 두는 경우 당신은 비난을 확대하고 자신의 목표를 놓치는 경향을 줄일 수 있다.

목표 기법은 자기주장과 관련된 대부분의 상황에 적용된다. 다음은 그 부정적인 사건의 예이다. 즉 당신은 지금 슈퍼마켓에서 줄을 서서 기다리고 있다. 할머니 한 분이 기간이 지난 쿠폰을 받는 것 때문에 계산원과 말다툼을 하면서 아주 꽉 찬 자신의 지갑에서 쿠폰을 찾으려고 뒤적거린다. 그녀의 목표는 무엇일까? 그녀가 돈을 아끼고 싶어한다는 것을 당신은 합리적으로 판단할 수 있을 것이다. 배경 문제로서 당신은 그 할머니가 상황을 정리하는데 도움을 받을 수 있지 않을까 하고 생각할 수 있다. 당신은 그 할머니가 1달러의 이익을 얻기 위해 노력하고(목표), 너무 몰두해서 주변에서 일어나는 일에 많은 관심을 기울이지 못하고 있다(배경)고 결론을 내릴 수 있을 것이다. 그 상황에 당신 자신이 관여해서 그녀가 앞으로 나아가도록 관심을 표명하고 싶은가? 당신의 기분이 언짢다면 당신의 목표는 화를 밖으로 표현하는 것인가? 당신의 목표는 그녀가 서두르게 만드는 것인가? 다툼에 빠져드는 것이 더 지연을 초래할 수 있기 때문에 당신의 목표는 '내버려 두는 것'일까?

사람들이 자신이 하고 있는 일에 주의를 기울이지 않아 당신을 불편하게 만들 경우, 당신이 그것에 대해 그들에게 있는 그대로 말하면 그들은 대부분 그 행동을 멈춘다. 그들의 암묵적인 목표는 자신들의 머릿속에서 해결의 실마리를 찾을 가능성이 높으며, 일부는 주변에서 무슨 일이 일어나고 있는지 보지 못하고 있을 수도 있다. 몇몇 상황에는 일반적으로 주장을 해결하는 데 더 오래 걸리는 복합적인 문제일 수 있다. 예를 들어 보통 은둔 생활을 하는 이웃이 당신의 땅에 60cm의 모퉁이가 있는 물결 모양의 강철 정원 창고를 만들기 시작했다고 하자. 당신은 이웃에게 다가가서 있는 그대로, 당신의 땅을 표시하는 표식에 대해 알려 주고 친절하게 그 창고를 이동시키는 것을 돕겠다고 할 것이다. 그러나 이웃은 "당신이 표식을 옮긴 것이 틀림없어. 왜 그렇게 호들갑을 떨어? 여기는 나무가 우거진 땅이잖아. 어쨌든 아무도 사용하지 않는 땅이 잖아."라고 당신에게 소리친다. 그 이웃은 무시하고 계속 창고 만들고 있다.

그 이웃의 목표는 무엇인가? 그 분명한 목적은 창고를 그곳에 그대로 두는 것이다. 그 이웃은 창고를 옮기는 번거로움을 피하는 것이 추가적인 목표일 수 있다. 당신의 목표는 무엇인가? 당신의 땅에서 그 창고를 없애기 위한 주장의 예가 여기 있다. 즉 당신은 자연스럽고, 명확하며, 자신감 있고, 단호한 어조로 당신이 표식을 옮겼다는 것을 그 이웃이 증명할 수 없다면 하루가 지나기 전에 당신의 땅으로부터 그 창고를 이동시킬 필요가 있다고 알린다. 기한을 전달하는 것은 압력으로 작용할 수 있다. 이제 당신은 자유롭게 돌아 갈 수 있다(나는 개인적으로 명확하고 자신감 있는 시간에 기초한 행동이 효과적 일 수 있지만 항상 그런 것은 아니라는 것을 발견했다).

주장의 단계적인 확대 접근법은 종종 다른 사람의 목표를 인식하는 맥락에서 당신이 원하는 것에 대한 간단한 선언적 진술과 함께 시작할 수 있다. 그 생각은 여러분이 추구하는 결과를 가져오도록 충분히 공정하게 하는 것이다. 그리고 만약 첫 번째 단계가 충분하지 않으면 다음은 한 단계 더 높이는 것이다. 그 이웃이 창고를 옮기지 않았다고 가정해 보자. 당신은 땅의 경계를 확인하기 위해 측량 기사를 고용할 수 있다(일반적으로 사실을 파악하는 것이 유용하며, 이는 이러한 사례 중 하나이다). 표식 위치를 입증하는 것은 이웃이 창고를 이동하도록 하는 데 필요한 압력일 수 있다. 당신은 사실을 제시하는 것이다. 이웃이 양보하지 않는다면, 당신은 다른 조치를 취할 수 있다.

당신은 그 표식의 위치를 입증한 이후, 당신의 사건을 법원에 제출하고 도움을 요청하면 문제가 종료된다. 그렇지만 이웃이 여전히 양보하지 않을 경우(어떤 사람들은 자신이 선택한대로 할 수 있음을 증명하는 비합리적인 충동을 하기도 한다), 당신은 법적 해결책을 점점 확대하여 그 이웃이 창고를 옮기도록 강요할 수 있다. 어떠한 결과가 나오든지 화를 내는 이웃을 위한 계획을 세워야 한다.

❖ 자기주장의 복잡한 상황

어떤 갈등 상황에서 많은 사람은 당신의 단호한 행동으로부터 이익을 얻을 수 있다. 예를 들어 당신이 탑승구에서 기다리는 동안 항공사가 당신의 항공편을 마지막 순간 취소한다면 어떻겠는가. 비행기는 여러 번 지연되었고, 그래서 연결 비행편을 이용해야 하는 승객들은 그 연결 편을 놓칠 수도 있다. 30명 이상의 사람들이 항공 일정을 변경하기 위해 줄을 섰다.

카운터의 첫 번째 승객은 자신이 참석해야 할 중요한 회의가 있다고 관계자에게 소리친다. 그는 전용기를 요구한다. 그 승객은 고함을 치고 있으며 그것은 끝날 기미가 보이지 않으며 7분 이상 계속된다. 당황한 직원은 그에게 나중에 비행기를 예약하거나 다른 항공사를 이용해야 한다고 말하면서 사과를 했다. 고함치는 그 승객의 목표는 아마도 그 불편함에 대한 긴장을 해소하기 위해 가능한 한 빨리 비행기를 타는 것일 것이다. 그 직원의 목표는 그 승객이 트집잡기를 끝내고 다른 사람들과 함께 다시 기다리는 것이다. 줄서 있는 두 번째 승객인 제드를 포함한 나머지 30명의 목표는 신속하게 서비스를 받고 다른 항공편을 예약하는 것이다.

제드는 무뚝뚝한 어조로 말했다. "실례합니다. 나도 이렇게 당신과 같이 줄을 서고 있어요. 당신 뒤를 한 번 봐주세요. 기다리는 것에 짜증이 난 사람들이 길게 줄 서 있어요. 제 말이 마음에 들지는 않으시겠지만, 당신 일을 해결할 수 있는 권한이 있는 관리자에게 이 상황을 말하는 것이 어때요?" 첫 번째 승객은 "예"라고 고개를 끄덕였다.

제드는 직원에게 물었다. "이분이 관리자를 만나도록 해 주실 수 있을까요? 이분은 중요한 회의가 있기 때문에 어떤 해결책이 필요하네요." 그 직원이 전화를 걸었다. 이 경우 첫 번째 승객은 지원을 받아서 만족했다. 그는 관리자를 만나는 장소로 걸어갔다. 제드는 직원에게 말했다. "오늘 아침 좀 힘드셨네요. 미안해요." 그 직원은 제드에게 항공편을 찾아 주기 위해 갔다.

이 상황과 다른 모든 상황에 대응하는 예행 연습을 당신은 할 수 있었는가? 나는 그것을 의심한다. 이런 종류의 모든 상황이 당신이 원하는 대로 잘 진행될 것인가? 아마 아닐 것이다. 확실히 당신은 (1) 그들의 목표가 자신의 입장을 고수하는 것이며 (2) 수용하기에는 너무 많은 자존심이 걸려 있고 (3) 융통성이 부족하기 때문에 자신의 생각을 양보하지 않는 사람들을 만날 것이다. 아니면 (4) 그들은 자신이 원하는 대로 할 자격이 있다고 믿는다. 때로는 시간과 노력을 기울여 주장 접근법을 이용해 얻을 만한 것이 없을 수도 있다. 당신이 그들 모두를 이길 수는 없다.

다른 사람들이 달성하고자 하는 것에 대해 주의를 기울이는 한편 당신 자신의 목표 달성에 있어서 자신의 관심을 주장하기 위해 충분한 연습을 하면, 어느 시점에서 당신이 연습해 온 많은 것이 자기주장을 통해 자연스럽게 느껴지는 곳으로 모이는 것을 발견할 수 있을 것이다.

❖ 자기주장 철학 만들기

너무 익힌 음식을 식당으로 다시 돌려보내거나, 따분한 출납원에게 자신의 인생 이야기를 말하면서 당신 앞에 줄을 서 있는 사람에게 무언가를 말하는 것보다 자기주장에는 더 큰 의미가 있다. 자기주장은 당신이 사랑에 대한 관심을 추구하고, 교육을 받기 위해 단계를 밟으며, 바람직한 경력을 쌓는 것 등의 상황에 적용된다. 앞서 말했듯이, 이 생각은 다른 사람에게 불필요하게 해를 끼치지 않고 당신이 원하는 것을 얻는 것이다.

당신은 자신의 이익을 옹호하고 발전시키는 것이 중요한 상황을 위한 실용적인 삶의 철학으로서 자기주장을 활용할 수 있다. 그러나 주장적 철학은 많은 사람에게 자연스럽게 다가오지 않는다. 실제로 이 철학을 발전시키려면 기본적인 자기주장 기술을 연습하고 이를 장기적인 문제 해결 과제에 적용하는 것이 요구된다.

자기주장에는 단점이 있는가? 전문적인 자기주장 스타일을 가진다고 해서 그것이 당신의 요점을 이해시키거나, 문제를 해결하거나, 진행 중인 논쟁 상황을 막을 수 있다는 보장을 하지는 않는다. 자신을 옹호하고 다른 사람의 이익과 충돌할 때, 당신은 많은 인기를 얻지 못할 수도 있다. 당신이 설령 영향력이 있더라도 다른 사람의 관점과 반응을 통제할 수는 없다. 다음은 자기주장에 대한 단점의 예이다.

- 몇몇 상황들은 협상 및 교환이 필요하다. 당신은 다른 사람의 행동으로 인해 불이익을 받을 수도 있다. 상대방은 조정할 의향이 있지만 완전히 묵인하지는 않을 것이고 그래서 양보하지도 않을 것이다. 때때로 당신은 다른 비용을 들이지 않고는 원하는 것을 100% 얻지 못할 수도 있다. 문제를 해결하기 위해 당신이 원하는 것보다 적게 취하는 것도 하나의 선택이다.
- 누군가가 의도적으로 부당하게 행동하고, 당신은 사실에 근거한 주장으로 능숙하고 비판단적으로 대응하는 상황의 경우, 당신이 설령 자기주장에 대한 올해의 홍보 포스터 인물이라 하더라도, 방어적인 반응을 얻게 될 가능성이 매우 크다. 일반적으로 착취적인 활동을 하는 어떤 사람도 자신들이 비난하기를 원하지 않는다.
- 당신이 명확하고 긍정적이며 합리적이고 자신감 있는 방식으로 자신의 입장을 제시할 때, 어떤 사람들은 여전히 자신에게 이익이 되는 것을 추구할 수 있다. 많은 사람이 자신의 능력을 과대 평가한다는 것을 보여 주는 많은 과학적인 자료가 있다.
- 당신은 자신에 대한 자신감이 부족한 일부 사람들을 압도할 수 있고, 그래서 원한을 품고 나중에 당신을 깎아내리는 행동으로 이어질 수 있다. 그렇지만 당신은 상호 이익의 부분들에 주의를 기울이면서 공정하게 실행함으로써 이러한 유형의 위험의 결과를 줄일 수 있다.

대부분의 사람은 어떤 주장의 대상이 되는 것을 좋아하지 않는다. 그들은 아마도 화를 내는 공격적인 접근법을 선호할 것이다. 악의가 있다는 것을 예상함으로써 당신은 때때로 당신의 이익을 보호할 수 있다. 다음 장에서는 주장을 부드럽게 하고 그 효과를 높일 수 있는 적극적인 반성의 의사소통 방식에 대해 배울 것이다.

나의 실습 기록

주요 아이디어: 이 장에서 가장 도움이 되는 3개의 아이디어는 무엇인가?

1.

2.

3.

행동 계획: 과도한 분노를 극복하기 위해 해야 할 3단계는 무엇인가?

1.

2.

3.

실행: 그 단계들을 실행하기 위해 무엇을 할 예정인가? (그 과정)

1.

2.

3.

결과: 이 단계를 통해 무엇을 배우고 싶거나 강화했는가?

1.

2.

3.

수정: 이 과정에서 변경을 하려면 다음에 무엇을 다르게 할 것인가?

1.

2.

3.

제10장
효과적으로 의사소통하는 방법

스트레스 – 분노 – 스트레스의 주기(제6장)에 있는 동안, 우리는 아마도 자신의 의사소통 중 일부를 혼란스럽게 하고 나중에 자신이 말했거나 말하지 않은 몇몇 사항들에 대해 나중에 후회할 것이다. 능동적으로 성찰하는 의사소통을 통해 그 주기를 예방하거나 중단할 수 있는가? 우리는 이 장에서 논쟁이 일어날 듯한 상황에서 의사소통 능력을 향상할 수 있는 적극적 의사소통 전략을 탐색할 것이다. 구체적인 방법을 우리는 다음과 같이 살펴볼 것이다.

- 잘못된 분노의 추측을 제거하고 자신의 의사소통을 개선하는 방법이다.
- 능동적이고 성찰하는 의사소통을 통해 생산적인 영향을 바라보는 방법이다.
- 적극적인 질문을 사용하고 누군가가 우리의 방심한 틈을 노리지 않도록 의제를 설정하는 방법이다.
- 자신의 의제에 대해 책임지는 방법이다.

❖ 추측을 점검하라

추측(Assumption)과 분노(Anger)의 연관성에 대한 연구는 거의 없다. 그러나 추측은 물속의 먹물처럼 기생적 형태의 분노와 섞인다. 따라서 분노를 유발하는 주측을 분리하고 이 숨겨진 무남에서 벗어날 수 있는지 탐색해 보자.

우리는 항상 추측을 한다. 추측은 증거 없이 사실로 받아들이거나 확정된 사실로 당연히 여기는 것이다. 믿음처럼, 어떤 추측은 정확하며, 어떤 추측은 부분적인 진실을 포함하고, 어떤 추측은 모래 한 알 만큼의 가치를 갖고 있다. 이처럼 논쟁할 수 있는 것으로 인정받기 전까지는 그것들은 논쟁이 되지 않는다. 추측은 거의 확실한 것에서부터 자기 기만적인 허구까지 다양하다. 여기 두 종류의 추측들에 해당되는 예가 있다.

- 사과를 나무에서 떨어뜨리면 사과는 떨어진다. 당신은 사과가 나무에서 떨어지기 시작해서 방향을 돌려 하늘로(성층권) 향해 가는 것을 몇 번이나 본적이 있는가? 중력의 법칙은 사과가 떨어지는 추락을 설명한다.

- 주방 수도꼭지를 틀면 물이 흐르는 것은 거의 확실하다. 우리는 좋은 추측을 했다. 100% 옳다는 보장은 없지만, 누가 우리와 반대의 의견을 제시하겠는가?

- 사람들이 뇌의 10%만 사용한다는 말을 들어본 적이 있을 것이다. 우리의 두뇌 능력보다 조금 더 큰 당신이 닿을 수 있는 범위 안에 천재가 있다는 말이다. 한편 두뇌의 나머지 90%는 빈둥거리며 무엇을 하고 있는가? 그 추측을 뒷받침할 만한 강력한 증거는 없다는 것이다.

- 비난의 확대는 누군가가 우리를 불쾌하게 하는 경우, 그 사람들은 속까지 완전히 썩어 있고 최악의 대우를 받을 만한 사람이라는 잘못된 추측과 결합된다. 그 추측은 우리가 해를 입히고 고통을 줄 수 있는 권한을 가지고 있어야 한다는 것이다. 그것에 대한 증거는 어디에 있는가?

- 추측 척도는 자기 기만적 목적에서 사건이 우리를 분노하게 한다고 추측하는 것이다. 예를 들어 내가 기다리는 기차가 늦게 와서 분노했다고 하자. 그럼 나는 내가 이런 식으로 느끼는 것 외에는 선택의 여지가 없다고 추측하는 것처럼 행동한다. 그리고 나와 나의 지인의 사이가 멀어진다. 이로 인해 나는 분노했는가? 그 사람이 멀어지고 있다는 것을 알기 전에 이 결론에 도달했다면 어떨까? 싶다.

많은 오해의 뒤에는 잘못된 추측이 있다. 우리가 누군가의 의도에 대하여 결론을 내리고 화를 낸다면 그 의도에 대한 그 추측의 증거는 무엇인가? 만약 내가 어떤 정치적 인물에 대하여 강한 부정적 편견을 가지고 있는 경우, 나의 추측은 그 후보자의 가장 가까운 지지자 및 친구의 추측과 동일한가? 누구 말이 맞을까?

추측 점검하기는 각 갈등 상황에서 우리가 옳다고 생각하는 중요한 추측을 인식하는 것부터 시작된다. 그것을 알아내는 것은 생각만큼 어렵지 않다. 분노를 느끼면 나 자신에게 물어보라. 이 상황에서 내가 추측하고 있는 것은 무엇인가? 나의 대답은 다른 사람이 하는 일이 내 마음에 들지 않으면 나는 분노를 낼 수밖에 없다고 생각해 보자. 그 추측이 가장 친한 친구에게까지 확대되는가? 확대되지 않는다면, 나는 그 추측에 대한 예외와 나의 생각이 오류일 가능성이 있다.

어떤 추측들은 함께 연결되어 복합적인 것이 된다. 비난의 확대 패턴에서 네 개의 잠재적인 추측에 대해 탐색해 보자. (1) 그 사람이 그 문제를 일으켰다. (2) 그 행위는 의도적으로 행해졌다. (3) 그 사람은 그것을 하지 말았어야 했다. (4) 당신이 해를 끼치기를 원하는 무슨 일이라도 수행할 때 당신은 정당화된다.

이 복합적인 과정의 세 번째 부분에 대한 타당성을 점검해 보자. 이 추측은 '이 사건이 발생하지 않았어야 한다'로 요약된다. 이미 일어난 일을 일어나지 않아야만 한다고 요구하는 것은 사실에 반하는 주장이거나 사실에 입각한 것이 아니다. 사실에 반하는 주장은 팅커 벨(Tinker Bell)이 진짜라고 추측하는 것만큼 견고하다. 만약 당신의 요구가 문제에 있어 더 중요한 것이고 그것이 모호한 추측을 기반으로 하고 있음을 인식하면, 당신은 비난 확대 추측의 핵심이 되는 것을 깨기 위해 강력한 조치를 취한 것이다.

당신이 자주 적용하는 어떤 추측이 거짓인지 아닌지 확실하지 않은 경우, 당신은 종종 그 결과를 보고 알 수 있는 경우가 있다. 너무 자주 그리고 너무 격렬하게 화를 낸다면 스스로에게 물어보라. 내가 무엇을 추측하고 있나? 그 추측에 대한 증거는 어디에 있는가? 그 추측이 법정에서 사실로 인정될 것인가?

다음은 추측을 인식하고 그 타당성 검사를 수행하기 위한 간단한 인식 연습이다. 참고를 위해 최근 (또는 다가오는) 상황을 참고하라.

상황: _____

추측(Assumpuion)에 대한 질문	추측(Assumpuion)에 대한 답변
이 상황에 대한 나의 추측은 무엇인가?	
그 추측을 뒷받침하는 증거는 무엇인가?	
노련한 변호사가 나를 반대 심문하는 경우 이 증거는 법정에서 타당한가?	

잘못되거나 중요하지 않은 추측을 제거함으로써 당신은 추측에 결합된 스트레스와 분노를 줄일 수 있다.

❖ 능동적 – 성찰 의사소통

다른 사람들도 역시 추측을 한다. 그 추측들은 때때로 당신의 추측과는 다를 것이다. 얼마나 많은 말다툼이 추측의 차이에서 비롯되는가? 아마 꽤 많을 것이다. 자신의 추측을 점검한 후 다른 사람의 추측을 점검하는 것은 문제가 시작되기 전에 그것을 미리 막고 당신이 원하는 점을 파악하면서 차이점을 해결하는 적극적 방법이다. 당신은 다른 문제를 일으키지 않고 어떻게 해결할 수 있을까? 능동적 성찰 의사소통 과정은 자신의 주장적 표현 기술을 다듬는 데 도움이 된다.

능동적 – 성찰 의사소통을 위한 하나의 과정이다.

- 자신이 가지고 있는 다리에 구조적 문제가 발견했을 때, 타당한 경우에는 다리를 건설하는 것과 다리를 보강하는 것이다.
- 자신을 표현하는 것과 다른 사람의 견해에 주의를 기울이는 것이 중요한 경우 다른 사람의 의견을 듣는 것이다.
- 당신이 현명하게 자신의 입장을 고수할 때 그리고 당신이 벽에 부딪혔을 때, 당신이 어디에서 타협할 수 있는지를 결정하기 위해 정보를 수집하는 것이다.
- 문제에 대한 공동 이해를 기반으로 실행 가능한 해결 방법을 찾는 것이다.

능동적 – 성찰 의사소통 과정은 잠시 멈추고, 성찰하며, 정보를 수집하고, 그 정보를 바탕으로 추론하며, 그 정보를 사용하여 문제를 해결하는 것을 포함한다. 이 접근법은 부정적 상호 작용의 정서적 강도를 줄이거나 끝낼 수 있다.

능동적 – 성찰 의사소통을 위한 지침

불쾌한 상황에 직면하거나 갈등을 해결하는 의사소통은 거의 일직선으로 나아가지 않는다. 나는 능동적 – 성찰 의사소통을 상식과 과학이 결합된 하나의 예술로 간주한다. 이 과정은 다양한 색깔이 있는 팔레트에서 페인트를 선택하고 페인트 붓을 창의적으로 사용하는 것과 같다. 당신은 어떤 색에 덧칠을 해야 할 수도 있다. 아마도 물결 모양의 선이 직선보다 더 잘 보일 것이다.

능동적 – 성찰 의사소통은 또한 각각 다른 기능을 가진 도구 상자의 도구와도 같다. 몇몇은 동일한 방식으로 일을 하지만 때론 다른 방식으로 일을 하는 경우도 있다. 무엇을 사용할지는 당신이 결정한다. 이러한 도구를 사용하며, 어떤 도구가 그 상황에 맞는지를 결정하고, 연습을 통해 자연스럽게 생각하고 의사소통하는 방법이 된다.

페인트와 도구 사이에서 당신은 영향력을 가지고 효과적으로 의사소통할 수 있는 요소를 가진다. 다음은 능동적 성찰 의사소통과 피해야 할 몇 가지 조건을 이용하여 상황에 맞는 방법을 제안한다.

- 부정적인 첫인상을 만들지 마라. 회의적인 어조, 부정적인 신체 언어, 비난을 확대하는 메시지는 종종 도발적이고 저항을 만들며 해결 가능성을 더 낮게 만든다.
- 상대방이 말하는 내용에 집중하라. 상대방의 관점에서 문제를 이해할 때까지 당신의 생각이 개입하는 것을 억제하라(대부분의 사람이 이 중요한 단계를 건너뛴다). 당신이 비록 상대방의 의견에 동의하지 않더라도 그가 무슨 생각을 하는지를 아는 것은 유용하다.
- 당신이 들려주고 싶은 메시지를 전달하기 위해 너무 빨리 중심을 잡지마라. 자연스러운 주고받기 방식으로 그 대화에 당신의 메시지를 섞어 표현하라. 정보를 너무 빨리 당신의 메시지를 전달하기 위해 안달하는 강사의 인상을 줄 수 있다. 이런 식으로 전달하면 당신의 메시지는 경감될 수 있다.
- 논쟁적인 상황에서 진술을 하거나 "당신은 왜 그런 식으로 행동하나요?"(의도: 당신은 그렇게 행동해서는 안 되며 내가 기대하는 대로 행동하라)와 같이 요구를 가장한 질문을 하는 방식을 하라. 그렇게 하는 것은 토론을 멈추게 한다.
- 질문을 통해 자신의 관점과 다른 사람의 관점을 넓힐 수 있는 정보를 수집하라. 당신은 이 방법으로 더 많은 것을 배울 수 있다. 예를 들어 당신은 "무엇이 문제라고 생각하는가?"라고 물을 수 있다. "우리 둘 모두에게 효과가 있는 이 상황을 되돌리기 위해 우리는 무엇을 해야 하는가?", "당신은 ___을 하는 것에 대해 어떻게 생각하는가?"
- 명확성을 위해 고쳐 말한다. 다른 사람의 관점이 의미하는 것이 의심스러우면 명확하게 알려고 노력하라. "당신이 … 라고 말하는 것처럼 들린다.", "이것이 당신이 … 라고 말하는 것인가?", "내가 틀렸다면 그것을 고쳐라. 하지만 이것이 내가 당신의 … 입장을 이해한 것이다." ('즉각적인 재생'을 들은 상대방은 부정확한 것이나 오해를 제거할 수 있다) 당신은 자신의 몇몇 추측을 검증하거나 부정할 것이다. 만약 당신이 실수를 하게 되면 알게 될 것이다.
- 18세기 미국의 발명가, 출판업자, 외교관이었던 벤 프랭클린(Ben Franklin)은 조언한다. 즉 자기 견해에 대한 소유권을 가지고 있어라. "나는 믿는다.", "나에게는 그렇게 보인다." 또는 "나에게는 그런

것 같다."와 같은 문장으로 시작하라. "나는 느낀다." 또는 "나는 믿는다."라는 주장으로 자신을 표현함으로써 당신은 누군가를 덜 방어적으로 만들 것 같다.

■ 다른 사람들이 사용하는 단어뿐만 아니라 그들의 어조, 표정, 자세에도 세심한 관심을 기울여라. (당신이 흥미로운 일을 경험하고 분노를 유발하는 상황에서 긴장하는 경우 눈동자가 팽창할 수 있다) 당신이 보는 것은 단어 뒤에 있는 그 감정에 대한 신호이다.

■ 단어 선택, 어조, 억양과 함께 신체 언어는 메시지의 일부이다. 따라서 당신은 어조, 신체 언어, 사용하는 단어에 주의를 기울여라. 당신의 신체 언어는 무엇을 말하고 있는가? 당신의 신체 언어가 당신의 언어 메시지와 잘 맞는가?이다.

■ 사회적으로 수용되는 분노 표현에 대한 관점을 유지하라. 상황에 따라 진실한 분노의 표현은 긍정적인 영향을 미칠 수 있다. 분노한 어조로 자신을 표현하는 정치인은 불쾌하고 통제 불능인 것처럼 보일 수 있다. 당신을 주시하는 청중에 대해 이해하라!

■ 진실하라. 관찰과 심리학적 연구에 따르면, 목적과 어조에 있어서의 진실성이 직접적인 메시지를 전달한다. 당신이 누군가의 가치를 바꾸려고 하지 않는다면(Harinck & Van Kleef, 2012), 진실성 있고 정당하게 분노한 어조는 주의를 끌고 주의를 집중시키며, 분노가 적절한 경우(Shuman, Halperin & Reifen Tagar, 2018) 영향력이 있다.

■ 자아(ego)의 신호를 들어보라. 이것은 이미지를 유지하거나 문제에서 벗어나기 위해 상황을 전환하는 방식으로 때때로 자신이나 다른 사람들 또는 상황을 비난의 대상으로 삼기도 한다. 이러한 정보의 유무는 상황을 평가하는 데 도움이 된다.

■ 비난하는 언어를 삼가라. 대부분의 사람은 부정적인 것에 귀를 기울인다. 그것은 아마도 부정적인 감각 덕분에 살아남을 수 있었던 최초 동물의 생존에서 시작되었을 것이다. 비난조의 '당신'("당신이 이걸 했어?")은 부정적인 감정을 촉발하고 방어적인 반응을 불러일으킬 것이다. 문제는 '당신'이라는 단어 자체라기보다는 오히려 그 의도와 어조이지만, 갈등 상황에서 오해를 만들 필요가 있는가?이다.

■ "그것은 너의 잘못이고 네가 한 짓은 빌어먹을 죄악이야."라고 말하는 것과 같은 비난 라벨(제4장)을 붙이는 것을 피하라. 대부분의 사람은 자신에게 비난 라벨이 붙는 경우에는 분노가 나서 싸울 자세를 취하거나 의사소통에 부정적인 반응을 보인다. 당신도 아마 그럴 것이다. 당신이 그 문제에 대해 옳을 수도 있지만, 그러한 행동 때문에 당신의 문제 해결은 더 어려워질 것이다.

■ 협력할 가능성을 높이기 위해 긍정적이고 변화에 영향을 줄 만큼만 충분히 자신의 주장을 하라('충분하다'는 것은 때로 평가하기 어렵다). 당신은 자기주장의 의사소통으로 다른 사람들을 압도할 수 있고, 그

것이 협력하는 것을 훨씬 더 어렵게 만들 수 있다.

■ 자신감 있지만 존중하는 태도를 보여라. 이 접근법을 사용하면 공평한 교환이 가능하고 다른 사람들이 답례할 가능성이 높다는 것이다.

■ 일과 사람을 분리하라. 사람들은 다원적이며 부정적인 라벨의 풍자만화가 아니다. 대부분의 문제는 사람들이 취하는 인지적이거나 실제적인 부정적 행동으로 요약된다. 그러므로 관련성이 있고 상호 이익이 되는 행동 변화에 초점을 맞춰야 한다.

표현력과 자기주장 기술을 향상시키고 다른 사람을 공정하게 대우함으로써 당신은 더 많은 협력 관계를 맺을 수 있는 가능성이 높아진다는 것이다.

명상을 통해 변화하기

무술가는 많은 기술을 연마한다. 이러한 기술들을 발전시키려면 수백 시간 동안 연습하는 것이 요구된다. 마찬가지로 능동적으로 성찰하는 의사소통 기술은 시뮬레이션과 실시간 사건에서 자연스럽게 느껴질 때까지 정신적 준비와 연습이 필요하다. 의사소통 기술을 발전시키기 위해 도구인 사고 실행을 시작해 보자.

나의 명상 테스트

당신은 구체적인 능동적 성찰 의사소통 방법을 사용하여 명상함으로써 자신을 보다 효과적으로 표현할 준비를 하고 있다. 제9장과 이 장에 나오는 10가지 주장적 의사소통 전략의 의미를 숙고하기 위해 매일 5분의 시간을 가져라. 이 실험을 10일 동안 하루에 5분씩 실험하라. 매일 상상하거나 실제 상황에서 아래 표 왼쪽열에 있는 자기주장 전략 중 하나를 사용하여 명상하라. 예를 들어 첫날에 다른 사람에게 당신이 어떻게 보일지를 상상하라. 말하자면 긍정적인 첫인상을 만들고 부정적인 첫인상을 피하기 위해 상상하라. 5일차는 눈 접촉 실험이다. 뚫어지게 보거나 흘겨보거나 힐끗 보지 않고 편안하게 눈 접촉을 유지한다고 상상하라. 눈의 접촉을 유지하면서 누군가와 유쾌하고 멋진 대화를 할 수 있다.

5분 세션이 끝날 때마다 각 명상 실험에서 배운 내용을 기록하라.

자기주장 전략	명상을 통해 배운 것
긍정적인 첫인상을 제시하고 부정적인 인상을 만들지 않는다.	
당신이 생각하고 말하는 것에 대해 책임을 진다.	
비난 확대 사고를 하지 않도록 한다.	
말다툼이 필요 없을 때를 판단하고 대신 다른 것을 한다.	
눈이 마주치는 것을 유지한다.	
편안한 거리를 유지한다.	
편안한 자세를 취한다.	
비난적인 "당신"이라는 표현을 피한다.	
명확성을 위해 고쳐 말한다.	
비판과 피드백을 현실적으로 받아들인다.	

이러한 형태의 생각은 적극적인 대안을 고려하고 공격성의 주장을 대체하는 방향으로 나아가는 단계이다. 다양한 시간에 다양한 적극적인 아이디어로 실험하라. 이 연습이 행동 상황에서 실행되는지를 보라.

❖ 적극적으로 질문하기

때때로 어떤 사람들은 당신의 약점을 찌르거나, 호의를 베풀도록 만들면, 당신은 궁지에 몰린 듯한 기분이 든다. 나중에 생각해보니, 누군가 "난 이런 일이 생길 것을 미리 알았어야 했어요."라고 말을 했다. 그러나 "할 수 있었다.", "했어야만 했다."라는 말은 일어난 사실을 바꾸지 못한다는 것이다.

'아니오'보다는 '예'라고 말하는 것이 더 쉽다. 이것은 어떤 사람이 미래의 노력에 대해 당신에게 미리 돈을 지급하는 것과 같다. 때때로 '예'가 무엇을 수반할지를 아는 것이 중요하다. 적극적인 질문이 도움이 된다. 예를 들면, 제스퍼(Jasper)가 집안 일을 도와달라고 당신에게 전화를 했다. 그리고 재스퍼는 당신이 와서 화장실 설치하는 것을 좀 도와 달라고 부탁했다. 당신은 그가 당신 집에서 약 40분 거리에 살고 있다는 것을 알고 있지만, 당신은 제스퍼를 그렇게 잘 알지 못합니다. 그가 무엇을 생각하고 있는지 알아내는 것이 합리적이다.

당신:　　좋아요. 나에게 좀 자세히 설명해 주세요. 정확히 내가 무엇을 해야 하고, 시간은 얼마나 걸릴까요?

제스퍼:　별거 아니에요. 잠깐이면 돼요.

당신:　　자동차로 왕복 80분이나 걸리는데, 근처 이웃에게 부탁하는 것은 어때요?

제스퍼:　그들은 바빠요.

당신:　　좋아요, 내가 뭘 하기를 바라나요?

제스퍼:　싱크대 배수관의 일부를 바꿔야 해요.

당신:　　그게 화장실과 무슨 관련이 있나요?

제스퍼:　난 지금 화장실을 고치고 있거든요.

당신:　　내가 뭐 다른 할 일이 있나요?

제스퍼:　당신은 기계를 잘 다루는 기술이 있잖아요. 난 네가 날 도와줄 좋은 사람이라 생각했어요.

당신:　　초대해 줘서 고마워요. 그건 그냥 넘어가야 할 것 같아요.

중요한 것은, 당신이 관심을 가질 것은 결정을 내리기 위해 정보를 알아내야 한다. 당신이 충분한 정보를 얻으면 그 결정을 내릴 수 있는 입장이 된다. 당신은 불필요한 번거로움과 약간의 분노를 피할 수 있다는 것이다.

의심스러울 때, "그것에 대해 생각해 볼게요."와 같은 자기주장적인 대안을 할 수 있다.

Top Tip: 분노를 적극적으로 표현하는 것은 분노를 효과적으로 표현하는 것이다.

당신과 배우자는 더 나은 관계를 만들기 위한 변화에 동의한다. 당신은 그 거래에 찬성한다. 그런데 당신의 배우자는 그렇지 않다. 당신이 배우자를 달래기 위해 건전한 분노를 참으면 두 사람 모두가 고통을 겪을 것 같다. 뉴저지주 리지우드(Ridgewood)의 심리학자 제프 루돌프(Jeff Rudolph) 박사는 배우자와 효과적으로 자신을 주장하는 방법을 보여 줌으로써 이 억제된 분노 문제를 해결한다.

여기에 분노 억제를 막고 의사소통을 개선하기 위한 실용성 있는 단계적 사다리 계획을 확대하고자 한다. 이 사다리의 첫 번째 단계에서 배우자에게 당신이 선호하는 것을 주장하는 연습을 시작하기 위해 도움을 요청하라. 둘 다 어떤 점에 대해 동의하지 않는 주제로 시작하라(예: 정치, 사교육 vs 공교육). 차례차례, 당신과 배우자는 논평하지 않고 듣는다. 시간 프레임은 각각 2분이다. 3일 동안 하루에 한 번 이것을 하라. 그리고 다음 단계에서 당신과 배우자는 변했으면 하는 것에 대해 서로 듣고 배울 수 있는 정서적 안전지대를 만든다. 규칙은 간단하다. 당신들은 원하는 것을 표현하는 데 2분 정도가 필요하다. 방해하고 비난하며 부정하거나 나중에 보복하지 않는다. 다음 날 각자 특정 역할을 하는 그 변경 사항에 대해 공평한 거래를 할 수 있는지 알아본다. 다음 단계는 보다 친밀한 의사소통을 위한 것이다. 당신은 수준과 관련된 토론으로 이동하며, 따뜻함, 공감, 걱정, 분노와 관련된 문제를 포함하여 부정적인 문제뿐만 아니라 긍정적인 문제들에 대해 자비롭고 적극적으로 자신을 표현한다. 의미 있고 친밀한 교류를 통해 당신들은 분노를 더 적게 표현하고 억제할 어떤 것도 가지고 있지 않을 것이다.

❖ 의제 설정하기

대부분의 의제는 정상적이다. 당신은 '평온을 위한 장면' 프로젝트를 위한 창고 세일에서 풍경화 그림을 구매하기 위해 협상을 하고 있다. 당신은 그 가격이 마음에 들지 않는다. 당신은 자신이 얼마를 지불할 의향이 있는지 알고 있다. 당신이 원하는 가격이나 그 이하의 가격으로 그 그림을 구매하는 방법이 당신 의제의 한 부분이다.

대부분의 사람은 협상 의제, 회의 의제, 공격적이고 내재적 동기를 가진 숨겨진 의제의 차이를 직관적으로 알고 있다. 사악하고 숨겨진 의제 상황은 상대적으로 드물지만 매우 기억에 남게 된다. 문제는 그러한 숨겨진 의제가 명백하지 않다는 것이다.

당신에게 영향을 미치는 숨겨진 의제를 피하고 폭로하는 것을 실행할 기회가 많지 않을 수 있다. 해로운 의제들을 만나는 시간 간격과 의제의 차이 때문에, "자라 보고 놀란 가슴 솥뚜껑 보고 놀란다."라는 또 다른 속담은 거의 적용되지 않는다. 그래서 당신은 어떻게 연습할 수 있는가?이다.

당신이 숨겨진 의제를 인식하는 기술을 발전시키고 싶다면, 정치 토크쇼 진행자를 관찰하라. 그리고 스스로에게 물어보라. 그 의제는 무엇인가? 당신은 자신들의 의견이 사실인 것처럼 행동하는 진행자를 자주 볼 수 있다. 물론 빠진 것이 있을 것이다. 그 이야기의 다른 면인 그 빠진 부분을 찾아라. 빠진 것들이 종종 중요하다. 그리고 미화되어 있는 것은 무엇인가? 당신은 다른 사람의 입장에 대해서 은근히 헐뜯으며 깔아뭉개는 말을 감지하는가?이다.

다음은 어떤 의제에 대한 당신의 생각을 이끌 수 있는 두 가지 질문이다. 내가 이 의제를 선택한다면, 이것은 어디로 이어질 것인가? 그리고 내가 그 메세지에 대한 예외를 찾으면 그 상황이 바뀌는가? 이러한 질문에 대한 당신의 답변이 의제에 대한 명확성으로 이어져야 된다는 것이다.

의제 관리하기

의제를 통제하는 사람이 결과를 좌우한다. 이 분야에서 자신을 책임지면 당신은 어떤 상황에 대한 통제력을 잃었을 때 발생할 수 있는 후회와 반응적 분노 사건이 줄어들 것 같다. 더 높은 카드를 가지고 있을 때, 당신은 그 카드를 가지고 게임할 권리가 있다. 주택 구매에 관한 주요 문제를 살펴보자. 여기에서 더 높은 카드 원칙이 적용되고 누군가가 당신에게서 그 통제권을 빼앗고 싶어한다.

당신은 자신이 원하는 집의 종류에 대한 기준을 가지고 있다. 주택 구매는 큰 투자이다. 당신은 매일 이 일을 하지 않는다. 그래서 생계를 위해 이 일을 하는 사람들은 어떤 이점을 주장할 수 있다. 그들은 다른 사람들의 돈을 사용하여 거래를 협상하는 방법에 대한 기준을 가지고 있다.

당신은 한 친구가 추천한 부동산 중개인에게 연락했다. 그리고 부동산 중개업자는 의제를 통제하고 빨리 판매하기를 원한다. 그녀는 신속하게 당신의 선택 폭을 좁히고 각 부동산의 이점을 지적하며 당신으로 하여금 집 하나를 고르게 하려고 한다. 그녀는 답변을 재촉한다. 그녀는 당신이 지금 그 집을 구매하지 않으면 다른 누군가가 그 부동산을 낚아챌 것이라고 주장한다. 당신은 서두르는 거래에서 벗어날 준비가 되어 있다. 만약 당신이 운전대를 잡으려면 운전석에 앉아 있어야 한다.

당신이 높은 카드를 잡고 있다. 당신은 신용이 있고, 당신이 계약금을 가지고 있다. 당신의 입장과 당신이 그 의제를 통제하는 위치를 알면, 당신이 자신의 권한을 포기할 때만 의제를 통제할 수 있는 중심적인 사람들을 당신은 간단히 다룰 수 있을 것이다.

안타깝게도 당신이 모든 의제를 준비할 수는 없다. 너무 많은 의제가 있다. 그렇지만 당신은 각 상황에서 배운 것을 가지고, 다음 잠재적인 분노 유발 상황에 적용할 수 있다. 다음은 자기주장 창시자의 생각이다. "다른 사람의 게임을 절대 하지 마라. 당신 자신의 게임을 하라." (Salter, 1949).

적극적인 연습 및 표현에 대한 자세한 내용은 알버티와 에몬스의 저서 《당신의 완벽한 권리(Your Perfect Right)》를 참조하라.

나의 실습 기록

주요 아이디어: 이 장에서 가장 도움이 되는 3개의 아이디어는 무엇인가?

1.

2.

3.

행동 계획: 과도한 분노를 극복하기 위해 해야 할 3단계는 무엇인가?

1.

2.

3.

실행: 그 단계들을 실행하기 위해 무엇을 할 예정인가? (그 과정)

1.

2.

3.

결과: 이 단계를 통해 무엇을 배우고 싶거나 강화했는가?

1.

2.

3.

수정: 이 과정에서 변경을 하려면 다음에 무엇을 다르게 할 것인가?

1.

2.

3.

제11장
분노를 다스리는 방법

실제로 다른 모든 사람과 마찬가지로, 기생적 분노와 공격성을 극복하려는 노력은 불규칙한 경로를 따라 갈 것이다. 그 과정을 쉽게 하는 방법을 살펴보기 위해 우리는 다음 사항들을 함께 살펴볼 것이다.

- 주요 감정 반응과 추론 사이의 갈등을 해결하기
- 기생적 분노를 극복하는 능력을 강화하기 위한 5단계 변화
- 자유가 어떻게 책임있는 제한을 수반하나

당신은 이 3단계 변경 계획을 의미 있고 개인적인 변화를 수반하는 거의 모든 상황에 적용할 수 있다.

❖ 충동과 이성의 갈등

다양한 전문가들이 갈등을 포함하여 우리가 상황에 대응하는 방식에 영향을 미치는 다양한 과정들에 대한 이론과 접근법을 개발했다. 정신분석학의 창시자인 프로이트는 충동과 이성 간의 투쟁을 설명하기 위해 말과 기수의 비유를 사용했다. 말은 행동하고 배우는 것의 주요한 방법을 나타낸다. 본능, 습관, 패턴이 있는 동물로서 말은 풀을 뜯고 싶은 충동이 있을 때 풀을 뜯는다. 말은 자신을 즐겁게 해주는 것에 접근하고 그렇지 않은 것을 피한다. 말은 무리와 함께 달리고, 쉬려고 할 때 쉬며, 할 수 있을 때 짝짓기를 한다. 이성을 나타내는 기수는 말이 할 수 없는 일을 한다. 어떠한 말도 베스트셀러 책을 쓰거나 다리를 디자인하지 못한다. 그리고 말을 타는 기수에 비해 상대적으로 말은 학습 속도가 느리다. 그럼에도 불구하고 말은 기수의 선택에 영향을 줄 수 있는 강력한 감정적인 도구를 가지고 있다.

이 개념에서 나온 몇 가지 이론을 살펴보면 다음과 같다.

이중 프로세스

말과 기수의 비유는 두 가지 주요 과정이 상황에 반응하는 당신의 방식에 영향을 미친다고 주장하는 이중 프로세스는 초기에 많이 주장한 이론 중 하나이다. 첫 번째 과정은 자동적인 것으로 인식이 뇌의 주요한 영역을 자극하는 것이다. 감정, 충동, 생존, 번성, 쾌락 추구, 고통 회피가 이 과정에 속한다. 신경과학자이자 심리학자인 안토니오 다마지오(Antonio Damasio)는 "감정과 느낌은 아무 말없이 삶의 과정에 있는 좋은 것과 나쁜 것을 마음에 말해 준다…"라고 말했다.

두 번째 과정은 더 느리고 의도적인 것이며 기억, 이성, 언어, 지식 및 기타 인지 과정에 관여한다. 첫 번째 과정에 따르면 당신은 어떤 욕구로 인해 TV를 충동적으로 구매할 수 있다. 그러나 당신의 인지적 두뇌는 다른 길을 선택한다. 당신은 속도를 늦추고 가장 신뢰할 수 있고 사용에 가장 적합한 모델을 찾기 위해 TV를 조사한다.

시스템 1과 시스템 2의 사고

노벨상 수상자이자 심리학자인 대니얼 카너먼(Daniel Kahneman)의 시스템 1과 시스템 2의 비유는 당신의 뇌가 정보를 처리하는 방식에 대한 내용들의 견해를 설명한다. 시스템 1은 무의식적이고 자동적이며 분노 및 두려움과 같은 감정에 연결되어 있다. 시스템 1은 직관, 발견법(경험 법칙, 시행착오), 기계적 암기에 의한 빠른 일의 수행에 의존한다. 2+2가 무엇인지 물어보면 당신은 생각할 필요가 없다. 그 대답은 즉시 나온다. 또한, 시스템 1은 수년간의 연습을 통해 익숙하게 된 기생적 분노 사고의 주요 저장소이다. 확인되지 않은 편견, 왜곡, 비합리적인 분노 인식은 직관적인 정확한 견해와 더불어 해당 저장소에 머물러 있다. 문제는 도발적인 상황에서 이러한 것들이 서로 대화한다는 것이다.

132 x 45 - 16 + 3을 계산해야 하는 것은 시스템 2 프로세스에 속한다. 시스템 2는 의도적이고 분석적이며 노력을 요하는 것이다.

이것은 더 많은 자원을 요구한다. 기생적 분노의 반응 형태를 해결하려면 시스템 2의 노력이 필요하다. 시스템 1의 기생적 분노 반응에 대한 대응책을 실행함으로써 시스템 2의 사고, 감정, 행동이 반자동화될 수 있다. 의도적인 과정을 불필요한 분노를 줄이는 긍정적이고 빠른 사고 습관으로 전환하는 방법을 살펴보자.

Y 선택

당신은 자동적이고 기생적 분노 방식을 선택하거나 결점이 있는 분노 과정에 맞서 싸울 수 있는 갈림길에 서게 된다. 당신은 'Y 선택'을 하며, Y는 도로의 갈라진 것을 상징한다. 당신은 갈림길에 직면한 것이다. 말, 정서적 충동, 시스템 1이 한 방향에서 당긴다. 기수, 이성, 시스템 2는 이중의 도전에 직면한다. 그것은 (1) 기생적 분노의 길로 향하려는 자동적인 욕구에 저항하는 것과 (2) 자신과 거리를 두기 위한 조치를 취하며, 반성하고, 추론하며, 허구와 사실을 분리하고, 관점을 생성하며, 현명한 이기심에서 해야 할 것을 판단하는 것이다. 이러한 선택을 인식함으로써 당신은 여러 가지 이점을 가지게 된다.

만약 당신이 문제 해결 경로를 따르기로 선택했다면, 말과 기수, 이중 프로세스, 시스템 1과 2의 사고에 대해 당신이 아는 것을 어떻게 이용하는가이다. 그러므로 당신에게 유리하게 작용하는 다음의 3가지 요소를 고려해 보자.

- 당신은 기생적 분노 신념의 영향을 느끼지만 외부 사건이 분노의 유일한 원인이라는 신념을 버리는 것이 어렵다는 것을 발견한다. 당신은 스스로에게 다음과 같이 물어볼 수 있다. 분노가 마음속에서 일어나면 마음의 그림자에서 나는 어떤 문장을 찾는가? 당신은 이 과정에서 당신이 하는 역할을 알게 된다. 그러면 당신은 다음 단계의 인식과 Y 선택으로 넘어갈 수 있다.
- 당신은 과도한 분노와 연결되는 기생적 신념을 인식한다. 당신은 또 다른 중요한 지점에 도달했다. 당신은 그 분노 신념에 도전하거나 말에게 통제권을 주는 것을 선택할 수 있다. 당신 스스로에게 다음과 같이 물어볼 수도 있다. 나는 그 경로의 각 지점에서 무엇을 얻거나 잃는가? 그 질문을 하는 것 자체가 제멋대로의 충동에 대한 또 다른 승리이다.
- 당신은 기생적 신념에 반하는 행동을 선택했다. 당신은 의도적인 노력과 여러 가지 노력을 해야 한다는 것을 수용한다. 당신은 자신이 생각하기에 그 상황에 적용할 수 있는 심리적 도구에 도달한다.

이것은 자동화된 경로에서 노력이 필요하고 강력한 인지적 경로로 변경하는 것 이상의 일을 요구한다. 그것은 있는 그대로의 것이다. 당신은 풀어야 할 문제가 있다. 당신은 그것을 회피하거나 해결할 수 있다.

시스템 2 사고의 자동화

의도적이고 목적 지향적이며 노력이 요구되는 대처 방법을 반자동 프로세스로 바꿀 수 있는가? 그것은 그 방법에 달려 있다. 아래에 몇 가지 방법을 제시한다.

■ 분노를 유발하는 상황에서 Y 선택 인식을 일상적인 응답으로 전환하기
■ 심호흡 또는 산책하기와 같은 실제적인 기법으로 전환하기
■ 향후 초기 평가를 개선하기 위한 인지 재평가 기법을 연습하기

다음의 대처 진술 접근법은 반자동 프로세스로 전환하기 위한 또 다른 기법이다.

대처 진술 준비하기

준비하기(priming)는 어떤 것을 자극하기 위해 무언가를 하는 것을 말한다. 기름을 넣어서 잔디 깎는 기계가 작동하도록 준비할 수도 있다. 당신은 대처 진술을 사용하여 비기생적으로 처리하고 싶은 분노를 유발하는 상황에 접근하도록 준비할 수 있다.

대처하는 진술은 사실적이고 믿을 수 있으며, 허구적이고 기생적 자기 대화를 대체할 수 있다. 예를 들어 어떤 기생적 사고방식에서 당신이 원하는 것을 얻지 못할 경우 당신은 "내 방식대로 하지 않는 것을 난 참을 수 없다.", "그 형편없는 애송이를 고쳐야겠다."라고 스스로에게 말할 수 있다. 이와 대조적으로, 자신이 적극적으로 대응할 준비를 하기 위한 가장 좋은 대처 방법이 있다. 즉 나는 내가 원하는 것을 갖는 것을 선호한다. 내가 그것을 얻지 못하더라도 세상이 끝나는 것은 아니다.

대처 진술 목록은 종종 "나는 어쨌든 계속 견뎌낼 것이다."와 같은 진술의 뷔페식 식사와 같다. 한 단계 더 나아가기 위해 여러 개의 연속적인 대처 진술들을 사용하는 대안적 접근법을 살펴보자. 여기에서 당신은 논리적으로 정리된 대처 진술로 당신의 생각을 준비한다. 예를 들면 나는 사실을 확인하여 나의 분노 충동 뒤에 숨어 있는 생각들을 확인한다.

한 집단의 대처 진술을 준비하는 것은 적어도 다음과 같은 잠재적인 이점이 있다. 이것은 (1) 상황으로부터 거리를 확보하는 데 도움이 되고, (2) 시스템 1의 기생적 사고를 대체하는 역할을 하며, (3) 건설적인 행동을 하도록 안내한다. 연습을 통해 연속적인 여러 진술은 반자동적인 과정으로 발전할 수 있다.

아래의 표는 연속적인 대처 진술의 두 샘플 집단을 이용한 실험이다. 첫 번째 열에는 샘플 대처 진술이 표시된다. 두 번째 열은 활성화하는 상황이다. 세 번째 열에는 이 실험의 결과를 기록한다. 지금 대처

순서를 검토하고 향후 상황을 위한 자원으로 이용하라. 대처 순서를 테스트할 때 수행한 작업과 결과를 기록하라. 이것이 당신에게 수정에 대한 몇 가지 아이디어를 제공한다.

대처 순서	상황	결 과
1. 나는 분노를 유발하는 사건을 인식할 수 있다. 2. 나는 잠시 멈추고 빠른 호흡 운동을 할 수 있다. 3. 나는 내 이익을 적극적으로 발전시킬 수 있다.		
1. 그 상황은 있는 그대로이다. 2. 내가 불편함을 느낀다면 불편하도록 내버려 둔다. 3. 나는 불완전하더라도 효과적으로 나 자신을 다룰 수 있다. 4. 나는 기생적 생각을 심각하게 받아들일 필요는 없다.		

불필요하게 매일 여러 번 자신을 분노하게 하고 연습할 경우가 많지 않다면, 당신은 대처 진술 집단 시스템을 자동화하기 위한 기회를 만들어야 할 수도 있다. 다음은 당신이 매일 또는 기계적 방식으로 대처 진술이 빠르게 떠오를 때까지 할 수 있는 시각화 실험이다.

다음 차트의 첫 번째 열에 "내 토스트가 너무 많이 구워졌어요?"와 같은 가벼운 기생적 분노 상황 10개를 나열하라. 두 번째 열에는 대처 진술 집단을 입력하라. (동일한 집단이 10가지 상황을 모두 포함하거나 시험하려는 집단이 둘 이상 있을 수 있다.) 자기 자신의 순서를 만들거나 위의 예들 중 하나를 사용하라.

여기에 그 실험이 있다. 빈칸을 채운 후 첫 번째 상황을 상상하라. 이미지를 염두에 두고, 마음속으로 대처 진술 순서를 네 번 예행 연습하라. 대처 진술 집단이 도움이 되는 것 같다면 다음 상황을 계속한다. 그렇지 않은 경우 그 진술을 수정하라.

기생 분노 요인	대처 진술 모음

대처 진술이 당신 취향이 아니라면, 당신은 방침을 바꾸어 마치 뿜어져 나오는 증기가 공중으로 사라지는 것처럼 각각의 도발적인 상황을 상상할 수 있다. 그것이 당신의 감정적 인식(감정을 불러일으키는 힘을 가진 생각)의 강도를 감소시킬 수 있다.

뇌는 시스템 1 및 시스템 2 과정 이상의 것이다. 그것은 다양한 부분들이 함께 연주되는 오케스트라와 비슷하다. 그 다양한 부분들은 각 부분이 다른 부분에 영향을 미치는 것으로 존재한다. 제6장에서 보았듯이, 당신은 마음을 진정시키기 위해 몸을 준비할 수 있고, 몸을 이완시키기 위해 마음을 진정시키는 조치를 취할 수 있다.

❖ 변화의 5단계

당신이 강을 따라 물 아래위로 움직이는 뗏목을 타고 있다고 상상해 본다. 뗏목이 급류 속으로 들어가서 깊은 웅덩이 위로 미끄러져 들어가고 얕은 물에서 바닥을 긁는다. 그리고 당신이 낮게 드리워진 나뭇가지 아래로 몸을 숙일 때 뗏목이 둥근 돌에 부딪쳐 손으로 노를 저으며 발로 물을 찾는다. 강물의 흐름이 거칠어서 당신은 자신이 원하는 곳으로 쉽게 나아갈 수 없다. 그러나 방향타와 노가 있다면 당신은 강물의 흐름을 이용해 가고자 하는 곳으로 갈 수 있다.

변화의 5단계는 의도적으로 노를 저어 가고자 하는 방향으로 뗏목을 조종하는 것을 포함하여 도전 과제를 해결하는 과정에서 만들어진 자기 숙달 과정을 보여 준다. 관련된 내용은 아래와 같다.

1. 인식은 그 문제 범위와 관련된 생각, 감정, 행동뿐만 아니라 그 문제 범위를 확인하는 일반적인 시작이다.
2. 행동은 원하는 변화를 가져오기 위해 다른 것을 하는 단계이다.
3. 적응은 변화를 선택하고 통합할 때 자신의 생각, 감정, 행동을 바꿀 때 하는 것이다.
4. 수용은 변화에 있어 감정을 통합하는 단계이다. 당신의 생각, 감정, 행동은 사건에 대한 현실적인 관점과 조화를 이룬다.
5. 현실화는 당신이 현명한 자기관심을 충족시키기 위해 건설적인 새로운 학습을 수행하고 하는 일을 자연스럽게 확장하는 단계이다.

변화는 하나의 사건이 아니라 과정이다. 이것은 단순한 생각처럼 보일 수 있지만, 사건과 과정의 차이는 밤과 낮만큼 다른 것이다. 5단계 프로세스 시스템은 기생적 분노 양상을 무디게 한 다음 제거하는 방법을 배우는 데 도움이 된다. 각 사항들에 대해 더 자세히 살펴보자.

인식(Awareness)

인식이란 당신이 느끼고 생각하는 방식과 자신이 하는 일에 동기를 부여하는 것에 대한 의식적인 지식을 말한다. 예를 들어 지금 당신은 어떤 감정을 경험하고 있는가? 당신의 현재 진행 중인 생각의 내용은 무엇인가? 이 순간 당신 주변에서 무슨 일이 일어나고 있는가? 등이 있다.

의도적인 자기 모니터링은 시스템 2의 프로세스이다. 당신이 분노를 유발하는 상황에 처해 있고 분노의 촉발을 경험하기 시작할 경우, 기생적 분노 사고를 빨리 인식하는 것은 엄청나게 도움이 된다. 당신은 Y 선택과 그 생각이 공격성으로 더 커지기 전에 제거할 수 있는 선택지가 있다.

행동(Action)

당신이 기생적 분노 과정으로부터 자유로워지기 위한 행동을 시작할 때 변화를 위한 행동 단계에 들어간다.

- 당신은 자신의 생각(메타인지)에 대해 생각하고, '난 그것을 참을 수 없다'와 같이 분노를 증폭시키는 허구를 확인한다. 일단 이러한 생각을 인식하면 다음과 같이 '그것'이 무엇을 의미하는지 자신에게 물어볼 수 있다. 나 자신에게 참을 수 없다고 말하는 '그것'은 무엇인가? '그것'이 내가 지금 만들어 내고 있는 그 긴장감인가? 그 상황에 내가 특별히 좋아하지 않는 어떤 측면이 있는가?
- 당신은 그것들에 주의를 집중하고 큰 소리로 그것들을 말하거나 (혼자 있을 경우) 써 봄으로써 기생적 사고를 햇빛에 드러낸다. 이제 당신은 인지 재평가(제2장 참조) 또는 비합리적 사고에 대한 토론(제3장 참조)을 통해 기생적 사고의 타당성에 의문을 제기하는 다음 단계를 위한 준비가 되었다.
- 당신은 갈등이 생길 것이라는 것을 알고 있을 경우, 정신 예행 연습은 해결책을 찾기 위해 문제 상태를 시뮬레이션하는 테스트된 방법이다. 예를 들어 당신은 작업과 재료에 대해 비용을 지급했지만 그 공급 계약자가 표준 이하의 부품으로 바꾸었다. 그 계약자는 계약한 대로 수행하지 못한 것에 대해 비난받을 만하다. 무엇을 달성하고 싶은지를 결정하라. 잘 준비하라. 다양하게 주장하는 시나리오를 예행 연습을 하여야 한다.

조정(Acommodation)

시스템 2는 일어나고 있는 일을 아는 것, 정보를 얻는 것, 새로운 사고 및 행동 방식을 테스트하는 것과 관련된다. 조정은 정확하고 새로운 정보와 일을 하는 더욱 효과적인 방법에 맞추는 것과 관련이 있다.

조정은 기생적 분노의 신념과 일치하지 않는 관찰과 정보를 찾는 것을 포함한다. 그 다름을 인식하고 당신이 과거의 기생적 오류를 극복할 수 있다는 사실을 아는 것이 긴장을 완화시킴과 동시에 긴장을 불러 일으킬 수 있다. 그러나 이것은 변화를 향한 매우 중요한 단계이다.

도움이 되는 새로운 정보를 수용하면 당신은 시스템 2를 변경한 것이다. 그러나 시스템 1의 비합리성과 충동은 시스템 2의 증거로 인해 자동적으로 사라지지 않으며 당신 마음의 배경에 있는 그림자처럼 약화된 상태로 남아 있을 수 있다. 스트레스가 심한 상황에서는 기존의 사고 및 행동 방식으로 되돌아갈 수 있다.

이 이중성 원칙(즉 시스템 1과 시스템 2)이 작동하는 방식을 인식하면 또 다른 이점이 있다. 당신은 미신적인 것들만큼 가짜 기생적 분노 신호에 더 이상 주의를 기울일 필요가 없다. 대신 어떤 어려운 상황에서도 당신을 위한 가장 현명한 일에 주의를 기울일 수 있다.

수용(Acceptance)

수용은 변화의 감정을 통합하는 단계이다. 당신은 그것이 자신이 느끼는 방식이기 때문에 그 방식을 받아들인다. 감정적인 밀고 당김은 그대로 남아 있다. 오류에 기반한 시스템 1의 가정이 자동으로 당신을 톱질할 수 없다는 사실을 수용하는 것은 중요한 발견이다. 시스템 1이 빠르고 쉽지만 자멸적인 경로를 향해 가고 있는 상황에서, 당신은 Y 선택 지점에서 실행할 수 있는 연습된 시스템 2의 판단을 가지고 있음을 안다.

시스템 1은 당신이라는 존재와 당신이 하는 일의 일부분에 대해 정당한 권한을 가지고 있다. 당신의 직감이 옳을 수 있다. 당신은 인식하는 것을 기반으로 예측할 수 있으며 그렇게 하는 것이 매우 적절할 수 있다. 당신이 인식하고 주의를 기울일 필요가 있는 것은 곤란한 문제, 편견, 비합리적인 것들이다.

개인적인 변화는 노력이 필요하며 당신이 가야 할 방향에 대한 내적 갈등은 피할 수 없다. 그 이중성을 받아들임으로써, 당신은 어려움을 덜 겪을 것이고 따라서 변화의 역설로부터 스트레스를 덜 받게 될 것이다.

실현(Actualization)

실현은 도전에 대처하고 현명한 자기관심을 발전시키는 것이 중요한 당신 삶의 부분들에서 자신의 능력을 확장하는 것이다. 상황을 선택적으로 분석하고 자세히 생각함으로써 당신은 자신이 할 수 있는 일을 알게 되고 그로 인해 자신에 대해 더 많이 알게 된다. 행복을 추구하는 것이라기보다는 행복 및 다른 감정적 경험들은 대개 당신의 건설적인 행위의 부산물이다.

탁월하게 되기 위해 능력을 확장하는 것의 장점은, 미루는 것과 지연에 따른 불가피한 스트레스를 위한 하나의 처방인 어떤 승리에 당신이 안주할 가능성이 적다는 것이다.

말과 기수, 시스템 1과 시스템 2, 그리고 강 위의 뗏목은 자동적인 경로를 따르는 것과 의도적인 경로를 따르는 것 사이의 Y 선택 지점에서 당신을 도울 수 있는 은유들이다. 자신에게 가장 적합한 것을 사용하라. 세 가지를 모두 사용하라!

나의 5단계 프로그램

이제 기생적 분노와 그 영향을 줄이기 위해서 자신의 여정을 진행시키는 프로그램 5단계의 변화를 만들기 위한 순서이다. 아래의 표는 변화의 5단계에 해당하는 질문으로 당신의 삶에 어떻게 적용되는지의 답을 쓰라.

인식 기생적 분노 사고를 줄이기 위해 나는 무엇을 알아야 하는가? 나의 동기는 무엇인가?	
행동 건설적인 결과를 초래할 가능성을 높이는 일련의 행동은 어떤 것인가?	

조정 기존의 기생적 사고방식과 새롭고 생산적인 사고방식 사이의 어떤 불일치가 해결을 통해 도움을 받을 수 있는가?	
수용 감정은 생각과 행동을 이끌며 그 반대도 마찬가지이다. 이 요소들 사이에 건전한 일치를 만들기 위한 나의 선택지는 무엇인가?	
실현 나 자신과 내가 달성할 수 있는 것에 대해 더 알기 위해 어떤 방법으로 확장할 수 있는가?	

❖ 제한에 의한 변화

자유란 무엇인가? 자유는 당신이 원하는 것을 할 수 있다는 것을 의미하는가? 만약 마음대로 소리 지르고 비명을 지르면 당신이 자유롭다는 것을 보여 주는 것인가? 만약 그렇다면 자유는 방종과 어떻게 다른가?

자유는 책임 있는 제한이 수반된다. 바꾸고 싶은 문제가 되는 습관이 있는 경우 당신은 어떠한 다른 일을 하여 자신을 제한하는 행동을 한다. 예를 들어 당신은 합리적 사고 능력의 사용을 늘림으로써 기생적 비난 사고를 줄이기 위해 시스템 2의 노력을 실행한다.

제한에 의한 자유의 개념은 새롭거나 유별난 것이 아니다. 당신은 건강한 반응을 대체하여 건강하지 못한 반응을 표현하지 못하도록 자신을 제한한다. 따라서 체중 감량을 원한다면 당신은 엄청나게 높은 칼로리의 음식을 저칼로리 음식으로 대체한다. 어떤것이 더 나은 다른 선택이 있는가?

작곡가 이고르 스트라빈스키(Igor Stravinsky)는 제한을 자유의 수단으로 간주했다. 당신은 자신이 하고 싶은 일에 자신을 제한하고 그 일을 할 수 있는 자유를 가지게 된다. "더 많은 제약을 부과할수록 그 사람은 정신을 묶는 사슬에서 더 많이 자유로워진다." 그는 이런 식으로 자유롭게 예술을 창조했다.

분노 충동을 표현한 결과가 당신의 마음에 들지 않는다면 당신은 그 충동을 제한할 수 있는가? 만약 합당한 제한을 근거로 한다면, 당신은 비합리적인 제한으로부터 자유를 향한 한 걸음을 내디딘 것이다. 제한의 개념이 내 고객인 줄리(Julie)라는 이름의 5세 소녀에게 자유를 창출한 특별한 예를 살펴보자. (이 개념은 모든 연령대의 사람들을 위한 것이다.)

줄리는 식료품 가게에서 물건을 던지거나 자기가 먹고 싶은 것을 주지 않으면 엄마에게 음식을 던지는 등 여러 가지 문제적인 행동들을 했다. 아이는 분노 문제가 있었고 매우 주의를 할 필요가 있었다.

좌절한 그 아이 엄마는 뜨거운 다리미로 줄리를 다치게 하였다. 주 당국은 줄리를 임시 위탁 가정에 보냈다. 한편 엄마와 아이 둘 모두에게는 별도의 상담사가 있었다. 목표는 가족이 다시 모여 건강하게 사는 것이었다.

줄리를 만나고 곧 나는 '다른 사람인 척하기' 게임을 제안했다. 그녀는 마트에 있는 척하고 마트에서 음식을 던지는 척했다. 나는 내 차례라고 말하고 수레를 밀고 수레 안에 있는 물건을 집어던지는 척했다. "와, 난 행복해요. 오늘 밤에는 TV를 보지 않거나 디저트를 먹지 않을 거예요."라고 나는 말했다. 줄리는 그런 일이 일어나면 안 된다고 재빨리 나에게 말했다.

나는 대답했다. "그런데 그것이 일어나는 일이지 않니? TV를 보지 않고 디저트 먹기를 원하지 않는다면 넌 뭔가를 해야 한다. 너는 식료품과 음식을 던지잖아. 너는 무엇인가 원하는 것이야. 너는 무엇인가를 해야 해." 줄리는 그 연관성에 대해 생각했다. 그녀는 그것을 이해했다. 그 이후 그녀는 식료품과 음식 던지는 것을 제한했다. 그녀는 디저트와 TV를 즐겼다.

자유에는 제한이 따른다는 생각이 이상하게 보일 수 있다. 그러나 많은 것이 당신이 선택하는 제한에 달려 있다.

나의 실습 기록

주요 아이디어: 이 장에서 가장 도움이 되는 3개의 아이디어는 무엇인가?

1.

2.

3.

행동 계획: 과도한 분노를 극복하기 위해 해야 할 3단계는 무엇인가?

1.

2.

3.

실행: 당신은 그 단계들을 실행하기 위해 무엇을 할 예정인가? (그 과정)

1.

2.

3.

결과: 이 단계를 통해 무엇을 배우고 싶거나 강화했는가?

1.

2.

3.

수정: 이 과정에서 변경을 하려면 다음에 무엇을 다르게 할 것인가?

1.

2.

3.

제12장
분노 전문가의 10가지 조언

주요한 도전을 성공적으로 해결하는 방법을 배울 때 다른 전문가의 의견을 듣는 것이 도움이 된다. 이 마지막 장에서는 분노 문제가 있는 사람들과 함께 일한 경험이 많은 10명의 전문가가 자신들의 최고 조언을 공유한다. 하나의 조언이 당신에게 긍정적인 변화를 가져온다면 이 집단적인 노력은 그만한 가치가 있다.

나는 당신이 편하고 즐거운 삶을 살 수 있도록 기생적 분노로부터 자유로워질 수 있는 많은 유용한 방법을 이 장에서 배울 수 있을 것이라고 생각한다. 물론 자신이 할 가장 합리적인 일을 결정할 경우 그것은 자신 스스로 결정해야 한다.

❖ 조언 1: 질문의 힘을 이용하라

사람들은 변화를 만들어 내고 그 변화를 계속 지속할 수 있는 도구를 가지고 있을 때 변화할 가능성이 더 높다. 이 관점은 당신 자신이 할 수 있다고 생각하는 일을 하는 긍정적인 자기 충족 예언을 촉진할 수 있다. 토론토의 심리학자이자 《압박 보강: 개인적 효과를 높이는 방법(Pressure Proofing: How to Increase Personal Effectiveness)》의 저자인 샘 클라이히(Sam Klarreich) 박사는 과도한 분노를 극복하도록 긍정적인 자기 충족 예언을 만들기 위한 질문과 답변 접근법을 공유했다. 여기 클라이히의 조언이 있다.

만성적인 분노는 동맥 내벽에 플라크(퇴적물) 생성을 자극하는 코르티솔과 같은 스트레스 호르몬을 반복적으로 만들어 내는 조용한 살인자이다. 플라크(퇴적물)가 쌓이면 관상동맥 심장질환 및 뇌졸중 위험이 높아진다.

당신은 건강에 대한 위험을 줄이고, 인간관계가 망가지는 것을 예방하며, 더 적은 분노와 함께 기분이 좋아질 수 있다. 다음은 나의 화난 고객에게 도움이 되었던 빠르게 커질 수 있는 피해를 주는 분노의 유형에서 벗어나는 네 가지 샘플 질문과 답변이다.

질문	해답	이 정보를 어떻게 사용할 수 있는가?	새로운 행동의 결과
당신이 분노를 유발하는 경우 보통 자기 자신에게 무엇을 말하는가?			
좌절할 때 공격적으로 변할 수밖에 없다고 믿는다면, 당신은 유치원 아이들이 길을 잃었을 경우 그들에게 분노를 터뜨리는 방법을 가르칠 것인가?			
당신이 보통 다른 사람을 비난한다면 어떤 문제가 해결되는가?			
당신의 분노 사고에 도전하는 가장 설득력 있는 주장은 무엇인가?			

❖ 조언 2: 도발과 좌절에 대비하라

긴장 완화와 이미지 그리기는 스트레스를 줄이는 것에 도움이 된다고 과학적으로 입증되었다. 이러한 기법은 점진적인 긴장 완화 행동이 어떻게 스트레스와 긴장을 진정시킬 수 있는지를 보여 준 조셉 울페 (Joseph Wolpe)의 연구에서 시작되었다. 마찬가지로 숲속에 있는 아름다운 개울을 보는 것과 같은 심상 그리기는 스트레스에 효과가 있는 것으로 나타났다.

뉴욕 브라이어클리프 마너(Briarcliff Manor)는 개인 실습 심리학자의 저자, 그리고 REBT(합리적 정서행동치료) 훈련 감독자인 윌리엄 골든(William L.Golden) 박사는 자신이 개발한 'RICP' 방법을 이용하여 도발적이고 좌절적인 상황에서 긴장 완화와 이미지 만들기를 어떻게 연습하고 사용하는지를 말한다.

다른 사람들의 행동에 대한 통상적인 좌절은 피할 수 없다. 문제 상황의 범위가 무제한적인 것으로 보일 수 있다. 사람들에 대한 당신의 좌절감이 분노 사고와 문제적 반응으로 이어진다면, 당신은 이 패턴을 깨기 위해 어떻게 준비할 것인가이다.

RICP는 도발적인 상황에서 그 속도를 늦추고 효과적으로 대응하는 방법이다. RICP에서 R은 이완 (relaxation), I는 도발적인 상황에서의 심상 그리기(imagery), C는 대처 진술(coping statements), P는 문제 해결 반응(problem-solving response)을 설명한다. 그리고 정당한 불만이 있을 경우 당신은 RICP를 사용할 수 있다.

예를 들면 에릭(Eric)은 열렬한 영화 팬이었다. 에릭은 그렇게 프로그램된 것처럼 영화를 보는 동안 이야기하는 사람들에게 적대감을 가지고 화를 냈다. 여기 에릭이 자신의 좋지 않은 영화 감상 경험을 멈추기 위해 연습한 내용이 있다.

에릭은 자신의 사고에 대해 생각하면서 일련의 분노 사고를 확인했다. 즉 사람들이 더 교양이 있어야 한다. 이 사람들은 더 사려 깊어야 한다. 이제 그는 무례한 사람들에게 호통을 쳐야 한다는 믿음이 정당하다고 느꼈다. 가끔 사람들에게 호통을 치면서 생기는 언어적 대립과 싸움을 피할 수 있는지 알아보기 위해 그는 몸과 마음을 이완하고 어떤 다른 방법을 시도하기로 결심했다. 이것은 에릭이 연습한 RICP 프로그램이다.

이완	심상 그리기	대처 진술	문제 해결
에릭은 숨을 깊고 천천히 들이쉬고 내쉬는 것에 집중했다. 그는 차분하게 느낌을 만들어내면서 '차분함'이라는 단어를 생각했다.	심호흡을 유지하면서 그의 뒤에서 사람들이 이야기하고 있고 자신은 극장에 있는 것을 상상했다. 그는 그 평온함이 계속되는 것을 발견했다.	연습을 시작하기 전에 에릭은 대처 방법을 고안해 냈다. 심호흡을 지속하고 도발적인 상황을 상상하면서 그는 이러한 생각을 불러일으켰다. 여기에 그 생각에 대한 예가 있다. 사람들이 영화를 보는 동안 교양있고 말을 하지 않기를 바라지만 그것을 기대하는 것은 비현실적이다. 그는 평온했다.	에릭은 해결해야 할 현실적인 문제가 있었다. 심호흡을 지속하면서 자신이 영화를 즐길 수 있도록 대화하는 사람들에게 그만 말해주면 감사한 것이라고 차분하게 말하는 자신을 상상했다.

그 후 며칠 동안 에릭은 RICP를 50회 연습했다. 다음에 영화를 보러 갔을 때 그는 적극적으로 대화할 것 같이 보이는 세 사람 가까이에 의도적으로 앉았다. 에릭은 심호흡을 했다. 그는 '차분함'이라는 말이 마음속에 흐르도록 했다. 영화가 시작되자 그 친구들은 가끔씩 큰 소리로 이야기를 나눴다. 에릭은 RICP을 실행했다. 그다음 그는 영화를 보고 싶었기 때문에 그들이 말을 멈출 수 있는지 유쾌하게 물었다. 그는 교양 있는 대답을 들었다. "물론입니다. 죄송합니다." 또 한 번은 한 무리의 사람들이 그의 앞에 앉았다. 그들은 대화하기 시작했다. 에릭은 RICP 실행했다. 그다음 그는 그들이 래리(Larry)라는 어떤 사람을 때릴 계획을 들었다. 그들은 싸우고 싶어 안달이 난 것 같았다. 이전에는 화난 감정이 그의 이성을 압도했을 것이다. 이번에는 그는 문제 해결 대안을 찾으려고 했다. 에릭은 다른 곳으로 자리를 옮겼다.

RICP가 당신에게 효과가 있다고 생각한다면, 평소 당신을 화나게 하는 상황을 생각하고 당신의 반응으로 아래 표를 완성하라.

이완	심상 그리기	대처 진술	문제 해결

❖ 조언 3: 분노의 비용과 이득을 재편성하라

러셀 그리거(Russell Grieger) 박사는 임상심리학자, 조직 컨설턴트, 버지니아대학의 겸임교수로서 《행복해지는 진지한 일: 일상생활에 행복을 가져다 주는 인지행동 워크북》 등 REBT를 기반으로 다수의 저서를 발간했다. 그리거 박사는 분노에 대한 비용편익분석을 수행하는 데 유용한 연습을 제공한다.

당신이 불안이나 우울증에 시달렸다면 이러한 감정들에서 벗어나 행복할 것이다. 분노는 다르다. 자동적이고 인지적이며 해로운 형태의 분노는 포기하기 어렵기 때문에 자신을 자유롭게 하는데 저항할 수 있다. 당신은 득보다 해를 끼칠 수 있는 힘을 경험할 수 있다. 다음의 2단계 비용편익분석 실험은 유해한 분노를 줄이기 위한 추가적인 동기를 제공할 수 있다.

나의 분노의 비용편익분석

1단계: 분노를 내는 것과 분노를 내지 않는 것의 편익과 비용을 나열하라. 다음 표는 좋은 예를 보여 준다.

사안	편익	비용
분노하는 것	나는 다른 사람들의 콧대를 꺾었다. 나는 화가 나서 비난할 때 강력하고 활력이 넘치는 것을 느낀다.	그것은 관계를 망친다. 사람들이 복수하려는 듯이 행동한다. 나는 충동적으로 행동하고 나 자신에게 더 많은 문제가 일어난다.
분노하지 않는 것	문제 해결 상황에서 더 현명한 판단력을 보여 줄 수 있다. 정서적으로 중심을 유지할 수 있다. 삶에 대한 나의 견해를 왜곡하는 분노를 불러일으키는 신념을 바꿀 수 있다.	개인 문제 해결 기술을 다듬고 연습하는 일에 걸리는 시간이 필요하다. 내 생각을 모니터링하고 내 관점을 명확하게 하기 위해 조건을 정확하게 재평가하는 것을 배우는 일에 걸리는 시간이 필요하다. 나 자신과 다른사람, 그리고 삶에 대한 합리적이고 현실적인 관점을 발전시키는 데 필요한 시간 및 노력이 필요하다.

다음은 당신이 사용할 수 있는 표이다.

사안	편익	비용
분노하는 것		
분노하지 않는 것		

2단계: 미래의 자신을 상상하라. 위에 제시한 표의 내용을 사용하여 충동적으로 느끼는 분노 등으로 발생 할 수 있는 일생 동안의 비용을 살펴보라. 자동적인 분노 패턴을 줄이거나 깨뜨림으로써 얻는 삶의 편익을 생각하라. 이 연습을 10일 동안 매일 반복하라. 그리고 이 평가가 불필요한 분노에서 발생하는 비용에서 벗어나는 방법들을 실험할 추가적인 동기를 당신에게 제공한다.

❖ 조언 4: 당신의 기대와 현실이 일치하는지를 확인하라

당신의 기대가 결과와 일치하지 않으면 좌절감이 생긴다. 이것은 일상생활에서 일어나는 정상적인 사건이다. 정상적이지 않은 것은 기대와 결과의 괴리에 분노하는 것이다. 현실적인 기대를 하고 결과가 항상 기대와 일치하지는 않음을 인식하는 습관을 가지는 것은 불필요한 스트레스와 긴장을 더하는 분노 반응에 대한 효과적인 해독제가 될 수 있다.

《불완전함으로 평화 만들기》의 저자인 엘리엇 코헨(Elliot D. Cohen) 박사는 우리의 기대를 관리하는데 도움이 되는 조언을 제공한다.

당신은 기대 완벽주의자인가? 기대 완벽주의자들은 완벽주의적 기대에 부응하는지 여부에 기초하여 다른 사람의 가치를 판단한다. 당신이 다른 사람들에게 당신이 기대한 대로 행동하도록 요구하고, 그다음 그들이 그렇게 하지 못한다면, 당신은 그들을 무가치하거나 나쁜 사람으로 평가하고 당신이 나중에 후회할 방식으로 그들을 대할 수 있다. 예를 들어 내 차선에 들어오기 전에 깜빡이를 켜야 한다고 기대하는 것은 쓸모없고 쓰레기 같은 것이다. 운전자 폭행, 구타, 가정폭력, 심지어 살인 등은 이러한 완벽주의적 기대의 결과로 나타날 수 있다. 그리고 첫째, 기대를 선호에 맞게 변경하는 연습을 하라(나는 다른 사람들이 내 기준을 충족시키는 것을 선호하지만, 그런 일이 항상 일어나지는 않는다는 것을 안다). 둘째, 다른 사람들이 부족할 때 그들의 행동을 평가하고 그 사람 자체를 평가하지 마라(그가 한 일은 나쁘지만, 그것이 그가 나쁜 사람임을 의미하지 않는다). 이런 식으로 당신은 인지된 실수를 합리적으로 해결할 수 있는 기회를 가질 수 있다.

❖ 조언 5: 거울을 통해 자신을 보라

'행복한 얼굴을 하세요(Put on a Happy Face)'라는 노래는 우울한 날과 우울한 얼굴에 관한 것이었다. 그 노래는 우리의 고민에 미소 지으라는 긍정적인 메시지를 전달했다. 미소를 지으면 화난 기분도 바꿀 수 있다는데, 어떻게 하는지 살펴보고자 한다.

영국심리학협회 수석연구원인 로베르타 갈루치오 리처드슨(Roberta Galluccio Richardson) 박사는 뉴욕에서 성인과 어린이를 치료하고, 많은 임상 연구에서 나타난 실용적이고 효과적인 단기 인지행동치료(CBT)를 사용한다. 리처드슨 박사는 분노에 수반되는 생각과 이것이 전반적인 건강에 미치는 영향에 대한 유용한 정보를 제공한다.

분노를 자주 경험하면 우리는 심장 박동을 높이고 혈압을 더 높게 만드는 부정적인 생각을 할 수 있다. 습관적인 분노 사고와 감정이 당신의 혈당 수치에 영향을 미치고 두통과 편두통을 경험할 가능성을 높이며, 소화계의 혈류를 감소시키고, 장기적으로 건강을 위험에 빠뜨린다는 사실을 알고 있는가?

이 위험하다는 것이 확실하다는 것은 의미하지 않는다. 분노에 의해 초래되는 모든 건강적인, 개인적인, 사회적인 결과를 피할 수 있다. 하지만 우리는 그럴 필요가 없을 때 도박을 할 이유는 없다. 하나의 대안으로써 우리는 분노를 유발하는 부정적인 생각을 줄이고, 분노와 관련된 건강과 관련된 위험을 줄이며, 나의 삶의 질을 개선하기로 결심할 수 있다. 일반적으로 이러한 결과를 달성하기 위해서는 많은 일을 할 필요가 있다. 이것이 문제를 예방하는 길이며 따라야 할 확실한 방법이다.

분노를 예방하고 줄이는 많은 방법이 있다. 당신은 분노의 위험을 낮추며 기분 좋은 느낌을 경험하고 기회를 높이는 데 도움이 되는, 아침에 할 수 있는 즐겁고 간단한 실험이 있다. 이 실험은 거울을 보고 미소를 짓는 것으로 이루어진다. 이상해 보이더라도 걱정하지 마라. 그렇게 생각하는 사람은 당신 혼자만이 아니다. 그렇지만 당신은 자신이 하는 일 하나를 변경함으로써 매일 자연스럽게 이 실험을 할 수 있다.

이를 닦으면서 얼굴에 미소를 지어라. 이러한 변화는 얼굴 표정이 긍정적인 감정을 불러일으키도록 주의를 기울이는 데 있다. 이것은 당신이 자세를 취하는 방법과 짓는 얼굴 표정이 일반적으로 그 표정과 어울리는 감정을 불러일으킬 수 있기 때문에 가능하다. 이 실험은 이를 닦으면서 의도적으로 미소를 지었을 때 당신이 얼마나 자주 긍정적인 감정을 느끼는지 알아보는 것이다.

당신이 긍정적이라고 느낄 때 부정적인 생각은 없어진다. 당신은 싸움을 걸기 위해 하루를 시작할 가능성이 더 적어질 것이다. 그러므로 미소로 하루를 시작하라. 당신은 다른 사람들이 당신에게 짓는 미소를 보게 될 것이다.

❖ 조언 6: 우뇌 회로의 스위치를 켜라

조명을 켜려면 우리는 스위치를 사용한다. 이 생각은 분노의 어두운 면에서 현명한 관점으로 전환할 때 적용된다. 여기서 그 스위치는 다르다. 이것은 조광기 또는 조절 장치와 더 비슷하다. 연습은 스위치 또는 조항기와 같은 역할을 할 수 있다. 다행히 우리가 불필요한 분노를 낮추기 위해 이용할 수 있는 다른 조항기가 있다. 여기에 옵션들이 있다.

《REBT 슈퍼 액티비티 가이드: 고객, 그룹, 학생 및 사용자를 위한 52 주간의 REBT》의 저자이자 심리학자인 파멜라 가르시(Pamela D. Garcy) 박사는 건강한 활동을 통해 분노 폭발의 스위치를 변경하는 조언을 하였다. 경치 좋은 공원에서 조깅하는 동안 우리가 화를 내기는 어렵다. 우리가 가장 좋아하는 모차르트 협주곡 중 하나를 들으면서 화를 낼 가능성은 거의 없다.

가르시의 조언은 다음과 같다. 먼저 분노한 두뇌와의 관계를 끊고 생각하는 두뇌를 사용하라. 분노 폭발을 일으키기보다 우리는 감정의 폭발과 자신의 신체적 반응을 종식시키기 위한 조치를 취하고 싶을 것이다. 분노한 두뇌의 '싸움' 반응을 줄이려면,

1. 신체적 긴장 해방을 이용하여 '건강한 비행'으로 전환한다. 예를 들면 조깅, 걷기, 수영, 땅에 얼음 던지기, 농구 슛하기 등이 있다.

2. 차분하고 건강한 자기 표현을 사용하여 '건강한 동결'로 전환하라. 차분하게 하는 것의 예로는 부드러운 스트레칭, 샤워하기, 심호흡하기, 마음 챙김 연습하기, 차분한 사람과 대화하기, 진정시키는 음악 듣기, 카모마일 차 한잔 마시기, 라벤더 냄새 맡기, 독서 등이 있다. 건강한 자기 표현의 예로는 블로그 글이나 시 쓰기, 그림 그리기, 춤추기, 노래하기, 음악 연주하기 등이 있다.

다음으로, 사고하는 두뇌를 이용하여 기분을 회복하라.

1. 스스로에게 물어보라. 이것이 긴급 상황인가, 짜증나는 일인가, 아니면 작은 문제인가? 내가 해결할 수 있는 문제인가, 아니면 내가 단지 대처할 수 있는 문제인가?

2. "비록 … 일지라도'를 사용하여 그 도전을 인정하라.

3. 당신이 원하고 노력할 수 있다는 것을 인정하기 위해 '나는 더 좋아하고 그것을 지향하여 노력할 것이다'를 사용하라.

4. 당신의 힘을 인정하기 위해 '나는 화를 내고 있다'를 사용하라.

5. 분노한 두뇌의 '해야 한다'의 모순을 당신 자신에게 보여 주기 위해 '항상'을 사용하라. 다음은 이러한 5단계를 사용하는 방법의 예이다.

다른 운전자가 내가 주차하려는 주차 공간으로 급히 들어온다.

1. 나 스스로에게 물어보라. 이것은 긴급 상황인가? 아니야. 이것은 짜증나는 일인가? 그렇다. 이것은 작은 문제인가? 그렇다. 이제 나는 그것이 짜증나는 일이고 작은 문제라는 것을 알았으므로 차분하게 다른 주차 장소로 이동하는 것이 더 쉽다. 그것은 내가 대처할 수 있는 문제이다.

2. 비록 이것이 짜증나는 일이며 작은 문제일지라도 나는 차분하게 그것을 당연한 일로 받아들일 수 있다. 긴급 상황은 존재하지 않으며 모든 것이 괜찮을 것이다.

3. 나는 내가 좋아하는 것(그 주차 공간에 주차하는 것)에서 짜증나게 하는 작은 문제를 차분하게 수용하기 위해 노력할 것이다.

4. '내 자리를 무례하게 뺏은 더러운 사람'에 대한 부정적인 생각을 하면서 나는 분노를 낸다. 나는 짜증이 났지만 다른 주차할 곳을 아주 쉽게 찾을 수 있다는 것을 스스로 깨닫도록 선택할 수 있다.

5. 그는 항상 내가 목표로 하는 주차 장소를 차지하려고 하는 이 지구상에서 가장 더러운 인간이다. 그는 지옥에서 영원히 썩어야 한다. 이 분노하는 두뇌 사고의 모순은 그 분노를 조용히 해결하는 데 도움이 될 수 있다.

◆ 조언 7: 3D 합리적인 감정 이미지를 연습하라

우리는 인생을 살아 가면서 때때로 우리를 당혹스럽게 만들었던 질문에 대한 답을 가진 현명한 사람을 찾을 것이다. 그러한 조언을 받고 그것이 어떻게 효과가 있었는지 우리에게 조언해 줄 수 있는 사람도 찾을 수 있다. 다음은 전문가의 조언을 행동으로 옮기는 방법이다.

《합리적 정서행동치료를 사용한 웰빙 가이드》의 공동 편집자인 숀 블라우(Shawn Blau) 박사는 3D 합리적인 감정 이미지를 사용하는 것에 대하여 중요한 조언을 제공한다.

앨버트 엘리스가 1987년에 직접 나에게 이것을 가르쳤다. 이것은 매력적으로 작동했고 그 이후로 나는 이것을 계속 사용하고 있다. 먼저, 자신을 화나게 만드는 경향이 있는 불공정한 상황이나 사람을 선택하라. 그런 다음 자신이 매우 화가 났다고 상상하기 위해 합리적 감정 이미지(REI)를 사용한 다음, 이 불공평한 상황에 머무르면서 분노에 더 잘 대처하는 감정으로 바꾸기 위해 노력하라. 일단 REI에서 나의 분노를 잘 다룰 수 있게 되면 이미지에서 상상한 불공정한 사람이나 상황을 찾아서 실제로 그렇게 하려고 노력하라. 우리가 이전에 연습한 REI를 (1) 상호 작용 전, (2) 상호 작용 중, (3) 상호 작용 후에 예행 연습하라. 가능한 자주 실제 생활에서 실행할 수 있도록 노력하라. 몇 주 안에 당신은 자신이 가능하리라고 생각했던 것보다 훨씬 더 분노를 잘 통제할 수 있게 될 것이다.

◆ 조언 8: 분노 완화를 위한 공감과 관점을 적용하라

공감은 인간 본성에 내재되어 있다. 다른 사람의 감정을 이해하는 이러한 감각은 사람들 사이의 수용감을 촉진하는 데 치료적인 가치가 있다. 누군가에게 화를 내면서 동시에 그들에게 공감을 느끼기는 힘들다. 공감하는 방향으로 마음을 갖도록 하는 방법을 살펴보자.

다음은 호프스트라대학(Hofstra University)의 명예교수이며 《모든 사람들을 위한 분노 관리》, 《분노 관리하기: 치료사를 위한 완벽한 치료 가이드》의 공동 저자인 호와드 카시노브(Howard Kassinove)의 소언이다. 그는 분노를 줄이기 위해 공감과 관점을 사용하는 조언을 제공한다.

분노는 일반적으로 원하지 않거나, 부적절하거나 도움이 되지 않거나, 잘못된 것으로 인식되는 다른 사람의 행동으로 인해 발생한다. 성적이 저조한 우리의 자녀에게 공부하라는 말을 했음에도 자녀가 계속 컴퓨터 게임을 하면 우리는 분노가 일어난다. 또는 배우자가 그렇게 하지 않겠다고 약속한 후에도 계속해서 복권을 구매할 수 있다. 이러한 것에 내가 느끼는 분노, 괴로움, 복수는 나에게 좋지 않으며 내가 그러한 문제에 대한 해결책을 개발하는 데도 도움이 되지 않는다.

문제는 우리 모두가 자신의 관점에서 세상을 본다는 것이다. 나의 아이가 계속해서 그 비디오 게임을 과도하게 하는 경우, 나는 내가 얼마나 존중받지 못하는지에 초점을 맞춘다. 나의 배우자가 계속해서 복권을 구매한다면, 나는 내가 얼마나 모욕을 받고 있는지에 초점을 맞추고 복권 구매에 대해 배우자에게 계속해서 분노를 낸다.

분노를 줄이는 한 가지 방법은 비난을 최소화하고 더 공감하는 것이다. 즉 이것은 다른 사람의 관점에서 그 행동을 이해하는 것이다. 공감이 이루어지면 분노가 자연스럽게 줄어들고 우리는 문제 해결의 기회를 가질 수 있다.

관점 전환은 공감을 불러일으키고 분노를 줄이는 한 가지 방법이다. 그것에는 4단계가 있다.
1. 집에서 조용히 화를 낸 상황에 대해 차분하게 회상하라. 일어난 일을 과장하거나 최소화하지 마라. 구체적인 상황으로 제한하여 검토하라.
2. 혼자 있는 동안 일어난 일을 소리 내어 설명하라. 마치 친구에게 이야기하는 것처럼 자신의 관점에서 그렇게 하라. 그리고 몇 분 기다려야 한다.
3. 이제 바꾸어서 다른 사람인 척하라. 그 사람의 관점에서 그 상황을 설명하라. 다시 혼자 있는 동안 자신이 지금 나에게 이야기하고 있는 다른 사람인 것처럼 큰 소리로 말하라. 무슨 일이 있었는지 설명하고(다른 사람으로서) 내가 했던 것처럼 행동한 이유에 대해 가능하고 합법적이며 현실적인 이유를 말하라. 중요한 것은 '나' 언어를 사용하고 내가 마치 다른 사람인 것처럼 말하는 것이다.
4. 세 번 반복하라.

다른 사람의 관점을 더 많이 이해할수록 더 빨리 나의 분노는 줄어들고 그다음 해결책을 찾거나 용서하기 위해 나아갈 수 있다. 나는 더 이상 화를 내고 다른 사람의 행동으로 인한 괴로운 희생자가 되지 않을 것이다.

❖ 조언 9: 멈추고 생각하라

심리학자 다이애나 리치먼(Diana R. Richman) 박사는 뉴욕시에서 개인 진료실을 운영하고 있다. 알버트 엘리스 연구소의 교수를 역임한 그녀는 REBT와 CBT를 생활 단계와 업무 관련 문제에 적용하는 방법에 대한 수많은 논문을 저술했다.

나는 내가 화가 난 느낌을 극복할 수 있거나 극복하기를 원한다고 믿는가? 이 질문에 대한 나의 솔직한 대답을 마음속으로 인정하는 내가 종종 불필요하고 자기 파괴적인 감정을 극복하기 위해 인지적 장애에 도전하도록 동기를 부여할 것이다. 만약 내가 화난 감정을 줄이기를 바란다면, 다음과 같은 일련의 조언들이 현실적으로 불공평한 세상에서 살아갈 때 내가 앞으로 나아갈 수 있도록 도와 줄 것이다.

1. 분노의 대상을 명확히 하라. 나는 어떤 사람, 상황, 또는 자신에 대해 분노의 감정을 느끼는가?
   - 이 단계는 누군가 또는 어떤 상황이 내가 강한 감정을 가지고 비난할 만한 것이라고 믿고 있음을 인정함으로써 달성할 수 있다.
2. 당신이 분노의 감정을 정직하게 극복하고 싶은지를 명확히 하라. 당신의 분노가 정당하다고 생각하는가?
   - 이 단계는 심지어 활성화 사건이 정당화되지 않았다고 믿을 때에도 내가 분노의 감정을 극복하는 선택을 할 수 있음을 인정함으로써 달성할 수 있으며, 그래서 나의 분노는 정당화된다.
3. 내가 분노 대상에 대해 가지고 있는 구체적인 신념을 명확히 하라. 나는 나의 생각이 분노를 불러일으킨다고 믿는가?
   - 이 단계는 내가 유지해 온 비현실적인 기대에 도전하고 삶의 현실과 관계없이 자신, 타인, 상황을 향한 비난을 생기게 함으로써 달성할 수 있다.
4. 나의 분노 감정을 강도 0(분노 없음)에서 10(심한 분노)까지의 척도로 명확히 하라.
   - 이 단계는 나의 감정을 하루에 정해진 횟수로 모니터링하고 0에서 10까지 날짜, 시간, 강도를 작성함으로써 달성할 수 있다.
5. 분노의 감정을 줄이는 것의 장점 및 단점을 명확히 하라. 분노의 감정을 줄이는 것으로부터 나는 이득을 얻는가?
   - 이 단계는 부정적이고 고통스러운 감정을 유지하는 것의 장점과 단점을 두 개의 열로 나열하고 분노의 감정을 내려놓음으로써 얻을 수 있는 장기적 이점을 생각함으로써 달성할 수 있다.
6. 오래 지속되고 사념석인 삼성에서 멋어나기 위해 내가 자신, 타인, 상황을 용서할 수 있음을 명확하게 하라.
   - 이 단계는 용서가 내가 삶에서 건강하고 자기 향상적인 목표를 향해 나아갈 수 있게 해 준다는 것을 인식함으로써 달성할 수 있다.

❖ 조언 10: 내가 선택할 수 있음을 인식하라

다행히도 우리는 분노를 극복하는 데 있어 몇몇 좋은 선택을 할 수 있다. 첫 번째 단계는 그것들을 인식하는 것이다. 인지행동치료를 위한 벡(Beck) 연구소의 노먼 코터넬(Norman Cotterell) 박사는 분노를 줄이는 데 있어 건강하고 건설적인 선택과 행동에 대한 유명한 AWARE 계획으로 최고의 조언을 마무리한다.

분노를 다루는 첫 번째 단계는 선택을 인식하는 것이다. 과거, 다른 사람들, 방해하는 생각, 육체적 감각, 심지어 감정까지 우리가 통제할 수 없는 수많은 것들이 있다. 그러나 이것들 안에는 우리가 절대적으로 통제할 수 있는 것이 있다. 그것은 바로 우리의 선택 능력이다. 우리는 과거로부터 배우는 것, 다른 사람들에게 반응하는 것, 방해하는 사고, 감정, 충동의 문맥에서 우리가 하는 것을 선택한다. 중요한 것은 우리가 통제할 수 없는 것에 집중할지 아니면 통제할 수 있는 것에 집중할지 선택할 수 있다.

이러한 선택을 인식하는 데 유용한 기법은 간단한 비용 - 이득 분석이다. 우리가 존중하고 존경하는 방식으로 분노를 다루는 어떤 사람을 상상해 보라. 그를 마이크라고 부르자. 그의 스타일을 설명하기 위해 나는 어떤 말을 사용할 것인가? 조심스런 스타일? 수용하는 스타일? 용서하는 스타일? 어떤 말을 적용하든 그것을 적어 두라. 그런 다음 스스로에게 네 가지 질문을 하라. 마이크처럼 되는 것의 단점은 무엇인가? 분노하는 것의 장점은 무엇인가? 분노하는 것의 단점이 무엇인가? 그리고 마지막으로 마이크처럼 되는 것의 장점은 무엇인가? 그런 다음 질문하라. 분노하는 것의 이득이 비용보다 더 큰가? 그것들이 거의 동등한가? 아니면 분노하는 것의 비용이 이득보다 더 큰가? 어느 것이 더 큰지 생각해 보라. 50 - 50, 55 - 45, 60 - 40, 70 - 30, 80 - 20, 90 - 10 또는 100 - 0인가? 그런 다음 마이크처럼 되는 것에 대한 비용과 이득에 대해서도 똑같이 하라.

분노의 비용은 실제로 공격성(또는 수동적 공격성, 또는 수동성)의 비용일 수 있음에 주목하라. 우리는 분노를 제어할 수 없지만, 분노로 하는 일을 완전히 제어할 수 있다. 우리는 분노를 내면서 공격적이며, 분노를 내면서 수동적 공격적이고, 분노를 내면서 수동적이거나, 또는 분노를 내면서 강하게 주장적일 수 있다. 그것은 우리가 선택하는 것이다. 분노는 우리의 반응을 빨리 하도록 만들고 선택의 여지가 없는 것처럼 보이게 한다. 그러나 우리는 이러한 것들을 선택할 수 있다고 생각하며 우리 스스로에게 권한을 부여할 필요가 있다.

따라서 아래의 방법을 기억하고 인지해라.

분노를 받아들여라: 이것은 내가 통제 불능 상태에 있음을 의미하지 않는다. 이것은 문제 해결을 위한 에너지이며, 나의 가치를 지키면서 올바른 방식으로 올바른 일을 하는 것이다.

떨어져서 그것을 바라보라: 이것은 내가 어려운 상황에 대처하는 데 도움이 되는 에너지이다. 그것으로 무엇을 할지는 나의 선택이다.

그것에 대해 건설적으로 행동하라: 나의 도덕과 가치를 위해 그것을 이용하라. 연민, 인내, 이해, 공감, 품위를 가지려고 노력하라.

위의 것들을 반복하라: 계속해서 그것을 받아들이고 바라보며 건설적으로 행동하라.

가장 좋은 것을 기다려라: 분노는 지나간다.

❖ 모든 것을 하나로 묶기: 삶에서 중요한 것

이 책은 우리가 사건에 주는 의미, 우리가 우리의 감정에 주는 의미, 우리의 믿음에 내재된 의미 등과 같은 의미에 대해 많은 이야기를 한다. 우리의 삶에 우리가 주는 의미와 함께 마무리하고자 한다.

중요한 일을 하는 것은 삶을 의미 있게 만드는 데 도움을 준다. 그것이 정서적 웰빙과 건강으로 가는 길이다(Costin & Vignoles, 2020). 중요하다고 하는 것은 무엇을 말하는가? 어떤 사람들에게는 가족과 친구가 가장 중요하다. 다른 사람들은 할 수 있을 때 개인적인 관심 분야에 뛰어든다. 어떤 사람들은 스스로를 보호할 수 없는 사람들을 보호하기 위해 시간을 낸다. 다른 사람들은 글을 쓰고, 정원을 만들며, 오래된 물건을 복원하는 것과 같이 중요한 여러 가지 일을 한다. 어떤 사람들은 사업을 한다. 아주 드물게 어떤 사람들은 자신들의 작품에 엄청나게 집착한다. 알버트 엘리스는 약 60년 동안 일주일에 7일 자신의 REBT 시스템 개발을 열정적으로 추구하며 수십 년 동안 지칠 줄 모르고 일을 해왔다. 그가 성취한 것은 그에게 뿐만 아니라 그의 시스템을 사용한 수백만 명의 사람들과 그의 지혜로부터 배운 다른 사람들에게 중요했으며, 이제 그것은 CBT에 합쳐졌다.

우리는 잠시 우리의 삶에서 만나는 낯선 사람들이 무엇을 중요하게 여기는지 모를 수 있다. 다음은 내가 지하철에서 낯선 사람에게 배운 것이다. 그는 나에게 어떤 차를 타야 하는지 알려 주는 전달자였다. 그래서 나는 기차가 멈추었을 때 계단에 가까이 있어서 시간을 절약할 수 있었다. 효율성은 그에게 중요한 것이었다. 그는 이것에 대한 열정으로 가득 차 있었다.

다음에 우리가 어떤 사건에 대해 기생적 분노 사고방식으로 향할 때 잠시 멈추어라. 나는 삶에서 내가 가진 무엇에 대해 감사하는가? 그것이 더 중요하지 않은가?

References

Alberti, R., and M. Emmons. 1970. *Your Perfect Right.* 1st ed. San Luis Obispo, CA: Impact Publishers.

Alberti, R., and M. Emmons. 2017. *Your Perfect Right.* 10th ed. Oakland, CA: Impact Publishers.

Alexandru, B. V., B. Róbert, L. Viorel, and B. Vasile. 2009. "Treating Primary Insomnia: A Comparative Study of Self-Help Methods and Progressive Muscle Relaxation." *Journal of Cognitive and Behavioral Psychotherapies* 9 (1): 67–82.

American Psychological Association. 2017. "Stress in America: The State of Our Nation." *Stress in America Survey.*

Aristotle. 1999. (Translated by W. D. Ross). *Nicomachean Ethics.* Kitchener Canada: Batoche Books.

Ariyabuddhiphongs, V. 2014. "Anger Concepts and Anger Reduction Method in Theravada Buddhism." *Spirituality in Clinical Practice* 1 (1): 56–66.

Aspinwall, L. G. 2011. Future-oriented Thinking, Proactive Coping, and the Management of Potential Threats to Health and Well-being. In S. Folkman (ed.), *Oxford Library of Psychology. The Oxford Handbook of Stress, Health, and Coping* (334–365). New York, NY: Oxford University Press.

Bear, G. G., X. Uribe-Zarain, M. A. Manning, and K. Shiomi. 2009. "Shame, Guilt, Blaming, and Anger: Differences Between Children in Japan and the US." *Motivation and Emotion* 33 (3): 229–238.

Beck, A. 1999. *Prisoners of Hate.* New York: Harper Collins.

Bekoff, M., and J. Pierce. 2009. *The Moral Lives of Animals.* Chicago: University of Chicago Press.

Belenky, G., N. J. Wesensten, D. R. Thorne, M. L. Thomas, H. C. Sing, D. P. Redmond, M. B. Russo, and T. J. Balkin. 2003. "Patterns of Performance Degradation and Restoration During Sleep Restriction and Subsequent Recovery: A Sleep Dose-Response Study." *Journal of Sleep Research* 12 (1): 1–12.

Berkowitz, L. 1990. "On the Formation and Regulation of Anger and Aggression: A Cognitive-Neoassociationistic Analysis." *American Psychologist* 45 (4): 494–503.

Beute, F., and Y. A. W. de Kort. 2018. "The Natural Context of Wellbeing: Ecological Momentary Assessment of the Influence of Nature and Daylight on Affect and Stress for Individuals with Depression Levels Varying from None to Clinical." *Health and Place* 49: 7–18.

Block, J. 2018. *The 15-Minute Relationship Fix: A Clinically Proven Strategy that Will Repair and Strengthen Your Love Life.* Virginia Beach, VA: Koehler Books.

Boesch, C. 2002. "Cooperative Hunting Roles Among Taï Chimpanzees." *Human Nature* 13 (1): 27–46.

Bothelius, K., K. Kyhle, C. A. Espie, and J. E. Broman. 2013. "Manual-Guided Cognitive–Behavioural Therapy for Insomnia Delivered by Ordinary Primary Care Personnel in General Medical Practice: A Randomized Controlled Effectiveness Trial." *Journal of Sleep Research* 22 (6): 688–696.

Bourland, D. D. and P. D. Johnston. 1991. *To Be or Not: An E-Prime Anthology.* San Francisco: International Society for General Semantics.

Brehm, S. S., and J. W. Brehm. 1981. *Psychological Reactance: A Theory of Freedom and Control.* New York: Academic Press.

Brosnan, S. F., and F. B. M. de Waal. 2003. "Monkeys Reject Unequal Pay." *Nature* 425 (6955): 297–299.

Buhle, J. T., J. A. Silvers, T. D. Wager, R. Lopez, C. Onyemekwu, H. Kober, and K. N. Ochsner. 2014. "Cognitive Reappraisal of Emotion: A Meta-Analysis of Human Neuroimaging Studies." *Cerebral Cortex* 24 (11): 2981–2990.

Busch, L. Y., P. Pössel, and J. C. Valentine. 2017. "Meta-Analyses of Cardiovascular Reactivity to Rumination: A Possible Mechanism Linking Depression and Hostility to Cardiovascular Disease." *Psychological Bulletin* 143 (12): 1378–1394.

Buschmann, T., R. A. Horn, V. R. Blankenship, Y. E. Garcia, and K. B. Bohan. 2018. "The Relationship Between Automatic Thoughts and Irrational Beliefs Predicting Anxiety and Depression." *Journal of Rational-Emotive & Cognitive-Behavior Therapy* 36 (2):137–162.

Bushman, B. J. 2002. "Does Venting Anger Feed or Extinguish the Flame? Catharsis, Rumination, Distraction, Anger and Aggressive Responding." *Personality and Social Psychology Bulletin* 28 (6): 724–773.

Carlsmith, K. M., T. D. Wilson, and D. T. Gilbert. 2008. "The Paradoxical Consequences of Revenge." *Journal of Personality and Social Psychology* 95 (6): 1316–1324.

Carter, C. L. 2009. Consumer Protection in the States. National Consumer Law Center. www.nclc.org.

Caselli, G., A. Offredi, F. Martino, D. Varalli, G. M. Ruggiero, S. Sassaroli, M. M. Spada, and A. Wells. 2017. "Metacognitive Beliefs and Rumination as Predictors of Anger: A Prospective Study." *Aggressive Behavior* 43 (5): 421–429.

Casriel, D. 1974. *A Scream Away from Happiness.* New York: Grossett and Dunlap.

Cassiello-Robbins, C., and D. H. Barlow. 2016. "Anger: The Unrecognized Emotion in Emotional Disorders." *Clinical Psychology: Science and Practice* 23 (1): 66–85.

Chester, D. S., and J. M. Dzierzewski. 2019. "Sour Sleep, Sweet Revenge? Aggressive Pleasure as a Potential Mechanism Underlying Poor Sleep Quality's Link to Aggression." *Emotion.* Advance online publication.

Chida, Y., and A. Steptoe. 2009. "Cortisol Awakening Response and Psychosocial Factors: A Systematic Review and Meta-Analysis." *Biological Psychology* 80 (3): 265–278.

Clark, G. and S. J. Egan. 2015. "The Socratic Method in Cognitive Behavioural Therapy: A Narrative Review." *Cognitive Therapy and Research* 39 (6): 863–879.

Coccaro, E. F. 2019. Psychiatric Comorbidity in Intermittent Explosive Disorder. *Journal of Psychiatric Research* 118: 38–43.

Cohen, E. 2019. *Making Peace with Imperfection: Discover Your Perfectionism Type, End the Cycle of Criticism, and Embrace Self-Acceptance.* Oakland, CA: Impact Publishers.

Cooley, C. H. 1902. *Human Nature and the Social Order.* New York: Scribner.

Costin, V., and V. L. Vignoles. 2020. "Meaning Is About Mattering: Evaluating Coherence, Purpose, and Existential Mattering as Precursors of Meaning in Life Judgments." *Journal of Personality and Social Psychology* 118 (4): 864–884.

Damasio, A. 2017. *The Strange Order of Things.* New York: Vintage Books.

David, D., C. Cotet, S. Matu, C. Mogoase, and S. Stefan. 2018. "50 Years of Rational-Emotive and Cognitive-Behavioral Therapy: A Systematic Review and Meta-Analysis." *Journal of Clinical Psychology* 74 (3): 304–318.

Davidson K. W., and E. Mostofsky. 2010. "Anger Expression and Risk of Coronary Heart Disease: Evidence from the Nova Scotia Health Survey." *American Heart Journal* 158 (2): 199–206.

Deak, M. C., and R. Stickgold. 2010. "Sleep and Cognition." *WIREs Cognitive Science* 1 (4): 491–500.

De Couck, M., R. Caers, L. Musch, J. Fliegauf, A. Giangreco, and Y. Gidron. 2019. "How Breathing Can Help You Make Better Decisions: Two Studies on the Effects of Breathing Patterns on Heart Rate Variability And Decision-Making In Business Cases." *International Journal of Psychophysiology* 139: 1–9.

Denny, B. T., and K. N. Ochsner. 2014. "Behavioral Effects of Longitudinal Training in Cognitive Reappraisal." *Emotion* 14 (2): 425–433.

Dor, D. 2017. "The Role of the Lie in the Evolution of Human Language." *Language Sciences* 63: 44–59.

Dubois, P. 1909a. *The Psychic Treatment of Nervous Disorders.* New York: Funk & Wagnalls.

Dubois, P. 1909b. *The Psychic Treatment of Nervous Disorders.* 6th ed. New York: Funk & Wagnalls.

Dunlap, K. 1949. *Habits: Their Making and Unmaking.* New York: Liveright Publishing.

D'Zurilla, T. J., and M. R. Goldfried. 1971. "Problem Solving and Behavior Modification." *Journal of Abnormal Psychology* 78 (1): 107–126.

Eadeh, F. R., S. A. Peak, and A. J. Lambert. 2017. "The Bittersweet Taste of Revenge: On the Negative and Positive Consequences of Retaliation." *Journal of Experimental Social Psychology* 68: 27–39.

Ellis, A. 1962. *Reason and Emotion in Psychotherapy.* New York: Lyle Stuart.

Ellis, A. 1977. *How to Live with and without Anger.* New York: Reader's Digest Press.

Ellis, A. 1999. *How to Make Yourself Happy and Remarkably Less Disturbable.* Oakland, CA: Impact Publishers.

Ellis, A. and S. Blau. 1998. *Albert Ellis Reader.* Secaucus, New Jersey: Citadel Press.

Eriksson, K., P. A. Andersson, and P. Strimling. 2017. "When Is It Appropriate to Reprimand a Norm Violation? The Roles of Anger, Behavioral Consequences, Violation Severity, and Social Distance." *Judgment and Decision Making* 12 (4): 396–407.

Fahlgren, M. K., A. A. Puhalla, K. M. Sorgi, and M. S. McCloskey. 2019. "Emotion Processing in Intermittent Explosive Disorder." *Psychiatry Research* 273: 544–550.

Felt, J. M., M. A. Russell, J. M. Ruiz, J. A. Johnson, B. N. Uchino, M. Allison, T. W. Smith, D. J. Taylor, C. Ahn, and J. Smyth. 2020. "A Multimethod Approach Examining the Relative Contributions of Optimism and Pessimism to Cardiovascular Disease Risk Markers." *Journal of Behavioral Medicine.* https://doi.org/10.1007/s10865-020-00133-6

Ford, B. Q., P. Lam, O. P. John, and I. B. Mauss. 2018. "The Psychological Health Benefits of Accepting Negative Emotions and Thoughts: Laboratory, Diary, and Longitudinal Evidence." *Journal of Personality and Social Psychology* 115 (6): 1075–1092.

Frankl, V. 1988. *The Will to Meaning.* New York: Meridian.

Friedrich, A., and A. A. Schlarb. 2018. "Let's Talk about Sleep: A Systematic Review of Psychological Interventions to Improve Sleep in College Students." *Journal of Sleep Research* 27 (1): 4–22.

Gabay, A. S., J. Radua, M. J. Kempton, and M. A. Mehta. 2014. "The Ultimatum Game and the Brain: A Meta-Analysis of Neuroimaging Studies." *Neuroscience and Biobehavioral Reviews* 47: 549–558.

Gao, L., J. Curtiss, X. Liu, and S. G. Hofmann. 2018. "Differential Treatment Mechanisms in Mindfulness Meditation and Progressive Muscle Relaxation." *Mindfulness* 9 (4): 1316–1317.

Garcy, P. 2009. *The REBT Super-Activity Guide: 52 Weeks of REBT for Clients, Groups, Students, and YOU!* CreateSpace Independent Publishing Platform.

Geraci, A., and L. Surian. 2011. "The Developmental Roots of Fairness: Infants' Reactions to Equal and Unequal Distributions of Resources." *Developmental Science* 14 (5): 1012–1020.

Graver, M. 2007. *Stoicism and Emotion.* Chicago: The University of Chicago Press.

Gray, C. 2002. *A Study of State Judicial Discipline Sanctions.* Chicago: American Judicial Society.

Greenglass, E. 1996. "Anger Suppression, Cynical Distrust, and Hostility: Implications for Coronary Heart Disease." In *Stress and Emotion: Anxiety, Anger, and Curiosity*, Vol. 16, edited by C. D. Spielberger, I. G. Sarason, J. M. T. Brebner, and guest editors E. Greenglass, P. Laungani, and A. M. O'Roark, 205–225. Washington, DC: Taylor and Francis.

Grieger, R. 2020. *The Serious Business of Being Happy.* New York: Routledge.

Haesevoets, T., D. De Cremer, A. Van Hiel, and F. Van Overwalle. 2018. "Understanding the Positive Effect of Financial Compensation on Trust After Norm Violations: Evidence from fMRI in Favor of Forgiveness." *Journal of Applied Psychology* 103 (5):578–590.

Harinck, F., and G. A. Van Kleef. 2012. "Be Hard on the Interests and Soft on the Values: Conflict Issue Moderates the Effects of Anger in Negotiations." *British Journal of Social Psychology* 51 (4): 741–72.

Heiniger, L. E., G. I. Clark, and S. J. Egan. 2017. "Perceptions of Socratic and Non-Socratic Presentation of Information in Cognitive Behaviour Therapy." *Journal of Behavior Therapy and Experimental Psychiatry* 58: 106–113.

Hofmann, S. 2020. *The Anxiety Skills Workbook*. Oakland, CA: New Harbinger Publications.

Hofmann, S. G., and G. J. G. Asmundson, eds. 2017. *The Science of Cognitive Behavioral Therapy*. San Diego, CA: Elsevier Academic Press.

Horney, K. 1950. *Neurosis and Human Growth*. New York: W. W. Norton & Company, Inc.

Hosseini, S. H., V. Mokhberi, R. A. Mohammadpour, M. Mehrabianfard, and L. N. Lashak. 2011. "Anger Expression and Suppression Among Patients with Essential Hypertension." *International Journal of Psychiatry in Clinical Practice* 15: 214–218.

Jackobson, E. 1938. *Progressive Relaxation*. 2nd ed. Chicago: University of Chicago Press.

Janicki-Deverts, D., S. Cohen, and W. Doyle. 2010. "Cynical Hostility and Stimulated Th1 and Th2 Cytokine Production." *Brain Behavior Immunology* 24 (1): 58–63.

Janov, A. 1975. *The Primal Scream*. New York: Dell Publishing.

Jones, M. C. 1924. "A Laboratory Study of Fear: The Case of Peter." *The Pedagogical Seminary* 31 (4): 308–315.

Jones, V. C. 1948. *The Hatfields and the McCoys*. Chapel Hill North Carolina: University of North Carolina Press.

Julkunen, J., P. R. Salonen, J. A. Kaplan, M. A. Chesney, and J. T. Salonen. 1994. "Hostility and the Progression of Carotid Atherosclerosis." *Psychosomatic Medicine* 56: 519–525.

Kabat-Zinn, J. 2005. *Coming to Our Senses*. New York: Hyperion.

Kahneman, D. 2011. *Thinking Fast and Slow*. New York: Farrar, Straus and Giroux.

Kassinove, H., and C. Tafrate. 2019. *The Practitioner's Guide to Anger Management*. Oakland, CA: New Harbinger Publications.

Kazantzis, N., H. K. Luong, A. S. Usatoff, T. Impala, R. Y. Yew, and S. G. Hofmann. 2018. "The Processes of Cognitive Behavioral Therapy: A Review of Meta-Analyses." *Cognitive Therapy and Research* 42 (4): 349–357.

Kelly, G. 1969. "The Strategy of Psychological Research." In *Clinical Psychology and Personality: The Collected Papers of George Kelly,* edited by B. Maher. New York: John Wiley and Sons.

Kelly, G. 1955. *The Psychology of Personal Constructs*. New York: W. W. Norton & Company, Inc.

Kessler, R. C., E. F. Coccaro, M. Fava, S. Jaeger, R. Jin, and E. Walters. 2006. "The Prevalence and Correlates of DSM-IV Intermittent Explosive Disorder in the National Comorbidity Survey Replication." *Archives of General Psychiatry* 63 (6): 669–678.

Kim, Y. J. 2018. "Transdiagnostic Mechanism of Social Phobia and Depression: The Role of Anger Dysregulation." *Journal of Human Behavior in the Social Environment* 28 (8): 1048–1059.

King, R. B., and E. D. dela Rosa. 2019. "Are Your Emotions under Your Control or Not? Implicit Theories of Emotion Predict Well-Being via Cognitive Reappraisal." *Personality and Individual Differences* 139: 177–182.

Klarreich, S. 2007. *Pressure Proofing: How to Increase Personal Effectiveness on the Job and Anywhere Else for that Matter*. New York: Routledge.

Kline, C. E. 2019. "Sleep and Exercise." In M. A. Grandner (ed.), *Sleep and Health* (257–267). Burlington, Massachusetts: Elsevier Academic Press.

Knaus, W. 1982. *How to Get Out of a Rut*. Englewood Cliffs, New Jersey: Prentice Hall.

Knaus, W. 2000. *Take Charge Now*. New York: John Wiley and Sons.

Knaus, W., Klarreich, S., Grieger, R., and Knaus, N. 2010. *Fearless Job Hunting*. Oakland: New Harbinger Publications.

Knaus, W. 2012. *The Cognitive Behavioral Workbook for Depression*. 2nd ed. Oakland: New Harbinger Publications.

Korzybski, A. 1933. *Science and Sanity*. New York: The Science Press Printing Company.

Kostewicz, D. E., R. M. Kubina, Jr., and J. O. Cooper. 2000. "Managing Aggressive Thoughts and Feelings with Daily Counts of Non-Aggressive Thoughts and Feelings: A Self-Experiment." *Journal of Behavior Therapy and Experimental Psychiatry* 31 (3–4): 177–187.

Krahé, B., J. Lutz, and I. Sylla. 2018. "Lean Back and Relax: Reclined Seating Position Buffers the Effect of Frustration on Anger and Aggression." *European Journal of Social Psychology*. Abstract.

Krizan, Z., and A. D. Herlache. 2016. "Sleep Disruption and Aggression: Implications for Violence and Its Prevention." *Psychology of Violence* 6: 542–552. http://dx.doi.org/10.1037/vio0000018

Krizan, Z., and G. Hisler. 2019. "Sleepy Anger: Restricted Sleep Amplifies Angry Feelings." *Journal of Experimental Psychology: General* 148 (7): 1239–1250.

Kubzansky L. D., and I. Kawachi. 2000. "Going to the Heart of the Matter: Do Negative Emotions Cause Coronary Heart Disease?" *Journal of Psychosomatic Research* 48 (4–5): 323-337.

Kubzansky, L. D., D. Sparrow, B. Jackson, S. Cohen, S. T. Weiss, and R. J. Wright. 2006. "Angry Breathing: a Prospective Study of Hostility and Lung Function in the Normative Aging Study." *Thorax* 61: 863–68.

Landmann, H., and U. Hess. 2017. "What Elicits Third-Party Anger? The Effects of Moral Violation and Others' Outcome on Anger and Compassion." *Cognition and Emotion* 31 (6): 1097–1111.

Lieberman, M. D., N. I. Eisenberger, M. J. Crockett, S. M. Tom, J. H. Pfeifer, and B. M. Way. 2007. "Putting Feelings into Words: Affect Labeling Disrupts Amygdala Activity in Response to Affective Stimuli." *Psychological Science* 18 (5): 421–428.

Lee, L. O., P. James, E. S. Zevon, E. S. Kim, C. Trudel-Fitzgerald, A. Spiro III, F. Grodstein, and L. D. Kubzansky. 2019. "Optimism Is Associated with Exceptional Longevity in 2 Epidemiologic Cohorts of Men and Women." *PNAS Proceedings of the National Academy of Sciences of the United States of America* 116 (37): 18357–18362.

Lu, X., T. Li, Z. Xia, R. Zhu, L. Wang, Y. J. Luo, and F. Krueger. 2019. "Connectome-Based Model Predicts Individual Differences in Propensity to Trust." *Human Brain Mapping*. Advance online publication.

Lumet, S. *Network*. 1976. Beverly Hills, CA: MGM/United Artists, Film.

Ma-Kellams, C., and J. Lerner. 2016. "Trust Your Gut or Think Carefully? Examining Whether an Intuitive, Versus a Systematic, Mode of Thought Produces Greater Empathic Accuracy." *Journal of Personality and Social Psychology* 111 (5): 674–685.

MacCormack, J. K., and K. A. Lindquist. 2019. "Feeling Hangry? When Hunger Is Conceptualized as Emotion." *Emotion* 19 (2): 301–319.

Mahon, N. E., A. Yarcheski, T. J. Yarcheski, and M. M. Hanks. 2006. "Correlates of Low Frustration Tolerance in Young Adolescents." *Psychological Reports* 99 (1): 230.

Martin, R. C. and E. R. Dahlen. 2004. "Irrational Beliefs and the Experience and Expression of Anger." *Journal of Rational-Emotive and Cognitive-Behavior Therapy* 22(1): 3–20.

McEwen, B., and E. N. Lasley. 2002. *The End of Stress As We Know It*. Washington, DC: The Dana Press.

McEwen, B. S., and N. L. Rasgon. 2018. "The Brain and Body on Stress: Allostatic Load and Mechanisms for Depression and Dementia." In *Depression as a Systemic Illness*, edited by J. J. Strain and M. Blumenfield, 14–36. New York: Oxford University Press.

McGetrick, J., and F. Range. 2018. "Inequity Aversion in Dogs: A Review." *Learning and Behavior* 46: 479–500.

McIntyre, K. M., E. Puterman, J. M. Scodes, T. H. Choo, C. J. Choi, M. Pavlicova, and R. P. Sloan. 2020. "The Effects of Aerobic Training on Subclinical Negative Affect: A Randomized Controlled Trial." *Health Psychology* 39 (4): 255–264.

Melli, G., R. Bailey, C. Carraresi, and A. Poli. 2017. "Metacognitive Beliefs as a Predictor of Health Anxiety in a Self-Reporting Italian Clinical Sample." *Clinical Psychology and Psychotherapy* 25 (2): 263–271.

Muschalla, B., and J. von Kenne. 2020. "What Matters: Money, Values, Perceived Negative Life Events? Explanative Factors in Embitterment." *Psychological Trauma: Theory, Research, Practice, and Policy*. Advance online publication. https://doi.org/10.1037/tra0000547

Okajima, I., and Y. Inoue. 2018. "Efficacy of Cognitive Behavioral Therapy for Comorbid Insomnia: A Meta-Analysis." *Sleep and Biological Rhythms* 16 (1): 21–35.

Okuda, M., J. Picazo, M. Olfson, D. S. Hasin, S. M. Liu, S. Bernardi, and C. Blanco. 2015. "Prevalence and Correlates of Anger in the Community: Results from a National Survey." *CNS Spectrums* 20 (2): 130–139.

Oltean, H. R., P. Hyland, F. Vallières, and D. O. David. 2018. "Rational Beliefs, Happiness and Optimism: An Empirical Assessment of REBT's Model of Psychological Health." *International Journal of Psychology*. Advance online publication.

Payot, J., 1909. *The Education of the Will*. New York: Funk & Wagnalls.

Perciavalle, V., M. Blandini, P. Fecarotta, A. Buscemi, D. Di Corrado, L. Bertolo, F. Fichera, and M. Coco. 2017. "The Role of Deep Breathing on Stress." *Neurological Sciences* 38 (3): 451–458.

Pfattheicher, S., C. Sassenrath, and J. Keller. 2019. "Compassion Magnifies Third-Party Punishment." *Journal of Personality and Social Psychology* 117 (1): 124–141.

Picó-Pérez, M., M. Alemany-Navarro, J. E. Dunsmoor, J. Radua, A. Albajes-Eizagirre, B. Vervliet, N. Cardoner, O. Benet, B. J. Harrison, C. Soriano-Mas, and M. A. Fullana. 2019. "Common and Distinct Neural Correlates of Fear Extinction and Cognitive Reappraisal: A Meta-Analysis of fMRI Studies." *Neuroscience and Biobehavioral Reviews* 104: 102–115.

Popper, K. 1992. *The Logic of Scientific Discovery*. London: Routledge.

Ralston, W. R. S. 1869. *Krilof and His Fables*. London, England: Strahan and Co. Publishers.

Range, F., L. Horn, Z. Viranyi, and L. Huber. 2009. "The Absence of Reward Induces Inequity Aversion in Dogs." *PNAS Proceedings of the National Academy of Sciences of the United States of America* 106 (1): 340–45.

Redding, R E., J. D. Herbert, E. M. Forman, and B. A. Gaudiano. 2008. "Popular Self-Help Books for Anxiety, Depression and Trauma: How Scientifically Grounded and Useful are They?" *Professional Psychology: Research and Practice* 39 (5): 537–545.

Reynolds, E. 1656. *A Treatise of the Passions and Faculties of the Soul of Man, with the Several Dignities and Corruptions Thereunto Belonging*. London, England: Robert Bostock.

Robertson, D. 2010. *The Philosophy of Cognitive-Behavioural Therapy (CBT): Stoic Philosophy as Rational and Cognitive Psychotherapy*. New York: Routledge.

Rosenberg, B. D., and J. T. Siegel. 2018. "A 50-Year Review of Psychological Reactance Theory: Do Not Read This Article." *Motivation Science* 4 (4): 281–300.

Roy, B., A. V. Diez-Roux, T. Seeman, N. Ranjit, S. Shea, and M. Cushman. 2010. "Association of Optimism and Pessimism with Inflammation and Hemostasis in the Multi-Ethnic Study of Atherosclerosis (MESA)." *Psychosomatic Medicine* 72 (2): 134–140.

Salter, A. 1949. *Conditioned Reflex Therapy*. New York: Creative Age Press.

Shuman, E., E. Halperin, and M. Reifen Tagar. 2018. "Anger as a Catalyst for Change? Incremental Beliefs and Anger's Constructive Effects in Conflict." *Group Processes & Intergroup Relations* 21 (7): 1092–1106.

Sloane, S., R. Baillargeon, and D. Premack. 2012. "Do Infants Have a Sense of Fairness?" *Psychological Science* 23 (2): 196–204.

Smaardijk V. R., A. H. Maas, P. Lodder, W. J. Kop, and P. M. Mommersteeg. 2020. "Sex and Gender-stratified Risks of Psychological Factors for Adverse Clinical Outcomes in Patients with Ischemic Heart Disease: A Systematic Review and Meta-Analysis." *International Journal of Cardiology* 302: 21–29.

Sohl, S. J., and A. Moyer. 2009. "Refining the Conceptualization of a Future-Oriented Self-Regulatory Behavior: Proactive Coping." *Personality and Individual Differences* 47 (2): 139–144.

Speed, B. C., B. L. Goldstein, and M. R. Goldfried. 2018. "Assertiveness Training: A Forgotten Evidence-Based Treatment. *Clinical Psychology: Science and Practice* 25 (1): 1–20.

Spinhoven, P., N. Klein, M. Kennis, A. O. J. Cramer, G. Siegle, P. Cuijpers, J. Ormel, S. D. Hollon, and C. L. Bockting. 2018. "The Effects of Cognitive-Behavior Therapy for Depression on Repetitive Negative Thinking: A Meta-Analysis." *Behaviour Research and Therapy* 106: 71–85.

Stavrova, O., and D. Ehlebracht. 2016. "Cynical Beliefs About Human Nature and Income: Longitudinal and Cross-cultural Analyses." *Journal of Personality and Social Psychology* 110 (1): 116–132.

Stevens, S. E., M. T. Hynan, M. Allen, M. M. Braun, and M. R. McCart. 2007. "Are Complex Psychotherapies More Effective Than Biofeedback, Progressive Muscle Relaxation, or Both? A Meta-Analysis." *Psychological Reports* 100 (1): 303–324.

Stravinsky, I. 1947. *Poetics of Music in the Form of Six Lessons.* Translated by A. Knodel and I. Dahl. Cambridge, MA: Harvard University Press.

Suarez, E. C., J. G. Lewis, and C. Kuhn. 2002. "The Relation of Aggression, Hostility, and Anger to Lipopolysaccharide-Stimulated Tumor Necrosis Factor (TNF)-*a* by Blood Monocytes from Normal Men." *Brain, Behavior, and Immunity* 16 (6): 675–684.

Tabibnia, G., and D. Radecki. 2018. "Resilience Training That Can Change the Brain." *Consulting Psychology Journal: Practice and Research* 70 (1): 59–88.

Tafrate, C., and H. Kassinove. 2019. *Anger Management for Everyone,* Oakland, CA: New Harbinger Publications.

Takahashi, A., M. E. Flanigan, B. S. McEwen, and S. J. Russo. 2018. "Aggression, Social Stress, and the Immune System in Humans and Animal Models." *Frontline Behavioral Neuroscience* 12, Article 56. doi: 10.3389/fnbeh.2018.00056. eCollection 2018.

Takebe, M., F. Takahashi, and H. Sato. 2017. The Effects of Anger Rumination and Cognitive Reappraisal on Anger-In and Anger-Control. *Cognitive Therapy and Research* 41 (4): 654–661.

Tang, T. Z., R. J. DeRubeis, R. Beberman, and T. Pham. 2005. "Cognitive Changes, Critical Sessions, and Sudden Gains in Cognitive-Behavioral Therapy for Depression." *Journal of Consulting and Clinical Psychology* 73 (1): 168–172.

Tangney, J. P., D. Hill-Barlow, P. E. Wagner, D. E. Marschall, J. K. Borenstein, J. Sanftner, T. Mohr, and R. Gramzow. 1996. "Assessing Individual Differences in Constructive Versus Destructive Responses to Anger Across the Lifespan." *Journal of Personality and Social Psychology* 70 (4): 780–796.

ten Brinke, L., K. D. Vohs, and D. R. Carney. 2016. "Can Ordinary People Detect Deception After All?" *Trends in Cognitive Sciences* 20 (8): 579–588.

Tracy, F. 1896. *The Psychology of Childhood.* 3rd ed. Boston, MA: D. C. Heath and Co., Publishers.

Troy, A. S., and I. B. Mauss. 2011. "Resilience in the Face of Stress: Emotion Regulation Ability as a Protective Factor." In *Resilience and Mental Health: Challenges Across the Lifespan.* Edited by S. Southwick, B. Litz, D. Charney, and M. Friedman, 30–44. New York: Cambridge University Press.

Troy, A. S., A. J. Shallcross, and I. B. Mauss. 2013. "A Person-by-Situation Approach to Emotion Regulation: Cognitive Reappraisal Can Either Help or Hurt, Depending on the Context." *Psychological Science* 24 (12): 2505–2514.

Twedt, E., R. M. Rainey, and D. R. Proffitt. 2019. "Beyond Nature: The Roles of Visual Appeal and Individual Differences in Perceived Restorative Potential." *Journal of Environmental Psychology* 65, Article 101322.

Vergara, M. D. J. 2020. "The Reduction of Arousal Across Physiological Response Systems: Effects of Single-System Biofeedback, Pattern Biofeedback and Muscle Relaxation." *Dissertation Abstracts International: Section B: The Sciences and Engineering*, 81 (1-B).

Vîslă, A., C. Flückiger, M. grosse Holtforth, and D. David. 2016. "Irrational Beliefs and Psychological Distress: A Meta-Analysis." *Psychotherapy and Psychosomatics* 85 (1): 8–15.

Wang, Y., and A. M. E. Henderson. 2018. "Just Rewards: 17-Month-Old Infants Expect Agents to Take Resources According to the Principles of Distributive Justice." *Journal of Experimental Child Psychology* 172: 25–40.

Wiedemann, M., R. Stott, A. Nickless, E. T. Beierl, J. Wild, E. Warnock-Parkes, N. Grey, D. M. Clark, and A. Ehlers. 2020. "Cognitive Processes Associated with Sudden Gains in Cognitive Therapy for Posttraumatic Stress Disorder in Routine Care." *Journal of Consulting and Clinical Psychology* 88 (5): 455–469.

Williams, J. E., C. C. Paton, I. C. Siegler, M. L. Eigenbrodt, F. J. Nieto, and H. A. Tyroler. 2000. "Anger Proneness Predicts Coronary Heart Disease Risk." *Circulation* 101 (17): 2034–2039.

Williams, T. A. 1914. "A Contrast in Psychoanalysis: Three Cases." *The Journal of Abnormal Psychology* 9 (2–3): 73–86.

Williams, T. 1923. *Dreads and Besetting Fears*. Boston: Little Brown and Company.

Wolpe, J. 1973. *The Practice of Behavior Therapy*. 2nd ed. Elmsford, New York: Pergamon.

Wootton, B. M., S. A. Steinman, A. Czerniawski, K. Norris, C. Baptie, G. Diefenbach, and D. F. Tolin. 2018. "An Evaluation of the Effectiveness of a Transdiagnostic Bibliotherapy Program for Anxiety and Related Disorders: Results from Two Studies Using a Benchmarking Approach." *Cognitive Therapy and Research* 42 (5): 565–580.

Yip, J. A., and M. E. Schweitzer. 2019. "Losing Your Temper and Your Perspective: Anger Reduces Perspective-Taking." *Organizational Behavior and Human Decision Processes* 150: 28–45.

Young, K. S., R. T. LeBeau, A. N. Niles, K. J. Hsu, L. J. Burklund, B. Mesri, D. Saxbe, M. D. Lieberman, and M. G. Craske. 2019. "Neural Connectivity During Affect Labeling Predicts Treatment Response to Psychological Therapies for Social Anxiety Disorder." *Journal of Affective Disorders* 242: 105–110.

Yu, B., M. Funk, J. Hu, and L. Feijs. 2018. "Unwind: A Musical Biofeedback for Relaxation Assistance." *Behaviour & Information Technology* 37 (8): 800–814.

Zaehringer, J., R. Falquez, A. L. Schubert, F. Nees, and S. Barnow. 2018. "Neural Correlates of Reappraisal Considering Working Memory Capacity and Cognitive Flexibility." *Brain Imaging and Behavior*. Advance online publication.

분노를 다스리는
인지행동 워크북

초판 1쇄 인쇄 2022년 3월 22일
초판 1쇄 발행 2022년 3월 30일

지은이   윌리엄 J.너스, EdD
옮긴이   심호규 · 유은정 · 장성화 · 장창민 · 최대헌
편집이사   이명수
출판기획   정하경
편집부   김동서, 위가연, 전상은
마케팅   박명준, 박두리   온라인마케팅 박용대
경영지원   최윤숙

펴낸곳   북스타
출판등록   2006. 9. 8 제313-2006-000198호
주소   파주시 파주출판문화도시 광인사길 161 광문각 B/D
전화   031-955-8787   팩스   031-955-3730
E-mail   kwangmk7@hanmail.net
홈페이지   www.kwangmoonkag.co.kr
ISBN   979 11 88768 51 6   03180
가격   19,000원

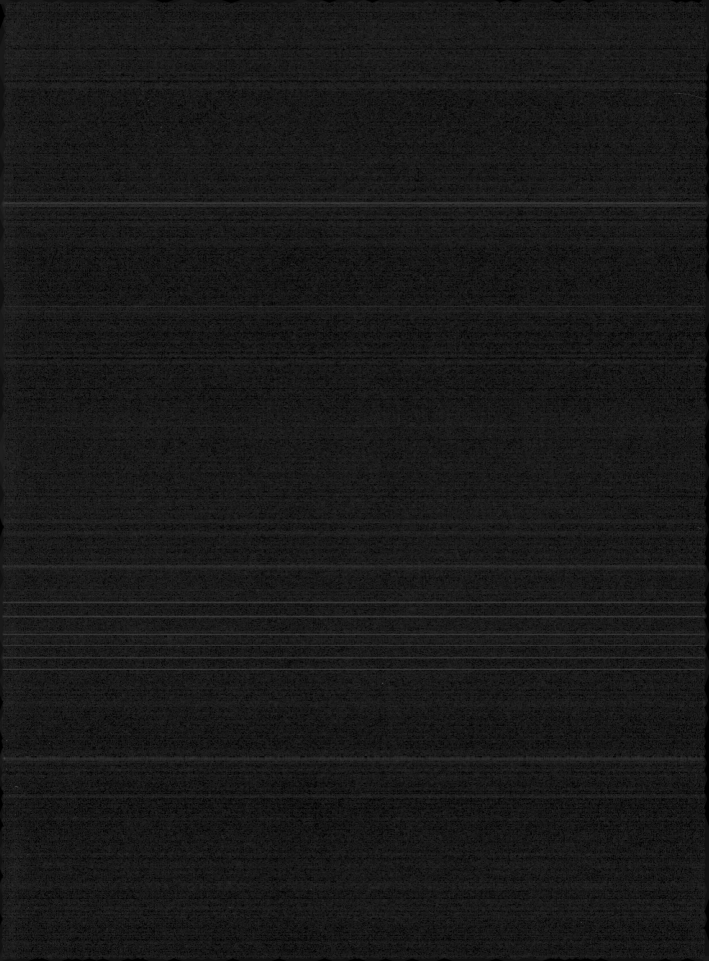